# 高等学校会计
## 工作实务研究

杨再才 著

西南财经大学出版社

中国·成都

图书在版编目（CIP）数据

高等学校会计工作实务研究/杨再才著.—成都:西南财经大学出版社,
2023. 11
ISBN 978-7-5504-5980-9

Ⅰ.①高… Ⅱ.①杨… Ⅲ.①高等学校—财务管理—研究—中国
Ⅳ.①G647.5

中国国家版本馆 CIP 数据核字（2023）第 203449 号

# 高等学校会计工作实务研究
GAODENG XUEXIAO KUAIJI GONGZUO SHIWU YANJIU

杨再才　著

责任编辑:冯雪
责任校对:石晓东
封面设计:墨创文化
责任印制:朱曼丽

| | |
|---|---|
| 出版发行 | 西南财经大学出版社(四川省成都市光华村街55号) |
| 网　　址 | http://cbs. swufe. edu. cn |
| 电子邮件 | bookcj@ swufe. edu. cn |
| 邮政编码 | 610074 |
| 电　　话 | 028-87353785 |
| 照　　排 | 四川胜翔数码印务设计有限公司 |
| 印　　刷 | 郫县犀浦印刷厂 |
| 成品尺寸 | 185mm×260mm |
| 印　　张 | 17.75 |
| 字　　数 | 368 千字 |
| 版　　次 | 2023 年 11 月第 1 版 |
| 印　　次 | 2023 年 11 月第 1 次印刷 |
| 书　　号 | ISBN 978-7-5504-5980-9 |
| 定　　价 | 88.00 元 |

# 前言

根据中华人民共和国财政部的统一部署，2017年10月24日财政部印发了《政府会计制度——行政事业单位会计科目和报表》（以下简称《政府会计制度》），并于2019年1月1日在我国高等学校正式施行。针对高等学校行业业务的特殊性，财政部专门制定了《关于印发高等学校执行〈政府会计制度——行政事业单位会计科目和报表〉的补充规定》和《关于高等学校执行〈政府会计制度——行政事业单位会计科目和报表〉的衔接规定》，为政府会计制度在高等学校有效贯彻实施提供了制度保障。

《政府会计制度》的实施，重新构建了"财务会计和预算会计适度分离并相互衔接"的会计核算模式。

"适度分离"是指适度分离政府财务会计和预算会计功能、财务报告和决算报告功能，全面反映政府会计主体的预算执行信息和财务信息。适度分离主要体现在以下几个方面：

一是"双功能"，即在同一会计核算系统中实现财务会计和预算会计双重功能，通过资产、负债、净资产、收入、费用五个要素进行财务会计核算，通过预算收入、预算支出和预算结余三个要素进行预算会计核算。

二是"双基础"，即财务会计采用权责发生制，预算会计采用收付实现制，国务院另有规定的，依照其规定。

三是"双分录"，即一项经济业务发生之后，需要依据财务会计的科目与要求编制财务会计分录；同时依据预算会计科目与规则编制预算会计分录。

四是"双报告"，即通过财务会计核算形成财务报告，通过预算会计核算形成决算报告。

"相互衔接"则是指在同一会计核算系统中，政府财务会计要素和预算会计要素相互协调，财务报告和决算报告相互补充，并共同反映政府会计主体的财务信息和预算执行信息。

《政府会计制度》的顺利施行将为高等学校会计核算、财务管理，以及重大经济事项决策与运行起到重大的促进作用。为确保《政府会计制度》在高等学校能够彻底、全面得到贯彻落实，并促进高等学校建立《政府会计制度》下的会计核算模式，本着以实务操作为主的原则，笔者编写了《高等学校会计工作实务研究》一书。

《高等学校会计工作实务研究》是根据财政部印发的系列政策，结合高等学校实际业务和长期教学、科研经验编写而成的，本书根据政府会计基本准则、具体准则、应用指南和政府会计制度的相关内容，结合高等学校会计核算特点，向读者介绍高等学校会计实务相关知识，便于读者正确判断高等学校相关经济业务和事项，正确熟练地进行相关会计业务处理。本书的主要内容包括财务会计的资产、负债、净资产、收入和费用，预算会计的预算收入、预算支出和预算结余。

本书的编写者既具有丰富的理论经验，又具有长期的高校财务实践经验。在编写过程中，笔者非常注重将理论与实践相结合，既注重政府会计制度的解读，又兼顾了管理需求，选取实际工作中的典型案例，采用平行记账的方式对业务事项进行分析，便于读者更好、更快、深入地理解、掌握《政府会计制度》。

《高等学校会计工作实务研究》一书，旨在为从事高等学校财务工作的广大财务人员提供具体业务指导，为从事高等学校财务研究的专家学者提供翔实的实务案例。本书可作为高等学校财务人员开展会计核算业务的必备指南和业务手册，也可作为其他行政事业单位财务人员从事会计核算业务的参考用书。

本书编写过程中得到了部分高校专家、学者及实务界人士的大力帮助，在编写过程中参考了大量的资料及相关专家的观点，并加以借鉴，在此向这些作者致以诚挚的谢意。

由于作者对《政府会计制度》的理解和认识还不够深入，加之编写时间仓促，书中可能存在疏漏，恳请专家、学者、读者给予批评指正。

杨再才

2023 年 9 月

# 目录

# 第一章　总论

## 第一节　高等学校会计概述

### 一、高等学校会计概念

高等学校会计是指以政府会计基本准则、具体准则、应用指南、政府会计制度和相关法律法规为依据，对高等学校发生的经济业务或事项，通过确认、计量、记录和报告等程序，向学校利益相关者提供预算执行情况以及财务状况、运行情况和现金流量等有关会计信息的专业会计。

### 二、高等学校会计构成

高等学校会计由财务会计和预算会计构成，具备财务会计与预算会计双重功能，实现财务会计与预算会计适度分离并相互衔接，全面、清晰反映高等学校财务信息和预算执行信息。高等学校对于纳入预算管理的现金收支业务，在采用财务会计核算的同时应当进行预算会计核算；对于其他业务，仅需进行财务会计核算。

财务会计是指以权责发生制为基础，对高等学校发生的各项经济业务或事项进行会计核算，主要反映和监督高等学校财务状况、运行情况和现金流量等的会计。

预算会计是指以收付实现制为基础，对高等学校预算执行过程中发生的全部收入和全部支出进行会计核算，主要反映和监督高等学校预算收支执行情况的会计。

## 第二节　高等学校会计核算基本前提和记账基础

### 一、高等学校会计核算基本前提

高等学校会计核算基本前提也称会计假设，是组织会计核算工作所必须具备的前提，对高等学校会计核算所处的时间、空间环境以及会计制度手段所做的合理假设，包括会计主体假设、持续经营假设、会计分期假设和货币计量假设。

（一）会计主体

会计主体假设是指高等学校会计确认、计量和报告的空间范围。高等学校应当对其自身发生的经济业务或事项进行会计确认计量和报告，并反映高等学校本身所从事的各项活动，提供真实、全面、完整的会计信息。高等学校对基本建设投资应当按照政府会计制度的要求，统一进行会计核算，不再单独建账，要按照项目进行单独核算，并保证项目资料完整。

（二）持续经营

持续经营假设是一种时间上的界定，以高等学校持续正常运行为前提，是指在可预见的未来，按当前的规模和状态继续运行，不会临时终止、关闭、破产和清算，而且是持续不断地运行下去。

（三）会计分期

会计分期假设是指在持续经营假设前提下，为高等学校会计工作界定了具体的时间范围。高等学校会计核算应当划分会计期间，分期结算账目，按规定编制决算报告和财务报告。会计期间至少分为年度和月度，会计年度和月度等会计期间的起始日期采用公历日期，预算年度自公历1月1日起至12月31日止。

（四）货币计量

货币计量假设是指高等学校会计在对经济业务或事项进行确认、计量、记录、报告时，需要以货币为综合计量单位，并规定了高等学校会计的计量手段。高等学校会计核算应当以人民币作为记账本位币，发生外币业务时，应当将有关外币金额折算为人民币金额，同时登记外币金额。

## 二、高等学校会计核算记账基础

高等学校会计核算记账基础是指高等学校会计主体在确认和处理一定会计期间的收入和费用时选择的处理原则和标准。其目的是对收入和费用进行合理配比，从而将其作为确认当期损益的依据。按照政府会计制度的规定，高等学校实行适度分离的双体制会计，由预算会计和财务会计构成。其中，预算会计实行收付实现制（国务院另有规定的依照其规定），财务会计实行权责发生制。

（一）收付实现制

收付实现制是指以现金的实际收付为标志来确定本期收入和支出的会计核算基础，凡在当期实际收到的现金收入和支出均作为当期的收入和支出；凡是不属于当期的现金收入和支出，均不应当作为当期的收入和支出。

（二）权责发生制

权责发生制是指以取得款项的权利或支付款项的义务为标志来确定本期收入和费用的会计核算基础，凡是当期已经实现的收入和已经发生或应当负担的费用，无论款项是否收付都应当作为当期的收入和费用；凡是不属于当期的收入和费用，即使款项已经在当期收付，也不应当作为当期的收入和费用。

## 第三节  高等学校会计信息质量要求

高等学校会计信息是指高等学校会计通过预算会计报表、财务报表及其附注，向政府及其他利益相关者提供的能综合反映高等学校预算执行情况、财务状况、运行情况和现金流量情况等有关的信息。

会计信息质量要求是对高等学校会计核算所提供信息的基本要求，是处理具体会计业务的基本依据，是衡量会计信息质量的重要标准。高等学校会计信息质量要求包括可靠性、及时性、相关性、全面性、可比性、可理解性、实质重于形式等。

### 一、可靠性

可靠性是指对高等学校应当以实际发生的经济业务或事项为依据，进行会计核算，如实反映各会计要素的情况和结果，保证会计信息真实可靠。

### 二、及时性

及时性是指高等学校发生的经济业务或事项应当及时进行会计核算，不得提前或延后。及时的会计信息能够帮助单位管理者发现潜在的问题，提前采取措施进行有效控制。

### 三、相关性

相关性是指高等学校提供的会计信息应当与反映高等学校受托责任履行情况以及报告使用者进行决策或者监督管理的需要相关。这有助于报告使用者对高等学校的过去、现在或者未来的情况做出评价和预测。

### 四、全面性

全面性是指高等学校应当将发生的各项经济业务或事项统一纳入会计核算，确保会计信息能够全面反映高等学校预算执行情况和财务状况运行情况、现金流量等。

### 五、可比性

可比性是指高等学校提供的会计信息应当具有可比性，同一单位在不同时期发生的相同或相似的经济业务或事项，应当采用一致的会计政策，不得随意变更。确需变更的，应当将变更的内容、理由及其影响在附注中予以说明。不同单位发生的相同或相似的经济业务或事项，应当采用一致的会计政策，确保单位会计信息口径一致，相互可比。

### 六、可理解性

可理解性是指高等学校提供的会计信息应当清晰明了，便于信息使用者理解和使用。

### 七、实质重于形式

实质重于形式是指高等学校会计主体应当按照经济业务或事项的经济实质进行会计核算，不限于以经济业务或者事项的法律形式为依据。

## 第四节  高等学校会计要素

高等学校会计要素由高等学校财务会计要素和高等学校预算会计要素构成。高等学校会计主体应当具备财务会计与预算会计的双重功能，财务会计与预算会计既适度分离又相互衔接，以便全面清晰地反映高等学校的财务信息和预算执行信息。

高等学校财务会计要素包括资产、负债、净资产、收入和费用，高等学校预算会计要素包括预算收入、预算支出和预算结余。

### 一、高等学校财务会计要素

高等学校财务会计是指以权责发生制为基础，对高等学校会计主体发生的各项经济业务或事项进行会计核算，主要反映和监督高等学校会计主体财务状况、运行情况和现金流量等有关信息。高等学校财务会计反映高等学校会计主体受托责任履行情况，有助于财务报告使用者做出决策或进行监督和管理。

财务会计的要素包括资产、负债、净资产、收入和费用。

（一）资产

资产是指高等学校由过去的经济业务或事项形成的，由高等学校控制的，预期能够产生服务潜力或者带来经济利益流入的经济资源。服务潜力是指高等学校利用资源提供公共产品和服务，已履行政府职能的潜在能力经济利益流入表现为现金及现金等价物的流入或者现金及现金等价物流出的减少。

高等学校资产按流动性不同，可分为流动资产和非流动资产。流动资产是指预期在一年内（含一年）耗用或者可变现的资产，包括货币资金、短期投资、应收及预付款项、存货等；非流动资产是指预期不能在一年内或者超过一年的时间内耗用或变现的资产，包括长期股权投资、长期债券投资、固定资产、在建工程、无形资产等。

高等学校取得的符合资产定义的经济资源，同时满足下列条件的应当确认为资产：

一是与该经济资源相关的服务潜力很可能实现或者经济利益很可能流入高等学校，二是该经济资源的成本或者价值能够可靠地计量。

资产计量属性主要包括历史成本、重置成本、现值、公允价值和名义金额。在历史成本计量下，资产按照取得时支付的现金金额或者支付对价的公允价值计量。在重置成本计量下，资产按照现在购买相同或者相近资产所需支付的现金金额计量。在现值计量下，资产按照预期从其持续使用和最终处置中所产生的未来净现金流入量的折现金额计量。在公允价值计量下，资产按照市场参与者在计量日发生的有序交易中出售资产所能收到的价值计量。无法采用上述计量属性来计量的，采用名义金额（1元）计量。

高等学校对资产的计量一般采用历史成本，采用重置成本、现值、公允价值计量的，应当保证所确定的资产金额能够持续、可靠计量。

（二）负债

负债是指高等学校由过去的经济业务或事项形成的，预期会导致经济资源流出单位的现时义务。现时义务是指高等学校在现行条件下已承担的义务，未来发生的经济业务或事项形成的义务不属于现时义务，不应当确认为负债。

高等学校负债按照流动性不同，可分为流动负债和非流动负债。流动负债是指预计在一年内（含一年）偿还的负债，包括短期借款、应缴增值税、应缴财政款、应付职工薪酬、应付票据、应付账款、应缴款项、其他应付及预收款项等；非流动负债是指预计不能在一年内或者超过一年的时间偿还的负债，包括长期借款、长期应付款、预计负债等。

高等学校由过去的经济业务或事项形成的，符合负债定义的现时义务，在同时满足下列条件时应当确认的负债：

一是履行该义务很可能导致含有服务潜力和经济利益的经济资源流出单位，二是该义务的金额能够可靠地计量。

负债计量属性主要包括历史成本、现值、公允价值。在历史成本计量下，负债应按照因承担现时义务而实际收到的款项或资产金额，或者承担现时义务的合同金额，或者为偿还负债预期需要支付的现金金额计量。在现值计量下，负债应当按照预计期限内需要偿还的，未来净现金流出量的折现金额计量。在公允价值计量下，负债应按照市场参与者在计量日发生的有序交易中转移负债所需支付的价格计量。

学校对负债进行计量时，一般采用历史成本，采用现值、公允价值计量的，应当保证所确定的负债金额能够持续、可靠计量。

（三）净资产

净资产是指单位资产在扣除负债后的净额。净资产的确定取决于资产和负债的计量。高等学校净资产增加时，其表现形式为资产增加或负债减少；净资产减少时，其表现形式为资产减少或负债增加。

高等学校净资产包括累计盈余、专用基金、权益法调整、本期盈余、本年盈余分配、以前年度盈余调整。

（四）收入

收入是指在报告期内导致单位净资产增加的含有服务潜力或者经济利益的经济资源的流入。

高等学校收入的确认需要同时满足以下三个条件：

一是与收入相关的含有服务潜力或者经济利益的经济资源很可能流入单位，二是含有服务潜力或者经济利益的经济资源流入会导致单位资产增加或负债减少，三是流入金额能够可靠地计量。

高等学校收入按照来源划分，可分为财政拨款收入、事业收入、上级补助收入、附属单位上缴收入、经营收入、非同级财政拨款收入、投资收益、捐赠收入、利息收入、租金收入和其他收入等。

（五）费用

费用是指报告期内导致单位净资产减少的、含有服务潜力或经济利益的经济资源的流出。

高等学校费用的确认需要同时满足以下三个条件：

一是与费用相关的含有服务潜力或经济利益的经济资源很可能流出单位，二是含有服务潜力或经济利益的经济资源流出会导致单位资产减少或者负债增加，三是流出金额能够可靠地计量。

高等学校费用按用途划分，可分为业务活动费用、单位管理费用、经营费用、资产处置费用、上缴上级费用、对附属单位补助费用、所得税费用和其他费用等。

财务会计要素之间的数量关系：

$$资产＝负债＋净资产$$

上述要素和数量关系是高等学校资产负债表编制的理论依据。

$$收入－费用＝本期盈利$$

上述要素和数量关系是高等学校收入费用表编制的理论依据。

## 二、高等学校预算会计要素

高等学校预算会计是指以收付实现制为基础对高等学校预算执行过程中发生的全部收入和全部支出进行会计核算，主要反映和监督预算收支执行情况的会计范畴。

高等学校预算会计提供预算执行情况的有关预算会计的要素，包括预算收入、预算支出和预算结余。

（一）预算收入

预算收入是指高等学校在预算年度内依法取得的并纳入预算管理的现金流入。它包括财政拨款预算收入、事业预算收入、上级补助预算收入、附属单位上缴预算收入、经营预算收入、债务预算收入、非同级财政拨款预算收入、投资预算收益和其他预算收入。

预算收入一般在实际收到时明确，以实际收到的金额计量。

（二）预算支出

预算支出是指高等学校在预算年度内依法发生并纳入预算的现金流出。它包括事业支出、经营支出、上缴上级支出、对附属单位补助支出、投资支出、债务还本支出和其他支出。

预算支出一般在实际支付时予以确认，以实际支付的金额计量。

（三）预算结余

预算结余是高等学校在预算年度内预算收入扣除预算支出后的资金余额，以及历年滚存的资金余额。高等学校预算结余包括结转资金和结余资金。

结转资金是指预算安排的项目支出年终尚未执行完毕或者因故未能执行，下年需要按原用途继续使用的资金，包括财政拨款结转、非财政拨款结转。

结余资金是指年度预算执行终了，预算收入实际完成数扣除预算支出和结转资金后剩余的资金。它包括财政拨款结余、非财政拨款结余、专用结余和经营结余。

高等学校编制决算报表的理论依据：

$$预算收入-预算支出=预算结余$$

# 第五节　高等学校会计科目

高等学校会计科目是对会计对象按经济内容或者用途所做的科学分类，是会计要素的具体内容和项目。根据《政府会计准则——基本准则》《政府会计制度》的规定，高等学校应按照资产、负债、净资产、收入、费用五项财务会计要素的具体内容，规范设置和使用财务会计科目；按照预算收入、预算支出、预算结余三项预算会计要素的具体内容，规范设置和使用预算会计科目。

高等学校应按照《政府会计制度》的规定设置和使用会计科目，执行统一规定的会计科目编码。在不影响会计处理和编制报表的前提下，高等学校可以根据实际情况自行增设或减少某些会计科目。

高等学校应当执行《政府会计制度》统一规定的会计科目编号，以便填制会计凭证、登记账簿、查阅账目。高等学校在填制会计凭证、登记会计账簿时，应当填列会计科目的名称，或者同时填列会计科目的名称和编号，不得只填列会计科目编号、不填列会计科目名称。

高等学校设置明细科目进行明细核算，应当满足权责发生制下财政部门财务报告和政府综合财务报告编制的要求。

按照经营内容不同，高等学校财务会计的会计科目分为资产类科目、负债类科目、净资产类科目、收入类科目、费用类科目；高等学校预算会计的会计科目分为预算收入类科目、预算支出类科目、预算结余类科目。

高等学校在进行会计处理时，应当具备财务会计与预算会计的双重功能，所以需要设置财务会计科目和预算会计科目，每个会计科目都有对应的科目编码。

高等学校会计科目的具体编码规则：资产类会计科目编码以"1"开头，负债类会计科目编码以"2"开头，净资产类会计科目编码以"3"开头，收入类会计科目编码以"4"开头，费用类科目编码以"5"开头；预算收入类会计科目编码以"6"开头，预算支出类会计科目编码以"7"开头，预算结余类会计科目编码以"8"开头。详细内容见表1-1。

表1-1 高等学校会计科目名称及编码

| 序号 | 科目编号 | 科目名称 |
|------|----------|----------|
| 一、财务会计科目 | | |
| （一）资产类 | | |
| 1 | 1001 | 库存现金 |
| 2 | 1002 | 银行存款 |
| 3 | 1011 | 零余额账户用款额度 |
| 4 | 1021 | 其他货币资金 |
| 5 | 1101 | 短期投资 |
| 6 | 1201 | 财政应返还额度 |
| 7 | 1211 | 应收票据 |
| 8 | 1212 | 应收账款 |
| 9 | 1214 | 预付账款 |
| 10 | 1215 | 应收股利 |
| 11 | 1216 | 应收利息 |
| 12 | 1218 | 其他应收款 |
| 13 | 1219 | 坏账准备 |
| 14 | 1301 | 在途物品 |
| 15 | 1302 | 库存物品 |
| 16 | 1303 | 加工物品 |
| 17 | 1401 | 待摊费用 |
| 18 | 1501 | 长期股权投资 |
| 19 | 1502 | 长期债券投资 |
| 20 | 1601 | 固定资产 |
| 21 | 1602 | 固定资产累计折旧 |
| 22 | 1611 | 工程物资 |
| 23 | 1613 | 在建工程 |

表1-1（续）

| 序号 | 科目编号 | 科目名称 |
|---|---|---|
| 24 | 1701 | 无形资产 |
| 25 | 1702 | 无形资产累计摊销 |
| 26 | 1703 | 研发支出 |
| 27 | 1801 | 公共基础设施 |
| 28 | 1802 | 公共基础设施累计折旧（摊销） |
| 29 | 1811 | 政府储备物资 |
| 30 | 1821 | 文物文化资产 |
| 31 | 1831 | 保障性住房 |
| 32 | 1832 | 保障性住房累计折旧 |
| 33 | 1891 | 受托代理资产 |
| 34 | 1901 | 长期待摊费用 |
| 35 | 1902 | 待处理财产损溢 |
| （二）负债类 | | |
| 36 | 2001 | 短期借款 |
| 37 | 2101 | 应交增值税 |
| 38 | 2102 | 其他应交税费 |
| 39 | 2103 | 应缴财政款 |
| 40 | 2201 | 应付职工薪酬 |
| 41 | 2301 | 应付票据 |
| 42 | 2302 | 应付账款 |
| 43 | 2304 | 应付利息 |
| 44 | 2305 | 预收账款 |
| 45 | 2307 | 其他应付款 |
| 46 | 2401 | 预提费用 |
| 47 | 2501 | 长期借款 |
| 48 | 2502 | 长期应付款 |
| 49 | 2601 | 预计负债 |
| 50 | 2901 | 受托代理负债 |
| （三）净资产类 | | |
| 51 | 3001 | 累计盈余 |
| 52 | 3101 | 专用基金 |
| 53 | 3201 | 权益法调整 |

表1-1（续）

| 序号 | 科目编号 | 科目名称 |
|------|----------|----------|
| 54 | 3301 | 本期盈余 |
| 55 | 3302 | 本年盈余分配 |
| 56 | 3401 | 无偿调拨净资产 |
| 57 | 3501 | 以前年度盈余调整 |
| （四）收入类 | | |
| 58 | 4001 | 财政拨款收入 |
| 59 | 4101 | 事业收入 |
| 60 | 4201 | 上级补助收入 |
| 61 | 4301 | 附属单位上缴收入 |
| 62 | 4401 | 经营收入 |
| 63 | 4601 | 非同级财政拨款收入 |
| 64 | 4602 | 投资收益 |
| 65 | 4603 | 捐赠收入 |
| 66 | 4604 | 利息收入 |
| 67 | 4605 | 租金收入 |
| 68 | 4609 | 其他收入 |
| （五）费用类 | | |
| 69 | 5001 | 业务活动费用 |
| 70 | 5101 | 单位管理费用 |
| 71 | 5201 | 经营费用 |
| 72 | 5301 | 资产处置费用 |
| 73 | 5401 | 上缴上级费用 |
| 74 | 5501 | 对附属单位补助费用 |
| 75 | 5801 | 所得税费用 |
| 76 | 5901 | 其他费用 |
| 二、预算会计科目 | | |
| （一）预算收入类 | | |
| 1 | 6101 | 财政拨款预算收入 |
| 2 | 6101 | 事业预算收入 |
| 3 | 6201 | 上级补助预算收入 |
| 4 | 6301 | 附属单位上缴预算收入 |
| 5 | 6401 | 经营预算收入 |

表1-1（续）

| 序号 | 科目编号 | 科目名称 |
|------|----------|----------|
| 6 | 6501 | 债务预算收入 |
| 7 | 6601 | 非同级财政拨款预算收入 |
| 8 | 6602 | 投资预算收益 |
| 9 | 6609 | 其他预算收入 |
| （二）预算支出类 | | |
| 10 | 7201 | 事业支出 |
| 11 | 7301 | 经营支出 |
| 12 | 7401 | 上缴上级支出 |
| 13 | 7501 | 对附属单位补助支出 |
| 14 | 7601 | 投资支出 |
| 15 | 7701 | 债务还本支出 |
| 16 | 7901 | 其他支出 |
| | 8001 | 资金结存 |
| （三）预算结余类 | | |
| 17 | 8001 | 资金结存 |
| 18 | 8101 | 财政拨款结转 |
| 19 | 8102 | 财政拨款结余 |
| 20 | 8201 | 非财政拨款结转 |
| 21 | 8202 | 非财政拨款结余 |
| 22 | 8301 | 专用结余 |
| 23 | 8401 | 经营结余 |
| 24 | 8501 | 其他结余 |
| 25 | 8701 | 非财政拨款结余分配 |

## 第六节　高等学校财务报告和决算报告

高等学校应当至少按照年度编制财务报告和决算报告。财务报告和决算报告相互补充，共同反映高等学校的财务信息和预算执行信息。

高等学校应当根据《政府会计制度》的规定编制真实、完整的财务报告和决算报告报表，不得违反规定随意改变财务报告和决算报告的编制基础、编制依据、编制原则和编制方法，不得随意改变规定的财务报告和决算报告有关数据的会计口径。

财务报告和决算报告应当根据登记完整、核对无误的账簿记录和其他有关资料编制，做到数字真实、计算准确、内容完整、编报及时。

财务报告和决算报告报表应当由高等学校负责人和主管会计工作的负责人、财务部门负责人签名并盖章。应当重视并不断推进会计信息化的应用，开展会计信息化工作，符合财政部制定的相关会计信息化工作规范和标准，确保利用现代信息技术手段开展会计核算及生成的会计信息符合规定。

## 一、高等学校财务报告

高等学校财务报告是反映高等学校某一特定日期的财务状况和某一会计期间的运行情况及现金流量等信息的文件。高等学校财务报告的编制主要以权责发生制为基础，以财务会计核算生成的数字为准。高等学校财务报告的目标兼顾受托责任和决策有用。

高等学校财务报告由会计报表及附注构成。高等学校财务会计报表一般包括资产负债表、收入费用表、净资产变动表。高等学校可根据实际情况自行选择编制现金流量表。

资产负债表反映高等学校在某一特定日期全部资产、负债和净资产的情况。收入费用表反映高等学校在某一会计期间内发生的收入、费用及当期盈利情况。净资产变动表反映高等学校在某一会计年度内净资产项目的变动情况。现金流量表反映高等学校在某一会计年度内现金流入和流出的信息。附注是对会计报表中列示的项目所做的进一步说明以及对未能在会计报表中列示项目的说明，是财务报告的重要组成部分。

## 二、高等学校决算报告

高等学校决算报告是综合反映高等学校年度预算收支执行结果的文件。高等学校决算报告的编制主要以收付实现制为基础，以预算会计核算生成的数字为准。高等学校决算报告的目标以决策有用为主。

高等学校决策报表主要包括预算收入支出表、预算结转结余变动表和财政拨款预算收入支出表。预算收入支出表反映高等学校在某一会计年度内各预算收入、预算支出和预算收支差额的情况，编制期限为年度。预算结转结余变动表反映高等学校在某一会计年度内预算结转结余的变动情况，编制期限为年度。财政拨款预算收入支出表反映高等学校本年财政拨款预算资金收入、支出及相关变动的具体情况，编制期限为年度。

# 第二章　资产

## 第一节　资产概述

### 一、资产的概念

资产是指高等学校由过去的经济业务或事项形成的，由高等学校控制的，预期能够产生服务潜力或者带来经济利益流入的经济资源。服务潜力是指高等学校利用资源提供公共产品和服务以履行政府职能的潜在能力。经济利益流入表现为现金及现金等价物的流入，或者现金及现金等价物流出的减少。

### 二、资产的确认条件

高等学校取得的符合资产定义的经济资源，同时满足下列条件的应当确认为资产：一是与该经济资源相关的服务潜力很可能实现或者经济利益很可能流入高等学校，二是该经济资源的成本或者价值能够可靠地计量。

### 三、资产的分类

高等学校的资产按流动性不同，可分为流动资产和非流动资产。

流动资产是指预期在一年内（含一年）耗用或者可变现的资产，包括货币资金、短期投资、应收及预付款项、存货等。

非流动资产是指预期不能在一年内或者超过一年的时间内耗用或变现的资产，包括长期股权投资、长期债券投资、固定资产、在建工程、无形资产等。

### 四、资产的计量属性

高等学校资产计量属性主要包括历史成本、重置成本、现值、公允价值和名义金额。在历史成本计量下，资产按照取得时支付的现金金额或者支付对价的公允价值计量。在重置成本计量下，资产按照现在购买相同或者相近资产所需支付的现金金额计量。在现值计量下，资产按照预期从其持续使用和最终处置中所产生的未来净现金流入量的折现金额计量。在公允价值计量下，资产按照市场参与者在计量日发生的有序交易中出售资产所能收到的价值计量。无法采用上述计量属性来计量的，采用名义金额（1元）计量。

高等学校对资产的计量一般采用历史成本，采用重置成本、现值、公允价值计量的，应当保证所确定的资产金额能够持续、可靠计量。

## 第二节　库存现金

### 一、库存现金科目简介

库存现金是指高等学校在日常运行过程中为满足学校零星开支而存放在学校财务部门的现金。高等学校应当严格按照国家有关现金管理的规定收支现金，按照《政府会计制度》的规定核算现金的各项收支业务，设置"受托代理资产"明细科目，核算受托代理、代管的现金。库存现金科目核算高等学校的库存现金，期末借方余额反映高等学校实际持有的库存现金。

高等学校应当设置"库存现金日记账"，由出纳人员根据收付款凭证，按照业务发生顺序逐笔登记。每日终了，应当计算当日的现金收入合计数、现金支出合计数和结余数，并将结余数与实际库存数相核对，做到账款相符。

每日账款核对中发现有待查明原因的现金短缺或溢余的，应当通过"待处理财产损溢"科目核算。属于现金溢余，应当按照实际溢余的金额，借记本科目，贷记"待处理财产损溢"科目；属于现金短缺，应当按照实际短缺的金额，借记"待处理财产损溢"科目，贷记本科目。待查明原因后及时进行账务处理，具体内容参见后文"待处理财产损溢"科目。

现金收入业务繁多、单独设有收款出纳员的高等学校，收款出纳员应当将每天将收款凭据交核算会计核收记账，或者将每天所收现金直接送存指定开户银行后，将收款凭据及向银行送存现金的凭证等一并交核算会计核收记账。

高等学校有外币现金的，应当分别按照人民币、外币种类设置"库存现金日记账"进行明细核算，有关外币现金业务的账务处理参见后文"银行存款"科目的相关规定。

根据《现金管理暂行条例》的规定，高等学校可以在下列范围内使用现金：

（1）职工工资、津贴；

（2）个人劳动报酬；

（3）根据国家规定颁发给个人的科学技术、文化艺术、体育等各种奖金；

（4）各种劳保、福利费用以及国家对个人的其他支出；

（5）向个人收购农副产品和其他物资的款项；

（6）出差人员必须随身携带的差旅费；

（7）结算起点以下（1 000 元）的零星支出；

（8）中国人民银行确定需要支付现金的其他支出。

伴随着公务卡结算制度的全面推行，高等学校财务信息化建设水平的不断提升，微信、支付宝等第三方支付平台的不断完善，高等学校现金支付范围将会越来越小，部分高等学校已实现零现金的支付结算制度。

### 二、库存现金科目账务处理

（1）从银行等金融机构提取的现金，按照实际提取的金额，借记本科目，贷记"银行存款"科目；将现金存入银行等金融机构，按照实际存入金额，借记"银行存款"科目，贷记本科目。

根据规定，从高等学校零余额账户提取现金，按照实际提取的金额，借记本科目，贷记"零余额账户用款额度"科目。将现金退回高等学校零余额账户，按照实际退回的金额，借记"零余额账户用款额度"科目，贷记本科目。

（2）因内部职工出差等原因借出的现金，按照实际借出的现金金额，借记"其他应收款"科目，贷记本科目。出差人员报销差旅费时，按照实际报销的金额，借记"业务活动费用""单位管理费用"等科目，按照实际借出的现金金额，贷记"其他应收款"科目，按照其差额，借记或贷记本科目。

（3）因提供服务、物品或者其他事项收到现金，按照实际收到的金额，借记本科目，贷记"事业收入""应收账款"等相关科目。涉及增值税业务的，相关账务处理参见"应交增值税"科目。

因购买服务、物品或者其他事项支付现金，按照实际支付的金额，借记"业务活动费用""单位管理费用""库存物品"等相关科目，贷记本科目。涉及增值税业务的，相关账务处理参见"应交增值税"科目。以库存现金对外捐赠，按照实际捐出的金额，借记"其他费用"科目，贷记本科目。

（4）收到受托代理、代管的现金，按照实际收到的金额，借记本科目（受托代理资产），贷记"受托代理负债"科目；支付受托代理、代管的现金，按照实际支付的金额，借记"受托代理负债"科目，贷记本科目（受托代理资产）。

### 三、库存现金科目案例解析

【例 2-1】2022 年 3 月 1 日，贵州 ZYJS 大学财务处出纳凤鸣①从基本存款账户提取备用金 5 000 元，用于学校日常零星开支。账务处理如下：

财务会计：

借：库存现金——学校现金           5 000

  贷：银行存款——学校存款         5 000

---

① 本书案例中的人名、公司名等均为化名。

预算会计不做账务处理。

【例2-2】2022年3月5日，贵州ZYJS大学财务处出纳凤鸣将多余现金2 000元存入基本存款账户。账务处理如下：

财务会计：

借：银行存款——学校存款              2 000

  贷：库存现金——学校现金            2 000

预算会计不做账务处理。

【例2-3】2022年3月8日，贵州ZYJS大学财务处出纳凤鸣从财政零余额账户提取备用金5 000元，用于学校日常零星开支。账务处理如下：

财务会计：

借：库存现金——学校现金              5 000

  贷：零余额账户用款额度             5 000

预算会计：

借：资金结存——货币资金              5 000

  贷：资金结存——零余额账户用款额度        5 000

【例2-4】2022年3月10日，贵州ZYJS大学财务处出纳凤鸣将多余现金2 000元存回财政零余额账户。账务处理如下：

财务会计：

借：零余额账户用款额度              2 000

  贷：库存现金——学校现金            2 000

预算会计：

借：资金结存——零余额账户用款额度         2 000

  贷：资金结存——货币资金            2 000

【例2-5】2022年3月11日，经批准，贵州ZYJS大学信息工程学院职工王宽预借差旅费1 500元，用于赴北京参加信息专业教学研讨会。账务处理如下：

财务会计：

借：其他应收款——信息工程学院——王宽       1 500

  贷：库存现金——学校现金            1 500

预算会计不做账务处理。

【例2-6】2022年3月16日，贵州ZYJS大学信息工程学院职工王宽报销差旅费2 000元，冲销2022年3月11日预借差旅费1 500元，用库存现金补足报销的差旅费500元。账务处理如下：

财务会计：

借：业务活动费用——教育费用——商品和服务支出    2 000

  贷：其他应收款——信息工程学院——王宽      1 500

    库存现金——学校现金           500

预算会计：

借：事业支出——教育支出——其他资金支出——基本支出——高等教育——

商品和服务支出——差旅费　　　　　　　　　　　　　　2 000

　　贷：资金结存——货币资金　　　　　　　　　　　　　2 000

【例2-7】2022年3月17日，贵州ZYJS大学收到贵州公司交来经济管理学院科技咨询服务费5 000元，该项目科技咨询服务费属于免税项目，列作横向科研收入。账务处理如下：

财务会计：

借：库存现金——学校现金　　　　　　　　　　　　　　5 000

　　贷：事业收入——科研事业收入——横向科研收入　　　5 000

预算会计：

借：资金结存——货币资金　　　　　　　　　　　　　　5 000

　　贷：事业预算收入——科研事业预算收入——横向科研收入　5 000

【例2-8】2022年3月25日，贵州ZYJS大学经济管理学院袁艳报销为贵州公司提供科技咨询发生差旅费2 000元，经费从贵州公司转来的科技咨询服务费支出，通过现金支付。账务处理如下：

财务会计：

借：业务活动费用——科研费用——商品和服务费用　　　2 000

　　贷：库存现金——学校现金　　　　　　　　　　　　2 000

预算会计：

借：事业支出——科研支出——非财政专项资金支出——项目支出——高等

教育——商品服务支出——差旅费　　　　　　　　　2 000

　　贷：资金结存——货币资金　　　　　　　　　　　　2 000

【例2-9】2022年4月4日，经批准，贵州YZC大学向某乡村小学捐赠现金1 000元，用于该小学党支部建设，经费从党建经费支付。账务处理如下：

财务会计：

借：其他费用——现金资产捐赠　　　　　　　　　　　　1 000

　　贷：库存现金——学校资金　　　　　　　　　　　　1 000

预算会计：

借：其他支出——其他资金支出——对外捐赠现金资产　　1 000

　　贷：资金结存——货币资金　　　　　　　　　　　　1 000

【例2-10】2022年4月10日，贵州YZC大学财务处出纳凤鸣收到经济管理学院以现金方式交来大学生医疗保险费10 000元。账务处理如下：

财务会计：

借：库存现金——受托代理资产　　　　　　　　　　　　10 000

　　贷：受托代理负债——经济管理学院——大学生医疗保险费　10 000

预算会计不做账务处理。

【例2-11】2020年4月12日，经批准，贵州ZYJS大学财务处按经济管理学院提供的学生名单，用现金缴纳大学生医疗保险费，经费从交来的大学生医疗保险费中支付。账务处理如下：

财务会计：

借：受托代理负债——经济管理学院——大学生医疗保险费　　10 000
　　贷：库存现金——受托代理资产　　　　　　　　　　　　　　10 000

预算会计不做账务处理。

【例2-12】2022年4月30日，贵州ZYJS大学财务处出纳凤鸣进行现金盘点，发现库存现金比账面多600元，经核查，属于应支付给办公室职工刘飞的500元；100元无法查明原因，报经批准计入其他收入。账务处理如下：

（1）发现现金溢余600时。

财务会计：

借：库存现金——学校现金　　　　　　　　　　　　　　　　　600
　　贷：待处理财产损溢——货币资金　　　　　　　　　　　　　600

预算会计：

借：资金结存——货币资金　　　　　　　　　　　　　　　　　600
　　贷：其他预算收入——现金盘盈收入　　　　　　　　　　　　600

（2）经核实，应支付给办公室职工刘飞500元。

财务会计：

借：待处理财产损溢——货币资金　　　　　　　　　　　　　　500
　　贷：库存现金——学校现金　　　　　　　　　　　　　　　　500

预算会计：

借：其他预算收入——现金盘盈收入　　　　　　　　　　　　　500
　　贷：资金结存——货币资金　　　　　　　　　　　　　　　　500

（3）经核实，盘盈100元无法查明原因，报经学校批准作其他收入。

财务会计：

借：待处理财产损溢——货币资金　　　　　　　　　　　　　　100
　　贷：其他收入——现金盘盈收入　　　　　　　　　　　　　　100

预算会计不做账务处理。

【例2-13】2022年5月31日，贵州ZYJS大学财务处出纳凤鸣进行现金盘点，发现库存现金比账面少300元，经核查，属于出纳凤鸣过失责任赔偿200元；无法查明原因100元，报经学校批准计入其他支出。账务处理如下：

（1）发现现金短缺时。

财务会计：

借：待处理财产损溢——货币资金　　　　　　　　　　　　　　300
　　贷：库存现金——学校现金　　　　　　　　　　　　　　　　300

预算会计：

借：其他支出——其他资金支出——现金盘亏损失　　　　　300

　　贷：资金结存——货币资金　　　　　　　　　　　　　　　300

（2）经核实，认定出纳凤鸣赔偿 200 元。

财务会计：

借：其他应收款——凤鸣　　　　　　　　　　　　　　　　200

　　贷：待处理财产损溢——货币资金　　　　　　　　　　　　200

预算会计不做账务处理。

（3）收到出纳凤鸣交来赔偿款 200 元。

财务会计：

借：库存现金——学校现金　　　　　　　　　　　　　　　200

　　贷：其他应收款——凤鸣　　　　　　　　　　　　　　　　200

预算会计：

借：资金结存——货币资金　　　　　　　　　　　　　　　200

　　贷：其他支出——其他资金支出——现金盘亏损失　　　　　200

（4）对无法查明原因的 100 元报经学校批准后处理。

财务会计：

借：资产处置费用　　　　　　　　　　　　　　　　　　　100

　　贷：待处理财产损溢——货币资金　　　　　　　　　　　　100

预算会计不做账务处理。

【例 2-14】2022 年 6 月 2 日，贵州 ZYJS 大学财务处以现金方式收取组织部元林交来党费 3 000 元（党费由学校代管，下同），当天将上述款项送存学校党费专用账户开户行贵阳工行云岩支行。账务处理如下：

财务会计：

借：库存现金——受托代理资产——党费　　　　　　　　3 000

　　贷：受托代理负债——党费　　　　　　　　　　　　　　3 000

借：银行存款——受托代理资产——党费　　　　　　　　3 000

　　贷：库存现金——受托代理资产——党费　　　　　　　　3 000

【例 2-15】2022 年 6 月 10 日，贵州 ZYJS 大学组织部元林报销党支部活动费 1 000 元，经费从收取的党费中支付。账务处理如下：

财务会计：

借：受托代理负债——党费　　　　　　　　　　　　　　1 000

　　贷：银行存款——受托代理资产——党费　　　　　　　　1 000

预算会计不做账务处理。

## 第三节　银行存款

### 一、银行存款科目简介

银行存款是指高等学校存放在银行或者其他金融机构的各种存款。高等学校应当严格按照国家有关支付结算办法的规定办理银行存款收支业务，并按照《政府会计制度》的规定核算银行存款的各项收支业务。

银行存款科目应当设置"受托代理资产"明细科目，核算高等学校受托代理、代管的银行存款。期末借方余额反映高等学校实际存放在银行或其他金融机构的款项。

高等学校应当按照开户银行或其他金融机构、存款种类及币种等，分别设置"银行存款日记账"，由出纳人员根据收付款凭证，按照业务的发生顺序逐笔登记，每日终了应结出余额。"银行存款日记账"应定期与"银行对账单"核对，至少每月核对一次。月度终了，高等学校银行存款日记账账面余额与银行对账单余额之间如有差额，应当逐笔查明原因并进行处理，按月编制"银行存款余额调节表"，调节相符。

### 二、银行存款科目账务处理

（1）将款项存入银行或者其他金融机构，按照实际存入的金额，借记本科目，贷记"库存现金""应收账款""事业收入""经营收入""其他收入"等相关科目。涉及增值税业务的，相关账务处理参见"应交增值税"科目。收到银行存款利息，按照实际收到的金额，借记本科目，贷记"利息收入"科目。

（2）从银行等金融机构提取现金，按照实际提取的金额，借记"库存现金"科目，贷记本科目。

（3）以银行存款支付相关费用，按照实际支付的金额，借记"业务活动费用""单位管理费用""其他费用"等相关科目，贷记本科目。涉及增值税业务的，相关账务处理参见"应交增值税"科目。以银行存款对外捐赠，按照实际捐出的金额，借记"其他费用"科目，贷记本科目。

（4）收到受托代理、代管的银行存款，按照实际收到的金额，借记本科目（受托代理资产），贷记"受托代理负债"科目；支付受托代理、代管的银行存款，按照实际支付的金额，借记"受托代理负债"科目，贷记本科目（受托代理资产）。

（5）高等学校发生外币业务的，应当按照业务发生当日的即期汇率，将外币金额折算为人民币金额记账，并登记外币金额和汇率。期末，各种外币账户的期末余额，应当按照期末的即期汇率折算为人民币，作为外币账户期末人民币余额。调整后的各种外币账户人民币余额与原账面余额的差额，作为汇兑损益计入当期费用。

①以外币购买物资、设备等，按照购入当日的即期汇率将支付的外币或应支付的外币折算为人民币金额，借记"库存物品"等科目，贷记本科目、"应付账款"等科目的外币账户。涉及增值税业务的，相关账务处理参见"应交增值税"科目。

②销售物品、提供服务以外币收取相关款项等，按照收入确认当日的即期汇率，将收取的外币或应收取的外币折算为人民币金额，借记本科目、"应收账款"等科目的外币账户，贷记"事业收入"等相关科目。

③期末，将各外币银行存款账户按照期末汇率调整后的人民币余额与原账面人民币余额的差额作为汇兑损益，借记或贷记本科目，贷记或借记"业务活动费用""单位管理费用"等科目。

"应收账款""应付账款"等科目有关外币账户期末汇率调整业务的账务处理参照本科目。

### 三、银行存款科目案例解析

【例 2-16】2022 年 4 月 24 日，贵州 ZYJS 大学收到代理银行通知书，列示基本账户收到省财政厅财政专户返还的学费、住宿费 50 000 000 元。账务处理如下：

财务会计：

借：银行存款——学校存款　　　　　　　　　　　50 000 000

　　贷：事业收入——教育事业收入——财政专户返还收入　　50 000 000

预算会计：

借：资金结存——货币资金　　　　　　　　　　　50 000 000

　　贷：事业预算收入——教育事业预算收入——财政专户返还收入

　　　　　　　　　　　　　　　　　　　　　　　50 000 000

【例 2-17】2022 年 4 月 25 日，贵州 ZYJS 大学收到银行回单，列示基本账户收到第一季度存款利息 8 000 元。账务处理如下：

财务会计：

借：银行存款——学校存款　　　　　　　　　　　8 000

　　贷：利息收入　　　　　　　　　　　　　　　8 000

预算会计：

借：资金结存——货币资金　　　　　　　　　　　8 000

　　贷：其他预算收入——利息预算收入　　　　　8 000

【例 2-18】2022 年 4 月 26 日，贵州 ZYJS 大学财务处出纳凤鸣从基本存款账户提取备用金 5 000 元，用于学校日常零星开支。账务处理如下：

财务会计：

借：库存现金——学校现金　　　　　　　　　　　5 000

　　贷：银行存款——学校存款　　　　　　　　　5 000

预算会计不做账务处理。

【例 2-19】2022 年 2 月 27 日，贵州 ZYJS 大学财务处收到银行回单，回单显示银行扣取基本户代发工资银行手续费 360 元，款项从基本存款账户中扣取。账务处理如下：

财务会计：

借：单位管理费用——行政管理费用——商品和服务费用  360

  贷：银行存款——学校存款  360

预算会计：

借：事业支出——行政管理支出——基本支出——高等教育——商品和服务支出——手续费  360

  贷：资金结存——货币资金  360

【例 2-20】2022 年 3 月 20 日，艺术设计学院职工张军报销学院办公用品购置费 3 000 元，经费从本学院综合业务费中列支，款项从零余额账户中支付。账务处理如下：

财务会计：

借：业务活动费用——教育费用——商品和服务费用  3 000

  贷：零余额账户用款额度  3 000

预算会计：

借：事业支出——教育支出——财政拨款支出——基本支出——高等教育——商品和服务支出——办公费  3 000

  贷：资金结存——零余额账户用款额度  3 000

【例 2-21】2022 年 3 月 28 日，经批准，贵州 ZYJS 大学向对口扶贫点捐赠 20 000 元，用于扶贫点产业扶贫，资金从基本存款账户中支付。账务处理如下：

财务会计：

借：其他费用——现金资产捐赠费用  20 000

  贷：银行存款——学校存款  20 000

预算会计：

借：其他支出——其他资金支出——对外捐赠现金资产  20 000

  贷：资金结存——货币资金  20 000

【例 2-22】2022 年 4 月 20 日，贵州 ZYJS 大学财务处收到组织部交存党费银行进账单 20 000 元，进账单显列示款项存入党费专用账户。账务处理如下：

财务会计：

借：银行存款——受托代理资产——党费  20 000

  贷：受托代理负债——党费  20 000

预算会计不做账务处理。

【例 2-23】2022 年 4 月 21 日，贵州 ZYJS 大学组织部职工元林报销党总支活动费 5 000 元，经费从党费中支付。账务处理如下：

财务会计：

借：受托代理负债——党费　　　　　　　　　　　　　　　5 000

　　贷：银行存款——受托代理资产——党费　　　　　　　　　　5 000

预算会计不做账务处理。

【例 2-24】2022 年 4 月 25 日，贵州 ZYJS 大学美元银行账户的余额为 50 000 美元，共折合人民币 330 000 元；4 月 28 日，该学校以 20 000 美元的价值从国外购进一台科研仪器，当日的汇率为 1 美元 = 6.53 元；4 月 30 日汇率为 1 美元 = 6.50 元。账务处理如下：

（1）支付设备款时。

财务会计：

借：固定资产——专用设备　　　　　　　　　　　　　　130 600

　　贷：银行存款——美元户　　　　　　　　　　　　　　　130 600

预算会计：

借：事业支出——科研支出——非财政专项资金支出——项目支出——资本性

　　支出——专项设备购置　　　　　　　　　　　　　　130 600

　　贷：资金结存——货币资金　　　　　　　　　　　　　　130 600

（2）月末计算的汇率损益。

计算汇率损益前"银行存款——人民币"账户余额 = 330 000 - 130 600 = 199 400（元）

月末美元账户余额折合人民币余额 = （50 000 - 20 000）×6.50 = 195 000（元）

美元账户余额汇率损失 = 199 400 - 195 000 = 4 400（元）

账务处理如下：

财务会计：

借：其他费用——其他　　　　　　　　　　　　　　　　4 400

　　贷：银行存款——美元户　　　　　　　　　　　　　　　4 400

预算会计：

借：其他支出——其他资金支出——其他　　　　　　　　4 400

　　贷：资金结存——货币资金　　　　　　　　　　　　　　4 400

## 第四节　零余额账户用款额度

### 一、零余额账户用款额度科目简介

零余额账户用款额度是指实行国库集中支付的高等学校根据财政部门批复的用款计划收到的财政授权支付资金额度。

零余额账户用款额度具有与人民币存款账户相同的支付结算功能，可以办理转账、汇兑、提取现金等支付结算业务。高等学校零余额账户用于财政授权支付，该账户每日发生的支付，于当日营业终了前由代理银行在财政部门批准的用款额度内与国库单一账户清算，营业中单笔支付额 5 000 万（含 5 000 万）元以上的，应及时与国库单一账户清算。高等学校财政授权的转账业务一律通过零余额账户办理。

零余额账户用款额度科目核算实行国库集中支付的高等学校根据财政部门批复的用款计划收到和使用的零余额账户用款额度。期末借方余额反映高等学校尚未使用的零余额账户用款额度，年末注销零余额账户用款额度后本科目应无余额。

### 二、零余额账户用款额度科目账务处理

零余额账户用款额度科目账务处理的主要内容如下：

（1）高等学校收到"财政授权支付到账通知书"时，根据通知书所列金额，借记本科目，贷记"财政拨款收入"科目。

（2）支付日常活动费用时，按照支付的金额，借记"业务活动费用""单位管理费用"等科目，贷记本科目。

（3）购买库存物品或购建固定资产，按照实际发生的成本，借记"库存物品""固定资产""在建工程"等科目，按照实际支付或应付的金额，贷记本科目、"应付账款"等科目。涉及增值税业务的，相关账务处理参见"应交增值税"科目。

（4）从零余额账户提取现金时，按照实际提取的金额，借记"库存现金"科目，贷记本科目。

（5）因购货退回等发生财政授权支付额度退回的，按照退回的金额，借记本科目，贷记"库存物品"等科目。

（6）年末，根据代理银行提供的对账单做注销额度的相关账务处理，借记"财政应返还额度——财政授权支付"科目，贷记本科目。

（7）年末，学校本年度财政授权支付预算指标数大于零余额账户用款额度下达数的，根据未下达的用款额度，借记"财政应返还额度——财政授权支付"科目，贷记"财政拨款收入"科目。

（8）下年初，学校根据代理银行提供的上年度注销额度恢复到账通知书做恢复额度的相关账务处理，借记本科目，贷记"财政应返还额度——财政授权支付"科目。

（9）下年初，学校收到财政部门批复的上年未下达零余额账户用款额度，借记本科目，贷记"财政应返还额度——财政授权支付"科目。

### 三、零余额账户用款额度科目案例解析

【例 2-25】2022 年 3 月 3 日，贵州 ZYJS 大学财务处收到代理银行转来财政授权支付额度到账通知书，列示省财政厅拨来 2022 年生均经费基本支出 60 000 000

元。账务处理如下：

财务会计：

借：零余额账户用款额度                               60 000 000

    贷：财政拨款收入                            60 000 000

预算会计：

借：资金结存——零余额账户用款额度          60 000 000

    贷：财政拨款预算收入——基本支出        60 000 000

【例2-26】2022年3月24日，贵州ZYJS大学财务处收到代理银行转来财政授权支付额度到账通知书，列明省财政厅拨来2022年国家助学金专项资金，额度50 000 000元。账务处理如下：

财务会计：

借：零余额账户用款额度                               50 000 000

    贷：财政拨款收入                            50 000 000

预算会计：

借：资金结存——零余额账户用款额度          50 000 000

    贷：财政拨款预算收入——项目支出        50 000 000

【例2-27】2022年3月5日，贵州ZYJS大学建筑工程学院职工刘红购买一批实验室耗材，金额为3 000元，用于学生实验使用，款项通过零余额账户额度支付。账务处理如下：

财务会计：

借：业务活动费用——教育费用——商品和服务费用      3 000

    贷：零余额账户用款额度                         3 000

预算会计：

借：事业支出——教育支出——财政拨款支出——基本支出——高等教育——

    商品和服务支出——专用材料                 3 000

    贷：资金结存——零余额账户用款额度        3 000

【例2-28】2022年3月6日，贵州ZYJS大学使用财政专项资金购入一台无须安装的教学实验设备，取得增值税普通发票上注明的设备价款为100 000元，增值税税额为13 000元，通过零余额账户支付，假定不考虑其他相关税费。账务处理如下：

购入实验室设备的价值=100 000+13 000=113 000（元）

财务会计：

借：固定资产——专用设备                         113 000

    贷：零余额账户用额度                      113 000

预算会计：

借：事业支出——教育支出——财政拨款支出——项目支出——高等教育——
资本性支出——专用设备购置                                      113 000
　　贷：资金结存——零余额账户用款额度                              113 000

【例2-29】2022年3月7日，贵州ZYJS大学财务处出纳凤鸣从财政零余额账户提取备用金5 000元，用于学校日常零星开支。账务处理如下：

财务会计：

借：库存现金——学校现金                                          5 000
　　贷：零余额账户用款额度                                        5 000

预算会计：

借：资金结存——货币资金                                          5 000
　　贷：资金结存——零余额账户用款额度                            5 000

【例2-30】2022年3月8日，贵州ZYJS大学因所购的实验室耗材质量不达标发生退货3 000元，国库授权支付额度退回3 000元，退回的原材料是2022年3月5日用本年度授权支付的款项购买。账务处理如下：

财务会计：

借：零余额账户用款额度                                            3 000
　　贷：库存物品——专用材料                                      3 000

预算会计：

借：资金结存——零余额账户用款额度                                3 000
　　贷：事业支出——教育支出——财政拨款支出——基本支出——高等教育
——商品和服务支出——专用材料                                    3 000

【例2-31】2022年3月9日，贵州ZYJS大学因所购的实验室耗材质量不达标发生退货3 000元，国库授权支付额度退回3 000元，退回的原材料是2021年12月25日通过授权支付的款项购买。账务处理如下：

财务会计：

借：零余额账户用款额度                                            3 000
　　贷：库存物品——专用材料                                      3 000

预算会计：

借：资金结存——零余额账户用款额度                                3 000
　　贷：财政拨款结余——年初余额调整——基本支出结余              3 000

【例2-32】2022年12月31日，贵州ZYJS大学零余额账户用款额度200 000元尚未支付，年底财政厅收回额度，根据代理银行提供的对账单注销授权支付额度。账务处理如下：

财务会计：

借：财政应返还额度——财政授权支付                              200 000
　　贷：零余额账户用款额度                                      200 000

预算会计：

借：资金结存——财政应返还额度                        200 000

    贷：资金结存——零余额账户用款额度             200 000

【例 2-33】2023 年 2 月 25 日，贵州 ZYJS 大学收到代理银行提供额度恢复到账通知书，省财政厅拨来 2022 年年底收回额度 200 000 元。账务处理如下：

财务会计：

借：零余额账户用款额度                               200 000

    贷：财政应返还额度——财政授权支付             200 000

预算会计：

借：资金结存——零余额账户用款额度               200 000

    贷：资金结存——财政应返还额度               200 000

【例 2-34】2022 年 12 月 31 日，贵州 ZYJS 大学经对账发现，年度追加预算指标中有 350 000 元因到账时间较晚，无法申请用款计划，年底被财政收回预算指标。账务处理如下：

财务会计：

借：财政应返还额度——财政授权支付             350 000

    贷：财政拨款收入                           350 000

预算会计：

借：资金结存——财政应返还额度                        350 000

    贷：财政拨款预算收入——基本支出               350 000

【例 2-35】2023 年 2 月 15 日，贵州 ZYJS 大学根据省财政厅批复的上年末未下达的零余额账户的额度银行到账通知书，恢复额度 350 000 元。账务处理如下：

财务会计：

借：零余额账户用款额度                               350 000

    贷：财政应返还额度——财政授权支付             350 000

预算会计：

借：资金结存——零余额账户用款额                  350 000

    贷：资金结存——财政应返还额度               350 000

## 第五节   其他货币资金

### 一、其他货币资金科目简介

其他货币资金是指高等学校除了库存现金、银行存款、零余额账户款额度以外的货币资金，包括外埠存款、银行本票存款、银行汇票存款、信用卡存款等各种其他货币资金。高等学校应当加强对其他货币资金的管理，及时办理结算，对于逾期尚未办理结算的银行汇票、银行本票等，应当按照规定及时转回，并按照上述规定进行相应账务处理。

采用其他货币资金科目核算高等学校的外埠存款、银行本票存款、银行汇票存款、信用卡存款等各种其他货币资金时，应当设置"外埠存款""银行本票存款""银行汇票存款""信用卡存款"等明细科目，进行明细核算，期末借方余额反映高等学校实际持有的其他货币资金。

## 二、其他货币资金科目账务处理

（1）高等学校按照有关规定需要在异地开立银行账户，将款项委托本地银行汇往异地开立账户时，借记本科目，贷记"银行存款"科目。收到采购员交来供应单位发票账单等报销凭证时，借记"库存物品"等科目，贷记本科目。将多余的外埠存款转回本地银行时，根据银行的收账通知，借记"银行存款"科目，贷记本科目。

（2）将款项交存银行取得银行本票、银行汇票时，按照取得的银行本票、银行汇票金额，借记本科目，贷记"银行存款"科目。使用银行本票、银行汇票购买库存物品等资产时，按照实际支付金额，借记"库存物品"等科目，贷记本科目。如有余款或因本票、汇票超过付款期等而退回的款项，按照退款金额，借记"银行存款"科目，贷记本科目。

（3）将款项交存银行取得信用卡时，按照交存金额，借记本科目，贷记"银行存款"科目。用信用卡购物或支付有关费用时，按照实际支付金额，借记"单位管理费用""库存物品"等科目，贷记本科目。高等学校信用卡在使用过程中，需向其账户续存资金的，按照续存金额，借记本科目，贷记"银行存款"科目。

## 三、其他货币资金科目案例解析

【例2-36】2022年4月3日，贵州ZYJS大学到外地购买科研设备需要，经批准，办理银行汇票存款1 000 000元，4月10日支付设备款980 000元，根据汇票结算单于2022年4月15日转回余额20 000元。账务处理如下：

（1）2022年4月3日办理银行汇票存款。

财务会计：

借：其他货币资金——银行汇票存款　　　　　　　　　　　　1 000 000

　　贷：银行存款——学校存款　　　　　　　　　　　　　　　1 000 000

预算会计不做账务处理。

（2）2022年4月10日支付设备款。

财务会计：

借：固定资产——专用设备　　　　　　　　　　　　　　　　　980 000

贷：其他货币资金——银行汇票存款                       980 000
预算会计：

借：事业支出——科研支出——财政拨款支出——项目支出——高等教育——
　　商品和服务支出——专用设备                       980 000
　　贷：资金结存——货币资金                         980 000

（3）2022 年 4 月 15 日转回多余资金。

财务会计：

借：银行存款——学校存款                            20 000
　　贷：其他货币资金——银行汇票存款                  20 000

预算会计不做账务处理。

## 第六节　短期投资

### 一、短期投资科目简介

短期投资是指高等学校用暂时闲置的资金购买各种能随时变现的、持有时间不超过一年的有价证券以及不超过一年的其他投资。高等学校为了获得比银行存款利息较高的收益，提高资金的使用效率和效益，可以购买公开市场上可以随时变现的有价证券。高等学校应当严格遵守国家法律、行政法规以及财政部门、教育部门关于对外投资的有关规定。高等学校短期投资主要是国债投资，一般按照国债投资的种类进行明细核算。

短期投资科目核算高等学校按照规定取得的，持有时间不超过一年（含一年）的投资，应当按照投资的种类等进行明细核算，期末借方余额反映高等学校持有短期投资的成本。

### 二、短期投资科目账务处理

（1）取得短期投资时，按照确定的投资成本，借记本科目，贷记"银行存款"等科目。收到取得投资时，实际支付价款中包含的已经到付息期但尚未领取的利息，按照实际收到的金额，借记"银行存款"科目，贷记本科目。

（2）收到短期投资持有期间的利息，按照实际收到的金额，借记"银行存款"科目，贷记"投资收益"科目。

（3）出售短期投资或到期收回短期投资本息，按照实际收到的金额，借记"银行存款"科目，按照出售或收回短期投资的账面余额，贷记本科目，按照其差额，借记或贷记"投资收益"科目。涉及增值税业务的，相关账务处理参见"应交增值税"科目。

### 三、短期投资科目案例解析

【例2-37】2022年4月5日，经批准，贵州ZYJS大学利用闲置资金购入A国债，面值200 000元，票面利率3%，以银行存款支付相关款项203 000元，包括已经到期尚未领取的利息3 000元，该学校准备持有6个月之内出售该国债。2022年5月5日收到购买时已经包含的利息3 000元；2020年6月5日出售该国债，收到201 000元。账务处理如下：

（1）2022年4月5日购入国债。

财务会计：

借：短期投资——A国债          203 000

  贷：银行存款——学校存款      203 000

预算会计：

借：投资支出——A国债           203 000

  贷：资金结存——货币资金      203 000

（2）2022年5月5日收到购入时包含的利息3 000元。

财务会计：

借：银行存款——学校存款         3 000

  贷：短期投资——A国债        3 000

预算会计：

借：资金结存——货币资金         3 000

  贷：投资支出              3 000

（3）2022年6月5日出售该国债。

财务会计：

借：银行存款              201 000

  贷：短期投资——A国债        200 000

    投资收益            1 000

预算会计：

借：资金结存——货币资金         201 000

  贷：投资支出——A国债        200 000

    投资预算收益          1 000

## 第七节 财政应返还额度

### 一、财政应返还额度科目简介

财政应返还额度是指实行国库集中支付的高等学校应收财政返还的资金额度，包括可以使用的以前年度财政直接支付资金额度和财政应返还的财政授权支付的资金额度。

财政应返还额度科目核算实行国库集中支付的高等学校应收财政返还的资金额度，包括可以使用的以前年度财政直接支付资金额度和财政应返还的财政授权支付资金额度。财政应返还额度科目应当设置"财政直接支付""财政授权支付"两个明细科目进行明细核算，期末借方余额反映高等学校应收财政返还的资金额度。

### 二、财政应返还额度科目账务处理

（一）财政直接支付

（1）年末，高等学校根据本年度财政直接支付预算指标数大于当年财政直接支付实际发生数的差额，借记本科目（财政直接支付），贷记"财政拨款收入"科目。

（2）高等学校使用以前年度财政直接支付额度支付款项时，借记"业务活动费用""单位管理费用"等科目，贷记本科目（财政直接支付）。

（二）财政授权支付

财政授权支付主要有以下几种情形：

（1）年末，高等学校根据代理银行提供的对账单做注销额度的相关账务处理，借记本科目（财政授权支付），贷记"零余额账户用款额度"科目。

（2）年末，高等学校本年度财政授权支付预算指标数大于零余额账户用款额度下达数的，根据未下达的用款额度，借记本科目（财政授权支付），贷记"财政拨款收入"科目。

（3）下年初，高等学校根据代理银行提供的上年度注销额度恢复到账通知书做恢复额度的相关账务处理，借记"零余额账户用款额度"科目，贷记本科目（财政授权支付）。

（4）高等学校收到财政部门批复的上年未下达零余额账户用款额度，借记"零余额账户用款额度"科目，贷记本科目（财政授权支付）。

### 三、财政应返还额度科目案例解析

【例2-38】2022年贵州ZYJS大学财政直接支付人员经费预算指标为100 000 000元，全年财政直接支付人员经费实际支出数为99 990 000元。账务处理如下：

财务会计：

借：财政应返还额度——财政直接支付                                             10 000

    贷：财政拨款收入                                       10 000

预算会计：

借：资金结存——财政应返还额度                            10 000

    贷：财政拨款预算收入——基本支出——人员经费    10 000

【例 2-39】2022 年 3 月 15 日，贵州 ZYJS 大学以财政直接支付方式购买一批行政办公用物资，支付给供应商 3 000 元，使用上年度预算指标。账务处理如下：

财务会计：

借：单位管理费用——行政管理费用——商品和服务费用    3 000

    贷：财政应返还额度——财政直接支付              3 000

预算会计：

借：事业支出——行政管理支出——财政拨款支出——基本支出——高等教育

    ——商品和服务支出——办公费                      3 000

    贷：资金结存——财政应返还额度                    3 000

【例 2-40】2022 年 12 月 31 日，贵州 ZYJS 大学经与代理银行提供的对账单核对无误后，将 400 000 元零余额账户用额度予以注销（基本支出）。账务处理如下：

财务会计：

借：财政应返还额度——财政授权支付                     400 000

    贷：零余额账户用款额度                          400 000

预算会计：

借：资金结存——财政应返还额度                     400 000

    贷：资金结存——零余额账户用款额度           400 000

【例 2-41】2022 年 2 月 15 日贵州 ZYJS 大学收到代理银行提供的额度恢复到账通知书，授权支付额度 400 000 元。账务处理如下：

财务会计：

借：零余额账户用款额度                            400 000

    贷：财政应返还额度——财政授权支付                400 000

预算会计：

借：资金结存——零余额账户用款额度           400 000

    贷：资金结存——财政应返还额度                   400 000

【例 2-42】2022 年 12 月 31 日，贵州 ZYJS 大学本年度财政授权支付预算指标数大于零余额账户用款额度下达数，未下达的用款额度为 500 000 元（基本支出）。账务处理如下：

财务会计：

借：财政应返还额度——财政授权支付                     500 000

　　　　贷：财政拨款收入　　　　　　　　　　　　　　　　　　500 000

　　预算会计：

　　借：资金结存——财政应返还额度　　　　　　　　　　　500 000

　　　　贷：财政拨款预算收入——基本支出　　　　　　　　　500 000

【例2-43】2023年2月18日，贵州ZYJS大学收到代理银行提供的额度恢复到通知书及财政部门批复的上年年末未下达零余额账户的额度为500 000元。账务处理如下：

　　财务会计：

　　借：零余额账户用款额度　　　　　　　　　　　　　　　500 000

　　　　贷：财政应返还额度——财政授权支付　　　　　　　　500 000

　　预算会计：

　　借：资金结存——零余额账户款额度　　　　　　　　　　500 000

　　　　贷：资金结存——财政应返还额度　　　　　　　　　　500 000

【例2-44】2023年2月5日，贵州ZYJS大学通过授权支付方式支付学校办公室车辆运行维护费8 000元，款项通过零余额账户支付。账务处理如下：

　　财务会计：

　　借：单位管理费用——行政管理费用——商品和服务费用　　8 000

　　　　贷：零余额账户用款额度　　　　　　　　　　　　　　8 000

　　预算会计：

　　借：事业支出——行政管理支出——财政拨款支出——基本支出——高等教育

　　　　——商品和服务支出——车辆运行维护费　　　　　　　8 000

　　　　贷：资金结存——零余额账户用款额度　　　　　　　　8 000


# 第八节　应收票据


## 一、应收票据科目简介

　　应收票据是指高等学校因开展经营活动销售产品、提供有偿服务等而收到的商业汇票。商业汇票按承兑人不同分为银行承兑汇票和商业承兑汇票。

　　应收票据科目核算高等学校因开展经营活动销售产品、提供有偿服务等而收到的商业汇票，应当按照开出、承兑商业汇票的单位等进行明细核算。期末借方余额反映高等学校持有的商业汇票票面金额。

　　高等学校应当设置"应收票据备查簿"，逐笔登记每一应收票据的种类、号数、出票日期、到期日、票面金额、交易合同号和付款人、承兑人、背书人姓名或单位名称、背书转让日、贴现日期、贴现率和贴现净额、收款日期、收回金额和退票情况等。应收票据到期结清票款或退票后，应当在备查簿内逐笔注销。

## 二、应收票据科目账务处理

（1）因销售产品、提供服务等收到商业汇票，按照商业汇票的票面金额，借记本科目，按照确认的收入金额，贷记"经营收入"等科目。涉及增值税业务的，相关账务处理参见"应交增值税"科目。

（2）持未到期的商业汇票向银行贴现，按照实际收到的金额（扣除贴现息后的净额），借记"银行存款"科目，按照贴现息金额，借记"经营费用"等科目，按照商业汇票的票面金额，贷记本科目（无追索权）或"短期借款"科目（有追索权）。附追索权的商业汇票到期未发生追索事项的，按照商业汇票的票面金额，借记"短期借款"科目，贷记本科目。

（3）将持有的商业汇票背书转让以取得所需物资时，按照取得物资的成本，借记"库存物品"等科目，按照商业汇票的票面金额，贷记本科目，如有差额，借记或贷记"银行存款"等科目。涉及增值税业务的，相关账务处理参见"应交增值税"科目。

（4）商业汇票到期时，应针对不同情况分别处理：

收回票款时，按照实际收到的商业汇票票面金额，借记"银行存款"科目，贷记本科目。

因付款人无力支付票款，收到银行退回的商业承兑汇票、委托收款凭证、未付票款通知书或拒付款证明等，按照商业汇票的票面金额，借记"应收账款"科目，贷记本科目。

## 三、应收票据科目案例解析

【例 2-45】贵州 ZYJS 大学科研处为贵州公司提供技术咨询服务，按照合同约定技术服务费 50 000 元，采用商业汇票一次性结清，不考虑相关税费。2022 年 4 月 2 日贵州公司交给贵州 ZYJS 大学一张不带息、有追索权的 6 个月商业承兑汇票，面值 50 000 万元。账务处理如下：

财务会计：

借：应收票据——贵州公司　　　　　　　　　　　　　　　　　50 000

　　贷：事业收入——科研事业收入——横向科研收入　　　　　50 000

预算会计不做账务处理。

【例 2-46】2022 年 4 月 12 日，贵州 ZYJS 大学因急需资金，将持有贵州公司 6 个月后到期的不带息、附追索权商业汇票向中国工商银行贴现，贴现利息 2 000 元，实收 48 000 元存入学校基本存款账户，贵州 ZYJS 大学已将该收入列作科研事业收入。账务处理如下：

财务会计：

借：银行存款——学校存款    48 000

    其他费用——利息费用    2 000

      贷：短期借款——中国工商银行    50 000

预算会计：

借：资金结存——货币资金    48 000

      贷：事业预算收入——科研事业预算收入——横向科研收入    48 000

【例 2-47】2022 年 4 月 12 日贵州 ZYJS 大学将附追索权商业汇票向中国工商银行贴现到期，未发生追索事件，票面金额 50 000 元。账务处理如下：

财务会计：

借：短期借款——中国工商银行    50 000

      贷：应收票据——贵州公司    50 000

预算会计不做账务处理。

【例 2-48】2022 年 4 月 14 日，贵州 ZYJS 大学向贵州公司购买办公用品一批，金额为 60 000 元。学校将持有贵州公司的一张面值 50 000 元未到期的商业汇票背书转让给贵州公司，同时通过银行存款转账支付贵州公司 10 000 元货款。账务处理如下：

财务会计：

借：单位管理费用——行政管理费用——商品和服务费用    60 000

      贷：应收票据——贵州公司    50 000

        银行存款——学校存款    10 000

预算会计：

借：事业支出——行政管理支出——其他资金支出——基本支出——高等教育

    ——商品和服务支出——办公费    10 000

      贷：资金结存——学校存款    10 000

【例 2-49】2022 年 10 月 12 日，贵州 ZYJS 大学持有的贵州公司商业汇票票面金额 50 000 元到期，收到票款 50 000 元存入学校基本存款账户。账务处理如下：

财务会计：

借：银行存款——学校存款    50 000

      贷：应收票据——贵州公司    50 000

预算会计：

借：资金结存——货币资金    50 000

      贷：事业预算收入——科研事业预算收入——横向科研收入    50 000

【例 2-50】2022 年 10 月 15 日，贵州 ZYJS 大学持有的贵州公司商业汇票，票面金额 100 000 元，到期贵州公司无力偿还票款，学校将到期票据的票面金额 100 000 元，转入应收账款。账务处理如下：

财务会计：

借：应收账款——贵州公司                            100 000

    贷：应收票据——贵州公司                        100 000

预算会计不做账务处理。

## 第九节　应收账款

### 一、应收账款科目简介

应收账款是指高等学校销售产品、提供服务应收取款项以及高等学校出租、出售物资等应收取的款项。

应收账款科目核算高等学校销售产品、提供服务等应收取的款项以及高等学校因出租资产、出售物资等应收取的款项，应当按照债务单位（或个人）进行明细核算，期末借方余额反映高等学校尚未收回的应收账款。

### 二、应收账款科目账务处理

（一）应收账款收回后无须上缴财政

（1）高等学校发生应收账款时，按照应收未收金额，借记本科目，贷记"事业收入""经营收入""租金收入""其他收入"等科目。涉及增值税业务的，相关账务处理参见"应交增值税"科目。

（2）收回应收账款时，按照实际收到的金额，借记"银行存款"等科目，贷记本科目。

（二）应收账款收回后需上缴财政

（1）高等学校出租资产发生应收未收租金款项时，按照应收未收金额，借记本科目，贷记"应缴财政款"科目。

（2）收回应收账款时，按照实际收到的金额，借记"银行存款"等科目，贷记本科目。涉及增值税业务的，相关账务处理参见"应交增值税"科目。高等学校出售物资发生应收未收款项时，按照应收未收金额，借记本科目，贷记"应缴财政款"科目。

（三）高等学校应当于每年年末，对收回后无须上缴财政的应收账款进行全面检查，如发生不能收回的迹象，应当计提坏账准备

（1）对于账龄超过规定年限、确认无法收回的应收账款，按照规定报经批准后予以核销，按照核销金额，借记"坏账准备"科目，贷记本科目。核销的应收账款应在备查簿中保留登记。

（2）已核销的应收账款在以后期间又收回的，按照实际收回金额，借记本科目，贷记"坏账准备"科目；同时，借记"银行存款"等科目，贷记本科目。

（四）高等学校应当于每年年末，对收回后应当上缴财政的应收账款进行全面检查

（1）对于账龄超过规定年限、确认无法收回的应收账款，按照规定报经批准后予以核销。按照核销金额，借记"应缴财政款"科目，贷记本科目。核销的应收账款应当在备查簿中保留登记。

（2）已核销的应收账款在以后期间又收回的，按照实际收回金额，借记"银行存款"等科目，贷记"应缴财政款"科目。

### 三、应收账款科目案例解析

【例2-51】2022年4月7日，贵州公司租用贵州ZYJS大学机电能源学院实训室用于专业等级考试，协议约定租金50 000元，款项尚未收到，按照规定，该笔费用不需要上缴财政。账务处理如下：

财务会计：

借：应收账款——贵州公司       50 000

  贷：租金收入        50 000

预算会计不做账务处理。

【例2-52】2022年12月31日，贵州ZYJS大学机电能源学院得知，因为市场不景气贵州公司面临破产倒闭，经过双方友好协商签订补充协议，双方同意，2023年3月31日前，贵州公司支付贵州ZYJS大学提租金30 000元，其余20 000元不再收取。2022年12月31日，贵州ZYJS大学按照规定报经批准后核销20 000元。账务处理如下：

财务会计：

借：坏账准备——应收账款      20 000

  贷：应收账款——贵州公司     20 000

预算会计不做账务处理。

【例2-53】2023年3月31日，贵州ZYJS大学机电能源学院收到甲贵州公司支付的租金收入30 000元，款项存入学校基本存款账户。账务处理如下：

财务会计：

借：银行存款——学校存款      30 000

  贷：应收账款——贵州公司     30 000

预算会计：

借：资金结存——货币资金      30 000

  贷：其他预算收入——租金收入——非专项资金收入 30 000

【例2-54】2022年6月30日，贵州ZYJS大学得知贵州公司调整管理模式后，经营效益较好，经与贵州公司双方协商，贵州公司同意支付贵州ZYJS大学2022年12月31日核销的应收账款20 000元，款项存入基本存款账户。账务处理如下：

财务会计：

借：应收账款——贵州公司 20 000

    贷：坏账准备——应收账款 20 000

借：银行存款——学校存款 20 000

    贷：应收账款——贵州公司 20 000

预算会计：

借：资金结存——货币资金 20 000

    贷：其他预算收入——租金收入——非专项资金收入 20 000

【例2-55】2022年7月1日，贵州ZYJS大学国有资产管理处报经教育厅、财政厅批准，将老校区一栋闲置的教室出租给贵州公司用于经营酒店，协议约定，租金每月500 000元，租期10年，每半年支付一次租金，房屋租金上交国库。账务处理如下：

（1）2022年7月31日、8月31日、9月30日确认租金收入。

财务会计：

借：应收账款——贵州公司 500 000

    贷：应缴财政款——应交款国库款 500 000

预算会计不做账务处理。

（2）2022年9月30日收到第三季度租金1 500 000元。

财务会计：

借：银行存款 1 500 000

    贷：应收账款——贵州公司 1 500 000

预算会计不做账务处理。

（3）2022年10月10将第三季度上缴财政。

财务会计：

借：应缴财政款——应交款国库款 1 500 000

    贷：银行存款 1 500 000

预算会计不做账务处理。

（4）2022年11月5日财政厅通过零余额账户拨来2022年10月10日上交的第三季度租金1 500 000元。

财务会计：

借：零余额账户用款额度 1 500 000

    贷：财政拨款收入——成本支出 1 500 000

预算会计：

借：资金结存——零余额账户用款额度 1 500 000

    贷：财政拨款预算收入——专项收入——成本支出 1 500 000

（5）2022 年 10 月 31 日、11 月 30 日、12 月 31 日确认租金收入。

财务会计：

借：应收账款——贵州公司                            500 000

    贷：应缴财政款——应交款国库款           500 000

预算会计不做账务处理。

（6）2022 年 12 月 31 日。受到疫情的影响，贵州公司经营困难，按照国家有关文件，申请减免 2022 年第四季度租金，贵州 ZYJS 大学国有资产管理处报经教育厅、财政厅批准，核销贵州公司 2022 年第四季度租金 1 500 000 元。

财务会计：

借：应缴财政款——应交款国库款           1 500 000

    贷：应收账款——贵州公司                1 500 000

预算会计不做账务处理。

（7）2023 年 6 月 1 日收回已经核销的应收账款——贵州公司 1 500 000 元，并存入基本存款账户。

财务会计：

借：银行存款——学校存款                   1 500 000

    贷：应缴财政款——应交款国库款      1 500 000

## 第十节　预付账款

### 一、预付账款科目简介

预付账款是指高等学校按照购货、服务合同或协议规定预付给供应单位（或个人）的款项，以及按照合同规定向承包工程的施工企业预付的备料款和工程款。

预付账款科目核算高等学校按照购货、服务合同或协议规定预付给供应单位（或个人）的款项，以及按照合同规定向承包工程的施工企业预付的备料款和工程款。高等学校应当按照供应单位（或个人）及具体项目进行明细核算。

对于基本建设项目发生的预付账款，还应当在预付账款科目所属基建项目明细科目下设置"预付备料款""预付工程款""其他预付款"等明细科目，进行明细核算，期末借方余额反映高等学校实际预付但尚未结算的款项。

### 二、预付账款科目账务处理

（1）根据购货、服务合同或协议规定预付款项时，按照预付金额，借记本科目，贷记"财政拨款收入""零余额账户用款额度""银行存款"等科目。

（2）收到所购资产或服务时，按照购入资产或服务的成本，借记"库存物品"

"固定资产""无形资产""业务活动费用"等相关科目，按照相关预付账款的账面余额，贷记本科目，按照实际补付的金额，贷记"财政拨款收入""零余额账户用款额度""银行存款"等科目。涉及增值税业务的，相关账务处理参见"应交增值税"科目。

（3）根据工程进度结算工程价款及备料款时，按照结算金额，借记"在建工程"科目，按照相关预付账款的账面余额，贷记本科目，按照实际补付的金额，贷记"财政拨款收入""零余额账户用款额度""银行存款"等科目。

（4）发生预付账款退回的，按照实际退回金额，借记"财政拨款收入"（本年直接支付）、"财政应返还额度"（以前年度直接支付）、"零余额账户用款额度""银行存款"等科目，贷记本科目。

（5）高等学校应当于每年年末，对预付账款进行全面检查。如果有确凿证据表明预付账款不再符合预付款项性质，或者因供应单位破产、撤销等可能无法收到所购货物、服务的，应当先将其转入其他应收款，再按照规定进行处理。将预付账款账面余额转入其他应收款时，借记"其他应收款"科目，贷记本科目。

### 三、预付账款科目案例解析

【例2-56】2022年7月5日，贵州 ZYJS 大学通过政府采购平台采购学校信息化建设贵职云项目，贵州公司按照采购协议开发学校信息化建设贵职云项目，协议金额 5 000 000 元。协议规定，开发期间为合同签订之日起 6 个月，质保期为验收之日起一年。贵州公司进场前学校按照合同总金额的 30% 支付预付款，开发完成预付至总金额的 50%，验收合格后支付至结算总金额的 95%，结算总金额的 5% 作为质保金，待质保期满后一次性支付。2022年7月15日，学校通过零余额账户支付 1 500 000 元预付款；2022年9月15日，贵州公司完成项目的开发工作，学校通过零余额账户支付 1 000 000 元；2022年9月25日，项目通过验收，结算审定金额为 5 000 000 万元，学校支付工程款 2 250 000 元，余款 250 000 元作为质保金，网络中心办理了入库手续；2023年10月5日，学校支付贵州公司贵职云项目质保金 250 000 元。账务处理如下：

（1）2022年7月15日，学校通过零余额账户向贵州公司支付 1 500 000 元预付款。

财务会计：

借：预付账款——贵州公司　　　　　　　　　　　　　　　　1 500 000

　　贷：零余额账户用款额度　　　　　　　　　　　　　　　　1 500 000

预算会计：

借：事业支出——教育支出——财政拨款支出——项目支出——高等教育——

　　资本性支出——信息网络及软件购置更新　　　　　　　　1 500 000

　　贷：资金结存——零余额账户用款额度　　　　　　　　　　1 500 000

（2）2022 年 9 月 15 日，贵州公司完成项目的开发工作，学校通过零余额账户支付预付款 1 000 000 元。

财务会计：

借：预付账款——贵州公司            1 000 000

  贷：零余额账户用款额度          1 000 000

预算会计：

借：事业支出——教育支出——财政拨款支出——项目支出——高等教育——资本性支出——信息网络及软件购置更新        1 000 000

  贷：资金结存——零余额账户用款额度      1 000 000

（3）2022 年 9 月 25 日，项目通过验收，结算审定金额为 5 000 000 万元，网络中心办理入库手续，学校支付工程款 2 250 000 元，余款 250 000 元作为质保金。

财务会计：

借：无形资产——贵职云项目          5 000 000

  贷：预付账款——贵州公司         2 500 000

    零余额账户用款额度        2 250 000

    其他应付款——质保金——贵州公司    250 000

预算会计：

借：事业支出——教育支出——财政拨款支出——项目支出——高等教育——资本性支出——信息网络及软件购置更新       2 250 000

  贷：资金结存——零余额账户用款额度      2 250 000

（4）2023 年 10 月 5 日，学校支付贵州公司贵职云项目质保金 250 000 元。

财务会计：

借：其他应付款——质保金——贵州公司      250 000

  贷：零余额账户用款额度         250 000

预算会计：

借：事业支出——教育支出——财政拨款支出——项目支出——高等教育——资本性支出——信息网络及软件购置更新        250 000

  贷：资金结存——零余额账户用款额度       250 000

【例 2-57】贵州 ZYJS 大学航空学院向贵州公司采购航空实训室专用材料，协议规定总金额 100 000 元，学校须向贵州公司预付材料款 50 000 元，材料验收合格后支付剩余款项 50 000 元。2022 年 7 月 8 日，学校通过零余额账户预付贵州公司航空实训室专用材料费 50 000 元；2022 年 7 月 18 日，学校收到航空实训室专用材料，验收时发现这批材料存在质量问题，经双方协商同意终止合同；2022 年 7 月 28 日，学校收到代理银行转来零余额账户用款额度退回通知书，金额为 50 000 元。账务处理如下：

（1）2022 年 7 月 8 日，学校预付贵州公司航空实训室专用材料费 50 000 元。

财务会计：

借：预付账款——贵州公司          50 000

  贷：零余额账户用款额度         50 000

预算会计：

借：事业支出——教育支出——财政拨款支出——项目支出——高等教育——

商品和服务支出——专用材料费       50 000

  贷：资金结存——零余额账户用款额度     50 000

（2）2022 年 7 月 28 日，学校收到代理银行转来零余额账户用款额度退回通知书，金额 50 000 元。

财务会计：

借：零余额账户用款额度          50 000

  贷：预付账款——贵州公司        50 000

预算会计：

借：资金结存——零余额账户用款额度      50 000

  贷：事业支出——教育支出——财政拨款支出——项目支出——高等教育

    ——商品和服务支出——专用材料费    50 000

【例 2-58】2022 年 12 月 6 日，贵州 ZYJS 大学财务处清理往来款，发现一个历史问题，即 10 年前预付给贵州公司的材料款 1 000 元无法收回。经职能部门核实，贵州公司已经破产，该合同已无法执行，预付款无法退回。经职能部门申请资产处、财务处研判，学校同意将该笔款项转入其他应收款。账务处理如下：

财务会计：

借：其他应收款——贵州公司         1 000

  贷：预付账款——贵州公司        1 000

预算会计不做账务处理。

# 第十一节　应收股利

## 一、应收股利科目简介

应收股利是指高等学校持有长期股权投资应当收取的现金股利或应当分得的利润。应收股利科目核算高等学校持有长期股权投资应当收取的现金股利或应当分得的利润，应当按照被投资单位等进行明细核算，期末借方余额反映高等学校应当收取但尚未收到的现金股利或利润。

## 二、应收股利科目账务处理

（1）取得长期股权投资，按照支付的价款中所包含的已宣告但尚未发放的现金股利，借记本科目，按照确定的长期股权投资成本，借记"长期股权投资"科目，按照实际支付的金额，贷记"银行存款"等科目。收到取得投资时实际支付价款中所包含的已宣告但尚未发放的现金股利时，按照收到的金额，借记"银行存款"科目，贷记本科目。

（2）长期股权投资持有期间，被投资单位宣告发放现金股利或利润的，按照应享有的份额，借记本科目，贷记"投资收益"（成本法下）或"长期股权投资"（权益法下）科目。

（3）实际收到现金股利或利润时，按照收到的金额，借记"银行存款"等科目，贷记本科目。

## 三、应收股利科目案例解析

【例2-59】2023年2月5日，贵州ZYJS大学经有关部门批准购入贵州公司10%的股份，准备长期持有，实际支付价款1 050 000元。其中包含已经宣告但尚未发放的现金股利50 000元。2023年2月15日学校收到发放现金股利50 000元。2023年2月25日贵州公司宣告发放2022年度的现金股利，学校分得60 000元。2023年3月5日，学校收到贵州公司分来2022年度现金股利60 000元。学校在取得该部分股份后，未以任何方式参与贵州公司的生产经营，学校采用成本法核算。账务处理如下：

（1）2023年2月5日，购入贵州公司股份时。

财务会计：

借：长期股权投资——贵州公司         1 000 000
  应收股利——贵州公司          50 000
   贷：银行存款——学校存款        1 050 000

预算会计：

借：投资支出——贵州公司           1 050 000
   贷：银行存款——学校存款        1 050 000

（2）2023年2月15日，学校收到发放现金股利50 000元。

财务会计：

借：银行存款——学校存款           50 000
   贷：应收股利——贵州公司         50 000

预算会计：

借：资金结存——货币资金           50 000
   贷：投资支出——贵州公司         50 000

（3）2023 年 2 月 25 日，贵州公司宣告发放 2022 年度的现金股利，学校分得 60 000 元。

财务会计：

借：应收股利——贵州公司          60 000

  贷：投资收益             60 000

预算会计不做账务处理。

（4）2023 年 3 月 5 日，学校收到贵州公司的分来 2022 年度现金股利 60 000 元。

财务会计：

借：银行存款——学校存款          60 000

  贷：应收股利——贵州公司         60 000

预算会计：

借：资金结存——货币资金          60 000

  贷：投资预算收益            60 000


# 第十二节　应收利息

## 一、应收利息科目简介

应收利息是指高等学校长期债券投资应当收取的利息。应收利息科目核算高等学校长期债券投资应当收取的利息。高等学校购入的到期一次还本付息的长期债券投资，持有期间的利息，应当通过"长期债券投资——应计利息"科目核算，不通过本科目核算。高等学校应按照被投资单位等进行明细核算，期末借方余额反映高等学校应收未收的长期债券投资利息。

## 二、应收利息科目账务处理

（1）取得长期债券投资，按照确定的投资成本，借记"长期债券投资"科目，按照支付的价款中包含的已到付息期但尚未领取的利息，借记本科目，按照实际支付的金额，贷记"银行存款"等科目。收到取得投资时实际支付价款中所包含的已到付息期但尚未领取的利息时，按照收到的金额，借记"银行存款"等科目，贷记本科目。

（2）按期计算确认长期债券投资利息收入时，对于分期付息、一次还本的长期债券投资，按照以票面金额和票面利率计算确定的应收未收利息金额，借记本科目，贷记"投资收益"科目。

（3）实际收到应收利息时，按照收到的金额，借记"银行存款"等科目，贷记本科目。

### 三、应收利息科目案例解析

【例 2-60】2023 年 1 月 1 日，经有关部门批准，贵州 ZYJS 大学购入 5 年期 A 国债，支付价款 1 060 000 元（包含已到期但尚未领取的利息 60 000 元），该批国债面值总额为 1 000 000 元，利率为 6%，每年年末付息，到期一次归还本金。账务处理如下：

（1）2023 年 2 月 5 日购入 5 年期国债时。

财务会计：

| | | |
|---|---|---|
| 借：长期债券投资——本金 | | 1 000 000 |
| 　应收利息——A 国债 | | 60 000 |
| 　　贷：银行存款——学校存款 | | 1 060 000 |

预算会计：

| | | |
|---|---|---|
| 借：投资支出——A 国债 | | 1 060 000 |
| 　　贷：资金结存——货币资金 | | 1 060 000 |

（2）每月计算利息。

每月利息 = 1 000 000×6%÷12 = 5 000（元）

财务会计：

| | | |
|---|---|---|
| 借：应收利息 | | 5 000 |
| 　　贷：投资收益 | | 5 000 |

预算会计不做账务处理。

（3）年末收取利息时。

财务会计：

| | | |
|---|---|---|
| 借：银行存款——学校存款 | | 60 000 |
| 　　贷：应收利息 | | 60 000 |

预算会计：

| | | |
|---|---|---|
| 借：资金结存——货币资金 | | 60 000 |
| 　　贷：投资预算收益 | | 60 000 |

## 第十三节　其他应收款

### 一、其他应收款科目简介

其他应收款是指高等学校除财政应返还额度、应收票据、应收账款、预付账款、应收股利、应收利息以外的其他各项应收及暂付款项。

其他应收款科目核算高等学校除财政应返还额度、应收票据、应收账款、预付账款、应收股利、应收利息以外的其他各项应收及暂付款项，如职工预借的差旅费、已经偿还银行尚未报销的单位公务卡欠款、拨付给内部有关部门的备用金、应向职工收取的各种垫付款项、支付的可以收回的订金或押金、应收的上级补助和附属单位上缴款项等。对于这些款项，应当按照其他应收款的类别以及债务单位（或个人）进行明细核算，期末借方余额反映高等学校尚未收回的其他应收款。

**二、其他应收款科目账务处理**

（1）发生其他各种应收及暂付款项时，按照实际发生金额，借记本科目，贷记"零余额账户用款额度""银行存款""库存现金""上级补助收入""附属单位上缴收入"等科目。涉及增值税业务的，相关账务处理参见"应交增值税"科目。

（2）收回其他各种应收及暂付款项时，按照收回的金额，借记"库存现金""银行存款"等科目，贷记本科目。

（3）高等学校实行备用金制度时，有关部门使用备用金以后应当及时到财务部门报销并补足备用金。财务部门核定并发放备用金时，按照实际发放金额，借记本科目，贷记"库存现金"等科目；根据报销金额用现金补足备用金定额时，借记"业务活动费用""单位管理费用"等科目，贷记"库存现金"等科目，报销数和拨补数都不再通过本科目核算。

（4）偿还尚未报销的本校公务卡欠款时，按照偿还的款项，借记本科目，贷记"零余额账户用款额度""银行存款"等科目；持卡人报销时，按照报销金额借记"业务活动费用""单位管理费用"等科目，贷记本科目。

（5）将预付账款账面余额转入其他应收款时，借记本科目，贷记"预付账款"科目。具体说明参见"预付账款"科目。

（6）高等学校应当于每年年末，对其他应收款进行全面检查，如发生不能收回的迹象，应当计提坏账准备。

对于账龄超过规定年限、确认无法收回的其他应收款，按照规定报经批准后予以核销。按照核销金额，借记"坏账准备"科目，贷记本科目，核销的其他应收款应当在备查簿中保留登记。

已核销的其他应收款在以后期间又收回的，按照实际收回金额，借记本科目，贷记"坏账准备"科目；同时，借记"银行存款"等科目，贷记本科目。

**三、其他应收款科目案例解析**

【例2-61】2023年3月6日，贵州 ZYJS 大学建筑工程学院职工刘军带学生外出参加大学生职业竞赛预借差旅费5 000元，经费从零余额账户支付。2023年3月26日，刘军报销差旅费4 900元，并以现金的方式退回余款100元。账务处理如下：

（1）2023年3月6日预差旅费5 000元时。

财务会计：

借：其他应收款——刘军                                              5 000

    贷：零余额账户用款额度                                  5 000

预算会计不做账务处理。

（2）2023 年 3 月 26 日，刘军报销差旅费 4 900 元，并以现金的方式退回余款 100 元。

财务会计：

借：业务活动费——教育费用——商品和服务费用                 4 900

    库存现金——学校现金                                      100

    贷：其他应收款——刘军                                   5 000

预算会计：

借：事业支出——教育支出——财政拨款支出——基本支出——高等教育——商品和服务支出——差旅费     4 900

    贷：资金结存——零余额账户用款额度                     4 900

【例 2-62】贵州 ZYJS 大学办公室核定的备用金为 5 000 元，2023 年 2 月 20 日办公室副主任青梅到财务处办理备用金发放手续，财务处以现金的形式拨付。2023 年 2 月 25 日，办公室青梅报销会议费 800 元，财务处以现金支付该笔款项。2023 年 12 月 25 日，办公室青梅交回备用金 5 000 元。账务处理如下：

（1）2023 年 2 月 20 日办理备用金拨付。

财务会计：

借：其他应收款——青梅                                          5 000

    贷：库存现金                                              5 000

预算会计不做账务处理。

（2）2023 年 2 月 25 日陈梅报销会议费。

财务会计：

借：单位管理费用——行政管理费用——商品和服务费用          800

    贷：库存现金——学校现金                                  800

预算会计：

借：事业支出——行政管理支出——财政资金支出——基本支出——高等教育——商品和服务支出——会议费    800

    贷：资金结存——零余额账户用款额度                      800

（3）2023 年 12 月 25 日交回备用金。

财务会计：

借：库存现金——学校现金                                      5 000

    贷：其他应收款——青梅                                   5 000

预算会计不做账务处理。

【例 2-63】2023 年 6 月 18 日，贵州 ZYJS 大学人事处光华外出引进高层次人才，用公务卡支付差旅费 6 000 元。2023 年 6 月 28 日，财务处通过财政授权支付方式偿还这笔尚未报销的公务卡欠款。2023 年 7 月 8 日，人事处光华持相关凭证到财务处报销差旅费 6 000 元。账务处理如下：

（1）2023 年 6 月 18 日，财务处偿还光华公务卡欠款。

财务会计：

借：其他应收款——光华                                         6 000

    贷：零余额账户用款额度                                 6 000

预算会计不做账务处理。

（2）2023 年 6 月 28 日人事处光华报销差旅费。

财务会计：

借：单位管理费用——行政管理费用——商品和服务费用          6 000

    贷：其他应收款——光华                              6 000

预算会计：

借：事业支出——行政管理支出——财政资金支出——基本支出——高等教育

    ——商品和服务支出——差旅费                      6 000

    贷：资金结存——零余额账户用款额度                   6 000

【例 2-64】2023 年 5 月 5 日，贵州 ZYJS 大学后勤处向财务处反映，物资供应商贵州公司面临破产，2022 年预付给贵州公司的物资款 1 000 元无法交货。2023 年 5 月 25 日，经有关部门研究，学校批准核销应收贵州公司定金 1 000 元。鉴于贵州公司效益恢复良好，2023 年 12 月 25 日，后勤处从贵州公司收回 2023 年 5 月 5 日支付的定金 1 000 元。账务处理如下：

（1）2023 年 5 月 25 日，学校研判 2022 年预付给贵州公司的物资款 1 000 元无法收回。

财务会计：

借：其他应收款——贵州公司                             1 000

    贷：预付账款——贵州公司                         1 000

（2）2022 年 5 月 25 日经有关部门研判，学校批准核销应收贵州公司定金。

财务会计：

借：坏账准备——其他应收款                             1 000

    贷：其他应收款——贵州公司                      1 000

预算会计不做账务处理。

（3）鉴于贵州公司效益恢复良好，2023 年 12 月 25 日后勤处收回定金 1 000 元。

财务会计：

借：其他应收款——贵州公司                             1 000

    贷：坏账准备——其他应收款                      1 000

借：银行存款                                             1 000

    贷：其他应收款——贵州公司                      1 000

预算会计：

借：资金结存——货币资金                           1 000

    贷：其他预算收入——贵州公司             1 000

# 第十四节　坏账准备

## 一、坏账准备科目简介

坏账准备是指高等学校对收回后无须上缴财政的应收账款和其他应收款提取的减值准备。坏账准备科目核算高等学校对收回后无须上缴财政的应收账款和其他应收款提取的坏账准备，应当分"应收账款"和"其他应收款"进行明细核算，期末贷方余额反映高等学校提取的坏账准备金额。

高等学校应当于每年年末，对收回后无须上缴财政的应收账款和其他应收款进行全面检查，分析其可收回性，对预计可能产生的坏账损失计提坏账准备，确认坏账损失。

高等学校可以采用应收款项余额百分比法、账龄分析法、个别认定法等方法计提坏账准备。坏账准备计提方法一经确定，不得随意变更；如需变更，应当按照规定报经批准，并在财务报表附注中予以说明。

当期应补提或冲减的坏账准备金额的计算公式如下：

当期应补提或冲减的坏账准备＝按照期末应收账款和其他应收计算应计提的坏账准备金额－本科目期末贷方余额（＋本科目期末借方余额）

## 二、坏账准备科目账务处理

（1）提取坏账准备时，借记"其他费用"科目，贷记本科目；冲减坏账准备时，借记本科目，贷记"其他费用"科目。

（2）对于账龄超过规定年限并确认无法收回的应收账款、其他应收款，应当按照有关规定报经批准后，按照无法收回的金额，借记本科目，贷记"应收账款""其他应收款"科目。已核销的应收账款、其他应收款在以后期间又收回的，按照实际收回金额，借记"应收账款""其他应收款"科目，贷记本科目；同时，借记"银行存款"等科目，贷记"应收账款""其他应收款"科目。

## 三、坏账准备科目案例解析

【例2-65】2021年12月31日，贵州ZYJS大学采用个别认定法估计坏账损失。经过分析，应收贵州公司货款50 000元中应该计提坏账准备1 000元。2022年12月5日贵州公司经营状况好转，贵州公司承诺一年内支付学校全部货款50 000元。

账务处理如下：

（1）2021 年 12 月 31 日，计提贵州公司应收账款还账准备 1 000 元。

财务会计：

借：其他费用              1 000

  贷：坏账准备——应收账款        1 000

预算会计不做账务处理。

（2）2022 年 12 月 5 日，贵州公司经营状况好转，冲减贵州公司应收账款还账准备 1 000 元。

财务会计：

借：坏账准备——应收账款         1 000

  贷：其他费用             1 000

预算会计不做账务处理。

【例 2-66】2022 年 12 月 31 日，贵州 YZC 大学无须上缴财政的应收账款发生坏账准备 2 000 元，为应收贵州公司租赁费 2 000 元，学校按照规定报教育厅、财政厅批准后予以核销。鉴于贵州公司经营状况好转，该笔款项于 2023 年 5 月 25 日又收回入账。账务处理如下：

（1）2022 年 12 月 31 日，核销应收账款 2 000 元。

财务会计：

借：坏账准备——应收账款         2 000

  贷：应收账款——贵州公司        2 000

预算会计不做账务处理。

（2）2023 年 5 月 25 日又收回入账。

财务会计：

借：应收账款——贵州公司         2 000

  贷：坏账准备——应收账款        2 000

借：银行存款             2 000

  贷：应收账款——贵州公司        2 000

预算会计：

借：资金结存——货币资金         2 000

  贷：其他预算收入——租金收入——非专项资金收入  2 000

## 第十五节  在途物品

### 一、在途物品科目简介

在途物品是指高等学校采购材料等物资时货款已付或已开出商业汇票但尚未验

收入库的在途物品的采购成本。

在途物品科目核算高等学校采购材料等物资时货款已付或已开出商业汇票但尚未验收入库的在途物品的采购成本，可按照供应单位和物品种类进行明细核算。期末借方余额反映高等学校在途物品的采购成本。

## 二、在途物品科目账务处理

（1）高等学校购入材料等物品，按照确定的物品采购成本的金额，借记本科目，按照实际支付的金额，贷记"财政拨款收入""零余额账户用款额度""银行存款"等科目。涉及增值税业务的，相关账务处理参见"应交增值税"科目。

（2）所购材料等物品到达验收入库，按照确定的库存物品成本金额，借记"库存物品"科目，按照物品采购成本金额，贷记本科目，按照使入库物品达到目前场所和状态所发生的其他支出，贷记"银行存款"等科目。

## 三、在途物品科目案例解析

【例 2-67】2022 年 4 月 5 日，贵州 ZYJS 大学商业贸易学院采购学生实训室专用材料一批，价款 100 000 元，货款通过零余额账户支付，材料尚未到达。2022 年 4 月 25 日，该批专用材料运到学校完成验收入库，通过零余额账户支付运费 2 000 元。账务处理如下：

（1）2022 年 4 月 5 日，支付专用材料货款 100 000 元。

财务会计：

借：在途物品——专用材料                        100 000

    贷：零余额账户用款额度                100 000

预算会计：

借：事业支出——教育支出——财政拨款支出——项目支出——商品和服务支出——专用材料费           100 000

    贷：零余额账户用款额度                100 000

（2）2022 年 4 月 25 日完成验收入库。

财务会计：

借：库存物品——专用材料                      102 000

    贷：零余额账户用款额度                  2 000

        在途物品——专用材料            100 000

预算会计：

借：事业支出——教育支出——财政拨款支出——项目支出——商品和服务支出——专用材料费           2 000

    贷：零余额账户用款额度                2 000

## 第十六节　库存物品

### 一、库存物品科目简介

库存物品是指高等学校在开展业务活动及其他活动中为耗用或出售而储存的各种材料、产品、包装物、低值易耗品，以及达不到固定资产标准的用具、装具、动植物等的成本。

库存物品科目核算高等学校在开展业务活动及其他活动中为耗用或出售而储存的各种材料、产品、包装物、低值易耗品，以及达不到固定资产标准的用具、装具、动植物等的成本。期末借方余额反映高等学校库存物品的实际成本。

已完成的测绘、地质勘察、设计成果等成本，也通过本科目核算。高等学校随买随用的零星办公用品，可以在购进时直接列作费用，不通过本科目核算。

高等学校控制的政府储备物资，应当通过"政府储备物资"科目核算，不通过本科目核算。

高等学校受托存储保管的物资和受托转赠的物资，应当通过"受托代理资产"科目核算，不通过本科目核算。

高等学校为在建工程购买和使用的材料物资，应当通过"工程物资"科目核算，不通过本科目核算。

库存物品科目应当按照库存物品的种类、规格、保管地点等进行明细核算。高等学校储存的低值易耗品、包装物较多的，可以在本科目（低值易耗品、包装物）下按照"在库""在用"和"摊销"等进行明细核算。经批准置换换出的库存物品，参照本科目有关置换入库存物品的规定进行账务处理。

### 二、库存物品科目账务处理

（一）取得的库存物品，应当按照其取得时的成本入账

（1）外购的库存物品验收入库，按照确定的成本，借记本科目，贷记"财政拨款收入""零余额账户用款额度""银行存款""应付账款""在途物品"等科目。涉及增值税业务的，相关账务处理参见"应交增值税"科目。

（2）自制的库存物品加工完成并验收入库，按照确定的成本，借记本科目，贷记"加工物品——自制物品"科目。

（3）委托外单位加工收回的库存物品验收入库，按照确定的成本，借记本科目，贷记"加工物品——委托加工物品"等科目。

（4）接受捐赠的库存物品验收入库，按照确定的成本，借记本科目，按照发生的相关税费、运输费等，贷记"银行存款"等科目，按照其差额，贷记"捐赠收

入"科目。接受捐赠的库存物品按照名义金额入账的，按照名义金额，借记本科目，贷记"捐赠收入"科目；同时，按照发生的相关税费、运输费等，借记"其他费用"科目，贷记"银行存款"等科目。

（5）无偿调入的库存物品验收入库，按照确定的成本，借记本科目，按照发生的相关税费、运输费等，贷记"银行存款"等科目，按照其差额，贷记"无偿调拨净资产"科目。

（6）置换换入的库存物品验收入库，按照确定的成本，借记本科目，按照换出资产的账面余额，贷记相关资产科目（换出资产为固定资产、无形资产的，还应当借记"固定资产累计折旧""无形资产累计摊销"科目），按照置换过程中发生的其他相关支出，贷记"银行存款"等科目，按照借贷方差额，借记"资产处置费用"科目或贷记"其他收入"科目。

涉及补价的，应针对不同情况进行处理：

①支付补价的，按照确定的成本，借记本科目，按照换出资产的账面余额，贷记相关资产科目（换出资产为固定资产、无形资产的，还应当借记"固定资产累计折旧""无形资产累计摊销"科目），按照支付的补价和置换过程中发生的其他相关支出，贷记"银行存款"等科目，按照借贷方差额，借记"资产处置费用"科目或贷记"其他收入"科目。

②收到补价的，按照确定的成本，借记本科目，按照收到的补价，借记"银行存款"等科目，按照换出资产的账面余额，贷记相关资产科目（换出资产为固定资产、无形资产的，还应当借记"固定资产累计折旧""无形资产累计摊销"科目），按照置换过程中发生的其他相关支出，贷记"银行存款"等科目，按照补价扣减其他相关支出后的净收入，贷记"应缴财政款"科目，按照借贷方差额，借记"资产处置费用"科目或贷记"其他收入"科目。

（二）库存物品在发出时，分以下情况处理

（1）高等学校开展业务活动等领用，按照规定自主出售发出或加工发出库存物品，按照领用、出售等发出物品的实际成本，借记"业务活动费用""单位管理费用""经营费用""加工物品"等科目，贷记本科目。

采用一次转销法摊销低值易耗品、包装物的，在首次领用时将其账面余额一次性摊销计入有关成本费用，借记有关科目，贷记本科目。

采用五五摊销法摊销低值易耗品、包装物的，首次领用时，将其账面余额的50%摊销计入有关成本费用，借记有关科目，贷记本科目；使用完时，将剩余的账面余额转销计入有关成本费用，借记有关科目，贷记本科目。

（2）经批准对外出售的库存物品（不含可自主出售的库存物品）发出时，按照库存物品的账面余额，借记"资产处置费用"科目，贷记本科目。同时，按照收到的价款，借记"银行存款"等科目，按照处置过程中发生的相关费用，贷记"银行存款"等科目，按照其差额，贷记"应缴财政款"科目。

（3）经批准对外捐赠的库存物品发出时，按照库存物品的账面余额和对外捐赠过程中发生的归属于捐出方的相关费用合计数，借记"资产处置费用"科目，按照库存物品账面余额，贷记本科目；按照对外捐赠过程中发生的归属于捐出方的相关费用，贷记"银行存款"等科目。

（4）经批准无偿调出的库存物品发出时，按照库存物品的账面余额，借记"无偿调拨净资产"科目，贷记本科目；同时，按照无偿调出过程中发生的归属于调出方的相关费用，借记"资产处置费用"科目，贷记"银行存款"等科目。

（5）高等学校应当定期对库存物品进行清查盘点，每年至少盘点一次。对于发生的库存物品盘盈、盘亏或者报废、毁损，应当先记入"待处理财产损溢"科目，按照规定报经批准后及时进行后续账务处理。

盘盈的库存物品，其成本按照有关凭据注明的金额确定；没有相关凭据但按照规定经过资产评估的，其成本按照评估价值确定；没有相关凭据也未经过评估的，其成本按照重置成本确定。如无法采用上述方法确定盘盈的库存物品成本的，按照名义金额入账。盘盈的库存物品，按照确定的入账成本，借记本科目，贷记"待处理财产损溢"科目。

盘亏或者毁损、报废的库存物品，按照待处理库存物品的账面余额，借记"待处理财产损溢"科目，贷记本科目。

属于增值税一般纳税人的高等学校，若是非正常原因导致的库存物品盘亏或毁损，还应当将与该库存物品相关的增值税进项税额转出，按照其增值税进项税额，借记"待处理财产损溢"科目，贷记"应交增值税——应交税费（进项税额转出）"科目。

### 三、库存物品科目案例解析

【例2-68】2023年6月13日，贵州YZC大学教务处购买教学用A材料一批，金额20 000元，已经验收入库，价款使用财政授权支付方式支付，学校库存物品采用实际成本法核算。账务处理如下：

财务会计：

借：库存物品——专用材料　　　　　　　　　　　　　　　　20 000

　　贷：零余额账户用款额度　　　　　　　　　　　　　　　　　　20 000

预算会计：

借：事业支出——教育支出——财政拨款支出——基本支出——高等教育——

　　商品和服务支出——专用材料费　　　　　　　　　　　　20 000

　　贷：资金结存——零余额账户用款额度　　　　　　　　　　　　20 000

【例2-69】2023年6月23日，贵州ZYJS大学航空学院从仓库领用A材料一批用于加工A物品，领用材料的实际成本8 000元，发生直接人工费5 000元。2023年7月25日，该批A物品加工完毕，验收入库。账务处理如下：

（1）2023 年 6 月 23 日，领用 A 材料一批用于加工 A 物品。

财务会计：

借：加工物品——自制物品——A 物品          13 000

    贷：库存物品——A 材料            8 000

        应付职工薪酬——基本工资        5 000

预算会计不做账务处理。

（2）2023 年 7 月 25 日该批 A 物品加工完毕验收入库。

财务会计：

借：库存物品——A 物品          13 000

    贷：加工物品——自制物品——A 物品        13 000

预算会计不做账务处理。

【例 2-70】2023 年 6 月 15 日，贵州 ZYJS 大学实训中心委托贵州公司用 A 材料加工 A 教学用品一批，当日学校实训中心将成本为 8 000 元的 A 材料发给贵州公司。2023 年 6 月 20 日通过银行支付加工费 2 000 元。2023 年 7 月 22 日 A 教学用品加工完毕验收入库。账务处理如下：

（1）2023 年 6 月 15 日，贵州 ZYJS 大学发出原材料。

财务会计：

借：加工物品——委托加工物品——A 物品        8 000

    贷：库存物品——A 材料          8 000

预算会计不做账务处理。

（2）2023 年 6 月 20 日通过银行支付加工费 2 000 元。

财务会计：

借：加工物品——委托加工物品——A 物品        2 000

    贷：银行存款——学校存款          2 000

预算会计：

借：事业支出——教育支出——其他资金支出——基本支出——高等教育——

    商品和服务支出——委托业务费        2 000

    贷：资金结存——货币资金          2 000

（3）2023 年 7 月 20 日，A 教学用品加工完毕验收入库

借：库存物品——A 教学用品          10 000

    贷：加工物品——委托加工物品——A 材料        10 000

预算会计不做账务处理。

【例 2-71】2023 年 7 月 5 日，贵州 ZYJS 大学接受校友刘飞捐赠实验室 A 专用材料一批，票据显示价格 5 000 元。发生运费 100 元，学校以银行存款支付。账务处理如下：

财务会计：

借：库存商品——A 专用材料      5 100

    贷：银行存款——学校存款      100

        捐赠收入      5 000

预算会计：

借：其他支出——其他资金支出——捐赠税费支出      100

    贷：资金结存——货币资金      100

【例 2-72】2023 年 8 月 8 日，贵州 ZYJS 大学接受校友刘飞捐赠实验室 A 专用材料一批，没有附相关凭据，此材料在市场中没有销售，无法获取可靠价格，经批准以名义金额入账。接收材料发生运费 100 元，学校以银行存款支付。账务处理如下：

财务会计：

借：库存商品——A 专用材料      1

    贷：捐赠收入      1

借：其他费用——其他      100

    贷：银行存款——学校存款      100

预算会计：

借：其他支出——其他资金支出——捐赠税费支出      100

    贷：资金结存——货币资金      100

【例 2-73】2022 年 9 月 8 日，贵州 ZYJS 大学接受其附属中学无偿调入会计专业实习 A 专用材料一批，发票上注明价值为 100 000 元，接收该批专用材料发生运费 1 000 元，学校以银行存款支付。账务处理如下：

财务会计：

借：库存物品——A 专用材料      101 000

    贷：银行存款——学校存款      1 000

        无偿调拨净资产      100 000

预算会计：

借：其他支出——其他资金支出——捐赠税费支出      1 000

    贷：资金结存——货币资金      1 000

【例 2-74】2022 年 9 月 9 日，贵州 ZYJS 大学以一台实验设备换入贵州公司生产的一批教学用品。实验设备账面原值为 160 000 元，累计折旧为 50 000 元，评估价值为 100 000 元，支付补价 20 000 元。交易过程中除支付运杂费 5 000 元，没有发生其他相关税费，不考虑相关税费。账务处理如下：

财务会计：

借：库存物品——教学用品      125 000

    固定资产累计折旧      50 000

    资产处置费用      10 000

|  |  |
|---|---|
| 贷：固定资产——专用设备 | 160 000 |
| 银行存款——学校存款 | 25 000 |

预算会计：

|  |  |
|---|---|
| 借：其他支出——其他资金支出——资产置换税费支出 | 25 000 |
| 贷：资金结存——学校存款 | 25 000 |

【例 2-75】2022 年 10 月 9 日，贵州 ZYJS 大学以一台实验设备换入贵州公司生产的一批教学用品。实验设备账面原值为 160 000 元，累计折旧为 50 000 元，评估价值为 120 000 元，收到补价 10 000 元。交易过程中除支付运杂费 5 000 元，没有发生其他相关税费，不考虑相关税费。账务处理如下：

财务会计：

|  |  |
|---|---|
| 借：库存物品——教学用品 | 115 000 |
| 固定资产累计折旧 | 50 000 |
| 银行存款——学校存款 | 10 000 |
| 贷：固定资产——专用设备 | 160 000 |
| 银行存款——学校存款 | 5 000 |
| 应缴财政款——应缴国库款 | 5 000 |
| 其他收入——其他 | 5 000 |

预算会计不做账务处理。

【例 2-76】2022 年 10 月 19 日，贵州 ZYJS 大学航空学院到国有资产管理处领用实验室 A 材料一批，价值为 8 000 元。账务处理如下：

借：业务活动费用——教育费用——商品和服务费用

　　贷：库存物品——A 材料

预算会计不做账务处理。

【例 2-77】2023 年 3 月，贵州 ZYJS 大学国有资产管理处进行资产清查时，清理出一批闲置的 A 专用材料。2023 年 7 月 1 日经教育厅、财政厅批准，学校对外出售这批专用材料，售价 50 000 元，款项须上缴财政，该批专用材料账面价值 60 000元。账务处理如下：

财务会计：

|  |  |
|---|---|
| 借：资产处置费用——存货——A 专用材料 | 60 000 |
| 贷：库存物品——A 专用材料 | 60 000 |
| 借：银行存款——学校存款 | 50 000 |
| 贷：应缴财政款——应缴国库款 | 50 000 |

预算会计不做账务处理。

【例 2-78】2022 年 11 月 12 日，贵州 ZYJS 大学组织部向小学无偿捐赠黑板一批，账面价值 8 000 元，运费 800 元，并已通过银行存款支付。账务处理如下：

财务会计：

借：资产处置费用——存货           8 800

  贷：库存物品——专用材料         8 000

    银行存款——学校存款         800

预算会计：

借：其他支出——其他资金支出——捐赠税费支出    800

  贷：资金结存——货币资金         800

【例2-79】2022年11月25日，经批准，贵州 ZYJS 大学将一批库存防疫物品无偿调拨给学校下属独立核算的食堂，该批防疫物资账面价值为 5 000 元，以库存现金支付运费 500 元。账务处理如下：

财务会计：

借：无偿调拨净资产            5 000

  贷：库存物品——防疫物资         5 000

借：资产处置费用——存货           500

  贷：库存现金——学校现金         500

预算会计：

借：其他支出——其他资金支出——捐赠税费支出    500

  贷：资金结存——货币资金         500

【例2-80】2022年7月2日，贵州 ZYJS 大学国有资产管理处在资产清查中发现盘盈行政用办公用品一批，经评估确定用办公用价值 15 000 元，原因待查。账务处理如下：

财务会计：

借：库存物品——办公用品

  贷：待处理财产损溢——存货——待处理财产价值

预算会计不做账务处理。

# 第十七节  加工物品

## 一、加工物品科目简介

加工物品是指高等学校自制或委托外单位加工的各种物品的实际成本。加工物品科目核算高等学校自制或委托外单位加工的各种物品的实际成本。未完成的测绘、地质勘查、设计成果的实际成本，也通过本科目核算。加工物品科目应当设置"自制物品""委托加工物品"两个一级明细科目，按照物品类别、品种、项目等设置明细账，进行明细核算。期末借方余额反映高等学校自制或委托外单位加工但尚未完工的各种物品的实际成本。

加工物品科目"自制物品"一级明细科目下应当设置"直接材料""直接人工""其他直接费用"等二级明细科目归集自制物品发生的直接材料、直接人工（专门从事物品制造人员的人工费）等直接费用。对于自制物品发生的间接费用，应当在本科目"自制物品"一级明细科目下单独设置"间接费用"二级明细科目予以归集，期末，再按照一定的分配标准和方法，分配计入有关物品的成本。

## 二、加工物品科目账务处理

（一）自制物品

（1）为自制物品领用材料等，按照材料成本，借记本科目（自制物品——直接材料），贷记"库存物品"科目。专门从事物品制造的人员发生的直接人工费用，按照实际发生的金额，借记本科目（自制物品——直接人工），贷记"应付职工薪酬"科目。为自制物品发生的其他直接费用，按照实际发生的金额，借记本科目（自制物品——其他直接费用），贷记"零余额账户用款额度""银行存款"等科目。为自制物品发生的间接费用，按照实际发生的金额，借记本科目（自制物品——间接费用），贷记"零余额账户用款额度""银行存款""应付职工薪酬""固定资产累计折旧""无形资产累计摊销"等科目。

（2）间接费用一般按照生产人员工资、生产人员工时、机器工时、耗用材料的数量或成本、直接费用（直接材料和直接人工）或产品产量等进行分配。高等学校可根据具体情况自行选择间接费用的分配方法。分配方法一经确定，不得随意变更。

（3）已经制造完成并验收入库的物品，按照所发生的实际成本（包括耗用的直接材料费用、直接人工费用、其他直接费用和分配的间接费用），借记"库存物品"科目，贷记本科目（自制物品）。

（二）委托加工物品

（1）委托给外单位加工的材料，按照其实际成本，借记本科目（委托加工物品），贷记"库存物品"科目。

（2）支付加工费、运输费等费用，按照实际支付的金额，借记本科目（委托加工物品），贷记"零余额账户用款额度""银行存款"等科目。涉及增值税业务的，相关账务处理参见"应交增值税"科目。

（3）委托加工完成的材料等验收入库，按照加工前发出材料的成本和加工、运输成本等，借记"库存物品"等科目，贷记本科目（委托加工物品）。

## 三、加工物品科目案例解析

【例2-81】贵州 ZYJS 大学建筑工程学院为完成学生实习，领用甲专用材料自制 A 教学用品。2023 年 6 月 25 日领用甲专用材料 70 000 元。2023 年 7 月，自制 A 教学用品发生直接人工费 10 000 元，其他直接费用 10 000 元，间接费用 10 000 元，相关款项均通过财政直接支付方式支付。2023 年 7 月 31 日，该批 A 教学用品加工完毕并验收入库。账务处理如下：

（1）2023 年 6 月 25 日领用甲作用材料。

财务会计：

借：加工物品——自制物品——直接材料——A 教学用品  70 000
  贷：库存物品——甲专用材料  70 000

预算会计不做账务处理。

（2）2023 年 7 月发生直接人工。

财务会计：

借：加工物品——自制物品——直接人工——A 教学用品  10 000
  贷：应付职工薪酬——基本工资  10 000

借：应付职工薪酬——基本工资  10 000
  贷：零余额账户用款额度  10 000

预算会计：

借：事业支出——教育支出——财政拨款支出——项目支出——工资福利支出——
基本工资  10 000
  贷：资金结存——零余额账户用款额度  10 000

（3）2023 年 7 月 31 日发生其他直接费用 10 000 元。

财务会计：

借：加工物品——自制物品——其他直接费用——A 教学用品  10 000
  贷：零余额账户用款额度  10 000

预算会计：

借：事业支出——教育支出——财政拨款支出——项目支出——商品和服务
支出——专用材料费  10 000
  贷：资金结存——零余额账户用款额度  10 000

（4）2023 年 7 月 31 日发生间接费用 10 000 元。

财务会计：

借：加工物品——自制物品——间接费用——A 教学用品  10 000
  贷：零余额账户用款额度  10 000

预算会计：

借：事业支出——教育支出——财政拨款支出——项目支出——商品和服务
支出——专用材料费  10 000
  贷：资金结存——零余额账户用款额度  10 000

（5）2023 年 7 月 31 日，A 教学用品加工完毕并验收入库。

财务会计：

借：库存商品——A 教学用品  100 000
  贷：加工物品——自制物品——直接材料——A 教学用品  70 000

| | |
|---|---|
| 直接人工——A 教学用品 | 10 000 |
| 其他直接费用——A 教学用品 | 10 000 |
| 间接费用——A 教学用品 | 10 000 |

预算会计不做账务处理。

【例2-82】贵州 ZYJS 大学建筑工程学院为完成学生实习，委托贵州公司加工 B 教学用品。2023 年 8 月 1 日，学校向贵州公司发出专用材料 50 000 元。2023 年 8 月 31 日，该批 B 教学用品加工完毕并验收入库，学校向贵州公司支付加工费 10 000 元，款项通过财政直接支付方式支付。账务处理如下：

（1）2023 年 8 月 1 日，学校向贵州公司发出专用材料 50 000 元。

财务会计：

| | |
|---|---|
| 借：加工物品——委托加工物品——B 教学用品 | 50 000 |
| 　　贷：库存物品——专用材料 | 50 000 |

预算会计不做账务处理。

（2）2023 年 8 月 31 日支付加工费 10 000 元。

财务会计：

| | |
|---|---|
| 借：加工物品——委托加工物品——B 教学用品 | 10 000 |
| 　　贷：零余额账户用款额度 | 10 000 |

预算会计：

| | |
|---|---|
| 借：事业支出——教育支出——财政拨款支出——项目支出——商品和服务支出——用材料费 | 10 000 |
| 　　贷：资金结存——零余额账户用款额度 | 10 000 |

（3）2023 年 8 月 31 日，B 教学用品加工完毕并验收入库。

财务会计：

| | |
|---|---|
| 借：库存商品——B 教学用品 | 60 000 |
| 　　贷：加工物品——委托加工物品——B 教学用品 | 60 000 |

预算会计不做账务处理。


# 第十八节　待摊费用


## 一、待摊费用科目简介

待摊费用是指高等学校已经支付，但应当由本期和以后各期分别负担的分摊期在一年以内（含一年）的各项费用。

待摊费用科目核算高等学校已经支付，但应当由本期和以后各期分别负担的分摊期在一年以内（含一年）的各项费用，如预付航空保险费、预付租金等。待摊费用科目应当按照待摊费用种类进行明细核算。期末借方余额反映高等学校各种已支付但尚未摊销的分摊期在一年以内（含一年）的费用。

摊销期限在一年以上的租入固定资产改良支出和其他费用，应当通过"长期待摊费用"科目核算，不通过本科目核算。待摊费用应当在其受益期限内分期平均摊销，如预付航空保险费应在保险期的有效期内、预付租金应在租赁期内分期平均摊销，计入当期费用。

### 二、待摊费用科目账务处理

（1）发生待摊费用时，按照实际预付的金额，借记本科目，贷记"财政拨款收入""零余额账户用款额度""银行存款"等科目。

（2）按照受益期限分期平均摊销时，按照摊销金额，借记"业务活动费用""单位管理费用""经营费用"等科目，贷记本科目。

（3）如果某项待摊费用已经不能使单位受益，应当将其摊余金额一次全部转入当期费用。按照摊销金额，借记"业务活动费用""单位管理费用""经营费用"等科目，贷记本科目。

### 三、待摊费用科目案例解析

【例 2-83】贵州 ZYJS 大学汽车修理学院为给学生提供更好的实训基地，租用甲驾校科目三场地用于汽修专业实训，租期一年，租金 1 200 000 元。2022 年 1 月 1 日，学校通过零余额账户支付租金 1 200 000 元。2022 年 8 月 25 日，学校自建汽修专业实训基地提前完工，通过验收开始投入使用。2022 年 9 月 1 日起租用甲驾校科目三场地用于汽修专业实训不再使用。账务处理如下：

（1）2022 年 1 月 1 日支付租金时。

财务会计：

借：待摊费用——实训基地租金　　　　　　　　　　　　　　1 200 000

　　贷：零余额账户用款额度　　　　　　　　　　　　　　　1 200 000

预算会计：

借：事业支出——教育支出——财政拨款支出——项目支出——高等教育——

　　商品和服务支出——租赁费　　　　　　　　　　　　　1 200 000

　　贷：资金结存——零余额账户用款额度　　　　　　　　　1 200 000

（2）2022 年 1 月至 8 月，每月月底摊销租金时。

财务会计：

借：业务活动费用——教育费用——商品和服务费用　　　　　　100 000

　　贷：待摊费用——实训基地租金　　　　　　　　　　　　　100 000

预算会计不做账务处理。

（3）2022 年 8 月 31 日，将摊销余额 400 000 元一次性摊销。

财务会计：

借：业务活动费用——教育费用——商品和服务费用  400 000

  贷：待摊费用——实训基地租金  400 000

预算会计不做账务处理。

# 第十九节 长期股权投资

## 一、长期股权投资科目简介

长期股权投资是指高等学校按照规定取得的，持有时间超过一年（不含一年）的股权性质的投资。

长期股权投资核算高等学校按照规定取得的，持有时间超过一年（不含一年）的股权性质的投资，按照被投资单位和长期股权投资取得方式等进行明细核算。长期股权投资采用权益法核算的，还应当按照"成本""损益调整""其他权益变动"设置明细科目，进行明细核算。期末借方余额反映高等学校持有的长期股权投资的价值。

## 二、长期股权投资科目账务处理

（一）长期股权投资在取得时，应当将其实际成本作为初始投资成本

（1）以现金取得的长期股权投资，按照确定的投资成本，借记本科目或本科目（成本），按照支付的价款中包含的已宣告但尚未发放的现金股利，借记"应收股利"科目，按照实际支付的全部价款，贷记"银行存款"等科目。实际收到取得投资时所支付价款中包含的已宣告但尚未发放的现金股利时，借记"银行存款"科目，贷记"应收股利"科目。

（2）以现金以外的其他资产置换取得的长期股权投资，参照"库存物品"科目中置换取得库存物品的相关规定进行账务处理。

（3）以未入账的无形资产取得的长期股权投资，按照评估价值加相关税费作为投资成本，借记本科目，按照发生的相关税费，贷记"银行存款""其他应交税费"等科目，按其差额，贷记"其他收入"科目。

（4）接受捐赠的长期股权投资，按照确定的投资成本，借记本科目或本科目（成本），按照发生的相关税费，贷记"银行存款"等科目，按照其差额，贷记"捐赠收入"科目。

（5）无偿调入的长期股权投资，按照确定的投资成本，借记本科目或本科目（成本），按照发生的相关税费，贷记"银行存款"等科目，按照其差额，贷记"无

偿调拨净资产"科目。

（二）长期股权投资持有期间，应当按照规定采用成本法或权益法进行核算

1. 采用成本法核算

（1）被投资单位宣告发放现金股利或利润时，按照应收的金额，借记"应收股利"科目，贷记"投资收益"科目。

（2）收到现金股利或利润时，按照实际收到的金额，借记"银行存款"等科目，贷记"应收股利"科目。

2. 采用权益法核算

（1）被投资单位实现净利润的，按照应享有的份额，借记本科目（损益调整），贷记"投资收益"科目。

（2）被投资单位发生净亏损的，按照应分担的份额，借记"投资收益"科目，贷记本科目（损益调整），但以本科目的账面余额减记至零为限。发生亏损的被投资单位以后年度又实现净利润的，按照收益分享额弥补未确认的亏损分担额等后的金额，借记本科目（损益调整），贷记"投资收益"科目。

（3）被投资单位宣告分派现金股利或利润的，按照应享有的份额，借记"应收股利"科目，贷记本科目（损益调整）。

（4）被投资单位发生除净损益和利润分配以外的所有者权益变动的，按照应享有或应分担的份额，借记或贷记"权益法调整"科目，贷记或借记本科目（其他权益变动）。

3. 成本法与权益法的转换

（1）高等学校因处置部分长期股权投资等而对处置后的剩余股权投资由权益法改按成本法核算的，应当按照权益法下本科目账面余额作为成本法下本科目账面余额（成本）。

（2）被投资单位宣告分派现金股利或利润时，属于单位已计入投资账面余额的部分，按照应分得的现金股利或利润份额，借记"应收股利"科目，贷记本科目。

（3）高等学校因追加投资等对长期股权投资的核算从成本法改为权益法的，应当按照成本法下本科目账面余额与追加投资成本的合计金额，借记本科目（成本），按照成本法下本科目账面余额，贷记本科目，按照追加投资的成本，贷记"银行存款"等科目。

（三）按照规定报经批准处置长期股权投资

按照规定报经批准出售（转让）长期股权投资时，应当区分长期股权投资取得方式分别进行处理。

（1）处置以现金取得的长期股权投资，按照实际取得的价款，借记"银行存款"等科目，按照被处置长期股权投资的账面余额，贷记本科目，按照尚未领取的现金股利或利润，贷记"应收股利"科目，按照发生的相关税费等支出，贷记"银行存款"等科目，按照借贷方差额，借记或贷记"投资收益"科目。

（2）处置以现金以外的其他资产取得的长期股权投资，按照被处置长期股权投资的账面余额，借记"资产处置费用"科目，贷记本科目；同时，按照实际取得的价款，借记"银行存款"等科目，按照尚未领取的现金股利或利润，贷记"应收股利"科目，按照发生的相关税费等支出，贷记"银行存款"等科目，按照贷方差额，贷记"应缴财政款"科目。按照规定将处置时取得的投资收益纳入单位预算管理的，应当按照所取得价款大于被处置长期股权投资账面余额、应收股利账面余额和相关税费支出合计的差额，贷记"投资收益"科目。

（3）因被投资单位破产清算等，有确凿证据表明长期股权投资发生损失，按照规定报经批准后予以核销时，按照予以核销的长期股权投资的账面余额，借记"资产处置费用"科目，贷记本科目。

报经批准置换转出长期股权投资时，参照"库存物品"科目中置换入库存物品的规定进行账务处理。

（4）采用权益法核算的长期股权投资的处置，除进行上述账务处理外，还应结转原直接计入净资产的相关金额，借记或贷记"权益法调整"科目，贷记或借记"投资收益"科目。

### 三、长期股权投资科目案例解析

【例2-84】2023年3月15日，贵州ZYJS大学用银行存款1 550 000元购入贵州公司长期股权投资，其中包含已经宣告但尚未领取的股利50 000元。该项投资无权决定被投资单位的财务和经营策略。2023年4月15日，贵州ZYJS大学收到购入时宣告发放的股利50 000元。账务处理如下：

（1）2023年3月15日购入投资时。

财务会计：

借：长期股权投资——贵州公司                                      1 500 000

     应收股利——贵州公司                                    50 000

       贷：银行存款——学校存款                            1 550 000

预算会计：

借：投资支出——贵州公司                                    1 550 000

       贷：资金结存——货币资金                            1 550 000

（2）2023年4月15日收到购入时宣告的股利。

财务会计：

借：银行存款                                                50 000

       贷：应收股利——贵州公司                             50 000

预算会计：

借：资金结存——货币资金                                    50 000

       贷：投资支出——贵州公司                             50 000

【例2-85】2022年3月25日，贵州ZYJS大学经批准以固定资产（专用设备）投资贵州公司取得一项长期股权投资，固定资产的账面原值240 000元，已经计提折旧20 000元，另外用银行存款支付运输费10 000元，贵州ZYJS大学无权决定被投资单位的财务和经营政策。账务处理如下：

（1）假如固定资产评估价值260 000元，收到补价20 000元。

财务会计：

| | | |
|---|---|---|
| 借：长期股权投资——贵州公司 | 250 000 | |
| 　固定资产累计折旧 | 20 000 | |
| 　银行存款——学校存款 | 20 000 | |
| 　贷：固定资产——专用设备 | | 240 000 |
| 　　银行存款——学校存款 | | 10 000 |
| 　　应缴财政款 | | 10 000 |
| 　　其他收入 | | 30 000 |

预算会计不做账务处理。

（2）假如固定资产评估价值200 000元，支付补价20 000元。

财务会计：

| | | |
|---|---|---|
| 借：长期股权投资——贵州公司 | 230 000 | |
| 　固定资产累计折旧 | 20 000 | |
| 　资产处置费用——固定资产 | 20 000 | |
| 　贷：固定资产——专用设备 | | 240 000 |
| 　　银行存款——学校存款 | | 30 000 |

预算会计：

| | | |
|---|---|---|
| 借：其他支出——其他资金支出——资产置换税费支出 | 10 000 | |
| 　投资支出 | 20 000 | |
| 　贷：资金结存——货币资金 | | 30 000 |

【例2-86】2023年1—3月，贵州ZYJS大学发生如下长期股权投资业务。账务处理如下：

（1）2023年1月，经批准，以一项非专利技术对贵州公司进行投资，评估价100 000元。

财务会计：

| | | |
|---|---|---|
| 借：长期股权投资——贵州公司 | 100 000 | |
| 　贷：其他收入 | | 100 000 |

预算会计不做账务处理。

（2）2023年3月，接受贵州公司捐赠长期股权投资一项，评估价格150 000元，银行存款支付相关费用10 000元。

财务会计：

借：长期股权投资——贵州公司    160 000

    贷：捐赠收入    150 000

        银行存款——学校存款    10 000

预算会计：

借：其他支出——其他资金支出——捐赠税费支出    10 000

    贷：银行存款——学校存款    10 000

（3）2023 年 5 月，贵州 ZYJS 大学接受无偿调入贵州公司投资一项，对方账面价值 600 000 元，另外支付相关税费 10 000 元。

财务会计：

借：长期股权投资——贵州公司    610 000

    贷：无偿调拨净资产    600 000

        银行存款——学校存款    10 000

【例2-87】2023 年 3 月 15 日，贵州 ZYJS 大学用银行存款 1 500 000 元购入贵州公司长期股权投资，占股 10%。该项投资无权决定贵州公司的财务和经营策略，采用成办法核算。2023 年 4 月 15 日贵州公司宣告发放的现金股利 300 000 元，学校应获得股利 30 000 元；2023 年 5 月 15 日，学校收到现金股利 30 000 元。账务处理如下：

（1）2023 年 3 月 15 日购入投资时。

财务会计：

借：长期股权投资——贵州公司    1 500 000

    贷：银行存款——学校存款    1 500 000

预算会计：

借：投资支出——贵州公司    1 500 000

    贷：资金结存——货币资金    1 500 000

（2）2023 年 4 月 15 日贵州公司宣告发放的现金股利 300 000 元。

财务会计：

借：应收股利——贵州公司    30 000

    贷：投资收益    30 000

预算会计不做账务处理。

（3）2023 年 5 月 15 日收到现金股利 30 000 元。

财务会计：

借：银行存款——学校存款    30 000

    贷：应收股利——贵州公司    30 000

预算会计：

借：资金结存——货币资金    30 000

    贷：投资预算收益——贵州公司    30 000

【例2-88】2023 年 1 月贵州 ZYJS 大学以专利权 800 000 元、评估价 1 000 000

元向贵州公司投资，占贵州公司注册资本的 60%，能够决定贵州公司的财务和经营策略。账务处理如下：

（1）取得投资时。

财务会计：

借：长期股权投资——成本（贵州公司）                        1 000 000

    贷：无形资产——专利权                                800 000

       其他收入                                     200 000

预算会计不做账务处理。

（2）当年贵州公司实现净利润 500 000 元。

财务会计：

借：长期股权投资——损益调整（贵州公司）            300 000

    贷：投资收益                                   300 000

预算会计不做账务处理。

（3）贵州公司宣告发放现金股利 400 000 元。

财务会计：

借：应收股利——贵州公司                        240 000

    贷：长期股权投资——损益调整（贵州公司）      240 000

预算会计不做账务处理。

（4）收到股利 240 000 元。

财务会计：

借：银行存款——学校存款                      240 000

    贷：应收股利——贵州公司                   240 000

预算会计：

借：资金结存——货币资金                      240 000

    贷：投资预算收益                         240 000

## 第二十节　长期债券投资

### 一、长期债券投资科目简介

高等学校长期债券投资是指高等学校照规定取得的，持有时间超过一年（不含一年）的债券投资。

长期债券投资核算高等学校按照规定取得的，持有时间超过一年（不含一年）的债券投资。会计人员应当设置"成本"和"应计利息"明细科目，并按照债券投资的种类进行明细核算。期末借方余额反映高等学校持有的长期债券投资的价值。

## 二、长期债券投资科目账务处理

（1）长期债券投资在取得时，应当按照其实际成本作为投资成本。

取得的长期债券投资，按照确定的投资成本，借记本科目（成本），按照支付的价款中包含的已到付息期但尚未领取的利息，借记"应收利息"科目，按照实际支付的金额，贷记"银行存款"等科目。

实际收到取得债券时所支付价款中包含的已到付息期但尚未领取的利息时，借记"银行存款"科目，贷记"应收利息"科目。

（2）长期债券投资持有期间，按期以债券票面金额与票面利率计算确认利息收入时，如为到期一次还本付息的债券投资，借记本科目（应计利息），贷记"投资收益"科目；如为分期付息、到期一次还本的债券投资，借记"应收利息"科目，贷记"投资收益"科目。

收到分期支付的利息时，按照实收的金额，借记"银行存款"科目，贷记"应收利息"科目。

（3）到期收回长期债券投资，按照实际收到的金额，借记"银行存款"科目，按照长期债券投资的账面余额，贷记本科目，按照相关应收利息金额，贷记"应收利息"科目，按照其差额，贷记"投资收益"科目。

（4）对外出售长期债券投资，按照实际收到的金额，借记"银行存款"科目，按照长期债券投资的账面余额，贷记本科目，按照已记入"应收利息"科目但尚未收取的金额，贷记"应收利息"科目，按照其差额，贷记或借记"投资收益"科目。涉及增值税业务的，相关账务处理参见"应交增值税"科目。

## 三、长期债券投资科目案例解析

【例2-89】2020年1月，贵州ZYJS大学以银行存款1 080 000元购买3年期A国库券，面值1 000 000元，其中包含50 000元已经宣告但尚未发放的利息，按年付息一次，票面利率5%。账务处理如下：

（1）购入国库券时。

财务会计：

| | |
|---|---|
| 借：长期债券投资——本金 | 1 030 000 |
| 　　应收利息——A国库券 | 50 000 |
| 　　贷：银行存款——学校存款 | 1 080 000 |

预算会计：

| | |
|---|---|
| 借：投资支出——A国库券 | 1 080 000 |
| 　　贷：资金结存——学校资金 | 1 080 000 |

（2）收到购买时已经宣告但尚未发放的利息50 000元。

财务会计：

借：银行存款——学校存款                                     50 000
　　贷：应收利息                                            50 000
预算会计：
借：资金结存——学校资金                                     50 000
　　贷：投资支出——A 国库券                                 50 000
（3）持有期间获得利息 50 000 元。
财务会计：
借：银行存款——学校存款                                     50 000
　　贷：投资收益                                            50 000
预算会计：
借：资金结存——货币资金                                     50 000
　　贷：投资预算收益                                        50 000
（4）到期转让该国库券 1 101 200。
转让该国库券应交增值税 =（1 101 200－1 080 000）÷（1+6%）×6% = 1 200（元）。
财务会计：
借：银行存款——学校存款                                  1 101 200
　　贷：长期债券投资——A 国债                            1 030 000
　　　　应交增值税——转让金融商品应交增值税                   1 200
　　　　投资收益                                          70 000

# 第二十一节　固定资产

## 一、固定资产科目简介

固定资产是指高等学校为满足自身开展业务活动或其他活动需要而控制的，使用年限超过一年（不含一年）、单位价值在规定标准以上，在使用过程中基本保持原有物质形态的资产。

单位价值虽未达到规定标准，但是使用年限超过一年（不含一年）的大批同类物资应当作为固定资产，如图书、家具、用具等。

固定资产科目核算高等学校固定资产的原值，应当按照固定资产类别和项目进行明细核算。期末借方余额反映高等学校固定资产的原值。

高等学校固定资产一般分为六类：房屋及构筑物；专用设备；通用设备；文物和陈列品；图书、档案；家具、用具、装具及动植物。

固定资产核算时，应当考虑以下情况：

（1）购入需要安装的固定资产，应当先通过"在建工程"科目核算，安装完毕交付使用时再转入本科目核算。

（2）以借入、经营租赁租入方式取得的固定资产，不通过本科目核算，应当设置备查簿进行登记。

（3）采用融资租入方式取得的固定资产，通过本科目核算，并在本科目下设置"融资租入固定资产"明细科目。

（4）经批准在境外购买具有所有权的土地，作为固定资产，通过本科目核算；高等学校应当在本科目下设置"境外土地"明细科目，进行相应明细核算。

## 二、固定资产科目账务处理

（一）固定资产在取得时，应当按照成本进行初始计量

（1）购入无须安装的固定资产验收合格时，按照确定的固定资产成本，借记本科目，贷记"财政拨款收入""零余额账户用款额度""应付账款""银行存款"等科目。

购入需要安装的固定资产，在安装完毕交付使用前通过"在建工程"科目核算，安装完毕交付使用时再转入本科目。

购入固定资产扣留质量保证金的，应当在取得固定资产时，按照确定的固定资产成本，借记本科目（无须安装）或"在建工程"科目（需要安装），按照实际支付或应付的金额，贷记"财政拨款收入""零余额账户用款额度""应付账款"（不含质量保证金）、"银行存款"等科目，按照扣留的质量保证金数额，贷记"其他应付款"〔扣留期在一年以内（含一年）〕或"长期应付款"（扣留期超过一年）科目。

质保期满支付质量保证金时，借记"其他应付款""长期应付款"科目，贷记"财政拨款收入""零余额账户用款额度""银行存款"等科目。

（2）自行建造的固定资产交付使用时，按照在建工程成本，借记本科目，贷记"在建工程"科目。

已交付使用但尚未办理竣工决算手续的固定资产，按照估计价值入账，待办理竣工决算后再按照实际成本调整原来的暂估价值。

（3）融资租赁取得的固定资产，其成本按照租赁协议或者合同确定的租赁价款、相关税费，以及固定资产交付使用前所发生的可归属于该项资产的运输费、途中保险费、安装调试费等确定。

融资租入的固定资产，按照确定的成本，借记本科目（无须安装）或"在建工程"科目（需安装），按照租赁协议或者合同确定的租赁付款额，贷记"长期应付款"科目，按照支付的运输费、途中保险费、安装调试费等金额，贷记"财政拨款收入""零余额账户用款额度""银行存款"等科目。

定期支付租金时，按照实际支付金额，借记"长期应付款"科目，贷记"财政拨款收入""零余额账户用款额度""银行存款"等科目。

（4）按照规定跨年度分期付款购入固定资产的账务处理，参照融资租入固定资产。

（5）接受捐赠的固定资产，按照确定的固定资产成本，借记本科目（无须安装）或"在建工程"科目（需安装），按照发生的相关税费、运输费等，贷记"零余额账户用款额度""银行存款"等科目，按照其差额，贷记"捐赠收入"科目。

接受捐赠的固定资产按照名义金额入账的，按照名义金额，借记本科目，贷记"捐赠收入"科目；按照发生的相关税费、运输费等，借记"其他费用"科目，贷记"零余额账户用款额度""银行存款"等科目。

（6）无偿调入的固定资产，按照确定的固定资产成本，借记本科目（无须安装）或"在建工程"科目（需安装），按照发生的相关税费、运输费等，贷记"零余额账户用款额度""银行存款"等科目，按照其差额，贷记"无偿调拨净资产"科目。

（7）置换取得的固定资产，参照"库存物品"科目中置换取得库存物品的相关规定进行账务处理。

固定资产取得时涉及增值税业务的，相关账务处理参见"应交增值税"科目。

（二）与固定资产有关的后续支出

1. 符合固定资产确认条件的后续支出

（1）通常情况下，将固定资产转入改建、扩建时，按照固定资产的账面价值，借记"在建工程"科目，按照固定资产已计提折旧，借记"固定资产累计折旧"科目，按照固定资产的账面余额，贷记本科目。

（2）为增加固定资产使用效能或延长其使用年限而发生的改建、扩建等后续支出，借记"在建工程"科目，贷记"财政拨款收入""零余额账户用款额度""银行存款"等科目。

固定资产改建、扩建等完成交付使用时，按照在建工程成本，借记本科目，贷记"在建工程"科目。

2. 不符合固定资产确认条件的后续支出

为保证固定资产正常使用发生的日常维修等支出，借记"业务活动费用""单位管理费用"等科目，贷记"财政拨款收入""零余额账户用款额度""银行存款"等科目。

（三）按照规定报经批准处置固定资产，应当分以下情况处理

（1）报经批准出售、转让固定资产，按照被出售、转让固定资产的账面价值，借记"资产处置费用"科目，按照固定资产已计提的折旧，借记"固定资产累计折旧"科目，按照固定资产账面余额，贷记本科目；同时，按照收到的价款，借记"银行存款"等科目，按照处置过程中发生的相关费用，贷记"银行存款"等科目，按照其差额，贷记"应缴财政款"科目。

（2）报经批准对外捐赠固定资产，按照固定资产已计提的折旧，借记"固定资产累计折旧"科目，按照被处置固定资产账面余额，贷记本科目，按照捐赠过程中

发生的归属于捐出方的相关费用，贷记"银行存款"等科目，按照其差额，借记"资产处置费用"科目。

（3）报经批准无偿调出固定资产，按照固定资产已计提的折旧，借记"固定资产累计折旧"科目，按照被处置固定资产账面余额，贷记本科目，按照其差额，借记"无偿调拨净资产"科目；同时，按照无偿调出过程中发生的归属于调出方的相关费用，借记"资产处置费用"科目，贷记"银行存款"等科目。

（4）报经批准置换出固定资产，参照"库存物品"中置换入库存物品的规定进行账务处理。

固定资产处置时涉及增值税业务的，相关账务处理参见"应交增值税"科目。

（四）高等学校应当定期对固定资产进行清查盘点，每年至少盘点一次

对于发生的固定资产盘盈、盘亏或毁损、报废，应当先记入"待处理财产损溢"科目，按照规定报经批准后及时进行后续账务处理。

（1）盘盈的固定资产，其成本按照有关凭据注明的金额确定；没有相关凭据、但按照规定经过资产评估的，其成本按照评估价值确定；没有相关凭据、也未经过评估的，其成本按照重置成本确定。如无法采用上述方法确定盘盈固定资产成本的，按照名义金额（人民币1元）入账。

盘盈的固定资产，按照确定的入账成本，借记本科目，贷记"待处理财产损溢"科目。

（2）盘亏、毁损或报废的固定资产，按照待处理固定资产的账面价值，借记"待处理财产损溢"科目，按照已计提折旧，借记"固定资产累计折旧"科目，按照固定资产的账面余额，贷记本科目。

### 三、固定资产科目案例解析

【例2-90】2022年5月7日，贵州ZYJS大学航空学院从贵州公司购入一台无须安装的教学设备，取得增值税发票上注明的价款500 000元，款项通过零余额账户支付。按照合同规定，2022年5月7日完成设备验收手续，支付设备款450 000元，一年后无质量问题，支付质保金50 000元，假定不考虑其他相关税费。账务处理如下：

（1）2022年5月7日支付设备款450 000元。

财务会计：

借：固定资产——专用设备                                500 000

    贷：零余额账户用款额度                          450 000

        其他应付款——贵州公司                      50 000

预算会计：

借：事业支出——教育支出——财政拨款支出——项目支出——高等教育——资本性支出——专用设备购置                          450 000

贷：资金结存——零余额账户用款额度　　　　　　　　　450 000

（2）2023 年 5 月 10 日，支付质保金 50 000 元。

财务会计：

借：其他应付款——贵州公司　　　　　　　　　　　　50 000

　　贷：零余额账户用款额度　　　　　　　　　　　　　　50 000

预算会计：

借：事业支出——教育支出——财政拨款支出——项目支出——高等教育——

资本性支出——专用设备购置　　　　　　　　　　　50 000

　　贷：资金结存——零余额账户用款额度　　　　　　　　　50 000

　　【例 2-91】2021 年 5 月 7 日，贵州 ZYJS 大学航空学院从贵州公司购入一台需安装的教学设备，取得增值税发票上注明的价款 500 000 元。按照合同规定，2021年 5 月 7 日教学设备运抵学校，学校通过零余额账户支付设备款 450 000 元。2021年 5 月 15 日设备安装完成，且通过验收，学校通过零余额账户支付设备款安装费5 000 元。2 年质保期，无质量问题。2023 年 5 月 20 日，学校支付质保金 50 000元，假定不考虑其他相关税费。账务处理如下：

（1）2021 年 5 月 7 日支付设备款 450 000 元。

财务会计：

借：在建工程——专用设备　　　　　　　　　　　　　500 000

　　贷：零余额账户用款额度　　　　　　　　　　　　　　450 000

　　　　长期应付款——贵州公司　　　　　　　　　　　　50 000

预算会计：

借：事业支出——教育支出——财政拨款支出——项目支出——高等教育——

资本性支出——专用设备购置　　　　　　　　　　　450 000

　　贷：资金结存——零余额账户用款额度　　　　　　　　　450 000

（2）2021 年 5 月 15 日支付设备款安装费 5 000 元。

财务会计：

借：在建工程——专用设备　　　　　　　　　　　　　5 000

　　贷：零余额账户用款额度　　　　　　　　　　　　　　5 000

预算会计：

借：事业支出——教育支出——财政拨款支出——项目支出——高等教育——

资本性支出——专用设备购置　　　　　　　　　　　5 000

　　贷：资金结存——零余额账户用款额度　　　　　　　　　5 000

（3）2021 年 5 月 15 日，教学设备安装完毕，完成固定资产入库手续。

财务会计：

借：固定资产——专用设备　　　　　　　　　　　　　505 000

　　贷：在建工程——专用设备　　　　　　　　　　　　　505 000

预算会计不做账务处理。

（4）2023 年 5 月 20 日，支付质保金 50 000 元。

财务会计：

借：长期应付款——贵州公司                            50 000

    贷：零余额账户用款额度                   50 000

预算会计：

借：事业支出——教育支出——财政拨款支出——项目支出——高等教育——

资本性支出——专用设备购置                 50 000

    贷：资金结存——零余额账户用款额度       50 000

【例 2-92】2022 年 5 月 10 日，贵州 ZYJS 大学后勤处自行建造汽车充电桩一个，支付设备款 500 000 元，支付材料费 30 000 元；2022 年 5 月 15 日，支付人工费 20 000 元。有关款项均通过零余额账户用款额度支付。2022 年 5 月 20 日，充电桩建设完成，且通过验收，学校完成固定资产入库手续。账务处理如下：

（1）2022 年 5 月 10 日，支付设备款 500 000 元。

财务会计：

借：在建工程——建筑安装工程投资——建筑工程        500 000

    贷：零余额账户用款额度                500 000

预算会计：

借：事业支出——后勤保障支出——财政拨款支出——项目支出——高等

教育——资本性支出——专用设备           500 000

    贷：资金结存——零余额账户用款额度       500 000

（2）2022 年 5 月 10 日，完成材料验收，支付材料费 30 000 元。

财务会计：

借：在建工程——建筑安装工程投资——建筑工程        30 000

    贷：零余额账户用款额度                30 000

预算会计：

借：事业支出——后勤保障支出——财政拨款支出——项目支出——高等

教育——资本性支出——专用设备            30 000

    贷：资金结存——零余额账户用款额度       30 000

（3）2022 年 5 月 15 日支付人工费 20 000 元。

财务会计：

借：在建工程——建筑安装工程投资——建筑工程        20 000

    贷：零余额账户用款额度                20 000

预算会计：

借：事业支出——后勤保障支出——财政拨款支出——项目支出——高等

教育——资本性支出——专用设备            20 000

　　　　贷：资金结存——零余额账户用款额度　　　　　　　　　　　　20 000

（4）2022年5月20日建设完成通过验收，完成固定资产入库手续。

财务会计：

借：固定资产——专用设备　　　　　　　　　　　　　　　　550 000

　　贷：在建工程——建筑安装工程投资——建筑工程　　　　550 000

预算会计不做账务处理。

【例2-93】2019年12月25日，贵州ZYJS大学航空学院以融资租赁方式从贵州公司租入学生实训模具飞机一架，合同约定租金总额为5 000 000元。租赁期从2020年1月1日开始计算，租期5年，按年平均支付租金，每年年末通过零余额账户支付；租赁期满学校将取得该飞机的所有权。租赁期满该飞机预计还可使用5年，按照年限平均法计提折旧。账务处理如下：

（1）2020年1月1日完成固定资产入库手续。

财务会计：

借：固定资产——专用设备——融资租赁　　　　　　　　5 000 000

　　贷：长期应付款——贵州公司　　　　　　　　　　　　5 000 000

预算会计不做账务处理。

（2）2020年12月31日支付租金1 000 000元。

财务会计：

借：长期应付款——贵州公司　　　　　　　　　　　　　1 000 000

　　贷：零余额账户用款额度　　　　　　　　　　　　　　1 000 000

预算会计：

借：事业支出——教育支出——财政拨款支出——项目支出——高等教育——

　　商品和服务支出——租赁费　　　　　　　　　　　　1 000 000

　　贷：资金结存——零余额账户用款额度　　　　　　　　1 000 000

（3）2020年12月31日计提折旧500 000元。

财务会计：

借：业务活动费——教育费用——固定资产折旧费　　　　　500 000

　　贷：固定资产累计折旧——专用设备　　　　　　　　　　500 000

预算会计不做账务处理。

（4）2021年的12月31日支付租金、计提折旧的会计分录与2020年相同。

【例2-94】2023年5月15日，贵州ZYJS大学收到校友捐赠的专业图书一批，价值500 000元，学校以银行存款支付运费10 000元。账务处理如下：

财务会计：

借：固定资产——图书档案　　　　　　　　　　　　　　　510 000

　　贷：捐赠收入　　　　　　　　　　　　　　　　　　　　500 000

　　　　银行存款——学校存款　　　　　　　　　　　　　　10 000

预算会计：

借：其他支出——其他资金支出——捐赠等税费支出 10 000

贷：资金结存——货币资金 10 000

【例2-95】2022年5月15日，贵州ZYJS大学收到省教育厅无偿调入教学专用设备一台，价值100 000元，发生运费1 000元；学校通过银行存款支付，当日完成固定资产入库手续。账务处理如下：

财务会计：

借：固定资产——专用设备 101 000

贷：无偿调拨净资产 100 000

银行存款——学校存款 1 000

预算会计：

借：其他支出——其他资金支出——运费支出 1 000

贷：资金结存——货币资金 1 000

【例2-96】2022年5月27日，贵州ZYJS大学后勤处对学生公寓进行扩建，该学生公寓原价20 000 000元，已计提折旧10 000 000元；2022年8月20日，通过银行账户支付工程款6 000 000元。2022年8月31日，学生公寓改建完成交付使用；扩建工作完成后，学生公寓使用寿命明显延长，由原来的预计剩余使用年限5年延长到可再使用10年。账务处理如下：

（1）2022年5月27日，将学生公寓由固定资产转入在建工程进行扩建。

财务会计：

借：在建工程——建筑安装工程投资 10 000 000

固定资产累计折旧 10 000 000

贷：固定资产的——房屋及构筑物 20 000 000

预算会计不做账务处理。

（2）2022年8月20日，支付工程款6 000 000元。

财务会计：

借：在建工程——建筑安装工程投资——建筑工程 6 000 000

贷：银行存款——学校存款 6 000 000

预算会计：

借：事业支出——后勤保障支出——财政拨款支出——项目支出——高等

教育——资本性支出——大型修缮 6 000 000

贷：资金结存——货币资金 6 000 000

（3）2022年8月31日，学生公寓改建完成交付使用。

财务会计：

借：固定资产——房屋及构筑物 16 000 000

贷：在建工程——建筑安装工程投资——建筑工程 16 000 000

预算会计不做账务处理。

【例 2-97】2022 年 5 月 27 日，贵州 ZYJS 大学学校办公室对文印室打印机进行维修，发生维修费 1 000 元，通过零余额账户支付。账务处理如下：

财务会计：

借：单位管理费用——行政管理费用——商品和服务费用　　　　　1 000
　　贷：零余额账户用款额度　　　　　　　　　　　　　　　　　　1 000

预算会计：

借：事业支出——行政管理支出——财政拨款支出——基本支出——高等
　　教育——商品和服务支出——维修（护）费　　　　　　　　　1 000
　　贷：资金结存——零余额账户用款额度　　　　　　　　　　　　1 000

# 第二十二节　固定资产累计折旧

## 一、固定资产累计折旧科目简介

固定资产累计折旧是指在固定资产的预计使用年限内，按照确定的方法对应计提的折旧额进行系统分摊，核算高等学校计提的固定资产累计折旧。公共基础设施和保障性住房计提的累计折旧，应当分别通过"公共基础设施累计折旧（摊销）"科目和"保障性住房累计折旧"科目核算，不通过本科目核算。

固定资产累计折旧科目应当按照所对应固定资产的明细分类进行明细核算，期末贷方余额反映高等学校计提的固定资产折旧累计数。

高等学校计提融资租入固定资产折旧时，应当采用与自有固定资产相一致的折旧政策。能够合理确定租赁期届满时将会取得租入固定资产所有权的，应当在租入固定资产尚可使用年限内计提折旧；无法合理确定租赁期届满时能够取得租入固定资产所有权的，应当在租赁期与租入固定资产尚可使用年限两者中取较短的期间内计提折旧。

## 二、固定资产累计折旧科目账务处理

（1）按月计提固定资产折旧时，按照应计提折旧金额，借记"业务活动费用""单位管理费用""经营费用""加工物品""在建工程"等科目，贷记本科目。

（2）经批准处置或处理固定资产时，按照所处置或处理固定资产的账面价值，借记"资产处置费用""无偿调拨净资产""待处理财产损溢"等科目，按照已计提折旧，借记本科目，按照固定资产的账面余额，贷记"固定资产"科目。

## 三、固定资产累计折旧科目案例解析

【例 2-98】2023 年 6 月 9 日，贵州 ZYJS 大学建筑工程学院使用财政专项资金向贵州公司购入一台不须安装的 A 教学设备，原价 720 000 元。2023 年 6 月 9 日，验收完毕，学校通过零余额账户支付设备款的 90%，设备款的 10%作为质保金，一年后支付。预计使用寿命为 6 年，使用年限平均法计提折旧。账务处理如下：

（1）2023 年 6 月 9 日，A 教学设备入库时。

财务会计：

借：固定资产——专用设备　　　　　　　　　　　　　　　720 000
　　贷：零余额账户用款额度　　　　　　　　　　　　　　　　648 000
　　　　其他应付款——贵州公司　　　　　　　　　　　　　　 72 000

预算会计：

借：事业支出——教育支出——财政拨款支出——专项支出——高等教育——
　　其他资本性支出——专用设备　　　　　　　　　　　　　648 000
　　贷：资金结存——零余额账户用款额度　　　　　　　　　　648 000

（2）2023 年 7 月 31 日，对该专用设备计提折旧。

月折旧额 = 720 000÷12×6 = 10 000（元）

财务会计：

借：业务活动费——教育费用——固定资产累计折旧费　　　　10 000
　　贷：固定资产累计折旧——专用设备　　　　　　　　　　　10 000

预算会计不做账务处理。

（3）2023 年 12 月 31 日，因为产品更新换代，对该专用设备进行报废处置。

借：待处置资产损溢　　　　　　　　　　　　　　　　　　660 000
　　固定资产累计折旧　　　　　　　　　　　　　　　　　　 60 000
　　贷：固定资产——专用设备　　　　　　　　　　　　　　　720 000


# 第二十三节　工程物资


## 一、工程物资科目简介

工程物资是指用于核算高等学校为在建工程准备的各种物资，包括工程用材料、设备等。工程物资科目可按照"库存材料""库存设备"等工程物资类别进行明细核算，期末借方余额反映高等学校为在建工程准备的各种物资的成本。

## 二、工程物资科目账务处理

（1）购入为工程准备的物资，按照确定的物资成本，借记本科目，贷记"财政拨款收入""零余额账户用款额度""银行存款""应付账款"等科目。

（2）领用工程物资，按照物资成本，借记"在建工程"科目，贷记本科目。工程完工后将领出的剩余物资退库时做相反的会计分录。

（3）工程完工后将剩余的工程物资转作单位存货等的，按照物资成本，借记"库存物品"等科目，贷记本科目。涉及增值税业务的，相关账务处理参见"应交增值税"科目。

### 三、工程物资科目案例解析

【例2-99】2023年1月1日，贵州ZYJS大学后勤处基建科为建造航空大楼，使用零余额账户向贵州公司购入A工程物资一批，支付价款100 000元。2023年1月25日，因为航空大楼建造需要领用A工程物资90 000元；2023年11月30日，航空大楼建造工程完工，将2023年1月25日领用尚未使用的A工程物资10 000元退回仓库。2023年12月31日，航空大楼完成竣工决算，剩余的A工程物资20 000元转为A存货。账务处理如下：

（1）2023年1月1日，购入A工程物资一批价款100 000元。

财务会计：

借：工程物资——A物资　　　　　　　　　　　　　　　　100 000
　　贷：零余额账户用款额度　　　　　　　　　　　　　　　　100 000

预算会计：

借：事业支出——后勤保障支出——财政拨款支出——项目支出——高等教育
　　　——资本性支出（基本建设）——房屋建筑物构建　　　　100 000
　　贷：资金结存——零余额账户用款额度　　　　　　　　　　100 000

（2）2023年1月25日，因为航空大楼建造需要领用A工程物资90 000元。

财务会计：

借：在建工程——航空大楼　　　　　　　　　　　　　　　90 000
　　贷：工程物资——A物资　　　　　　　　　　　　　　　　90 000

预算会计不做账务处理。

（3）2023年11月30日，航空大楼建造工程完工，将2023年1月25日领用尚未使用的A工程物资10 000元退回仓库。

财务会计：

借：工程物资——A物资　　　　　　　　　　　　　　　　10 000
　　贷：在建工程——航空大楼　　　　　　　　　　　　　　10 000

预算会计不做账务处理。

（4）2023年12月31日，航空大楼完成竣工决算，剩余的A工程物资20 000元转为A存货。

财务会计：

借：库存物品——A物品　　　　　　　　　　　　　　　　20 000
　　贷：工程物资——A物资　　　　　　　　　　　　　　　　20 000

预算会计不做账务处理。

# 第二十四节　在建工程

## 一、在建工程科目简介

在建工程是指高等学校在建的建设项目工程的实际成本。在建的信息系统项目工程、公共基础设施项目工程、保障性住房项目工程的实际成本，也通过本科目核算。

高等学校应当设置"建筑安装工程投资""设备投资""待摊投资""其他投资""待核销基建支出""基建转出投资"等明细科目，并按照具体项目进行明细核算。期末借方余额反映高等学校尚未完工的建设项目工程发生的实际成本。

1."建筑安装工程投资"明细科目

该科目核算高等学校发生的构成建设项目实际支出的建筑工程和安装工程的实际成本，不包括被安装设备本身的价值以及按照合同规定支付给施工单位的预付备料款和预付工程款。本明细科目应当设置"建筑工程"和"安装工程"两个明细科目进行明细核算。

2."设备投资"明细科目

该科目核算高等学校发生的构成建设项目实际支出的各种设备的实际成本。

3."待摊投资"明细科目

该科目核算高等学校发生的构成建设项目实际支出的、按照规定应当分摊计入有关工程成本和设备成本的各项间接费用和税费支出。

待摊投资明细科目的具体核算内容包括以下方面：

一是勘察费、设计费、研究试验费、可行性研究费及项目其他前期费用。

二是土地征用及迁移补偿费、土地复垦及补偿费、森林植被恢复费及其他为取得土地使用权、租用权而发生的费用。

三是城镇土地使用税、耕地占用税、契税、车船税、印花税及其他按照规定缴纳的税费。

四是项目建设管理费、代建管理费、临时设施费、监理费、招投标费、社会中介审计（审查）费及其他管理性质的费用。

五是项目建设管理费。它是指项目建设单位从项目筹建之日起至办理竣工财务决算之日止发生的管理性质的支出，包括不在单位发工资的工作人员的工资及相关费用、办公费、办公场地租用费、差旅交通费、劳动保护费、工具用具使用费、固定资产使用费、招募生产工人费、技术图书资料费（含软件）、业务招待费、施工现场津贴、竣工验收费等。

六是项目建设期间发生的各类专门借款利息支出或融资费用。

七是工程检测费、设备检验费、负荷联合试车费及其他检验检测类费用。

八是固定资产损失、器材处理亏损、设备盘亏及毁损、单项工程或单位工程报废、毁损净损失及其他损失。

九是系统集成等信息工程的费用支出。

十是其他待摊性质支出。

高等学校明细科目应当按照上述费用项目进行明细核算，其中有些费用（如项目建设管理费等），还应当按照更为具体的费用项目进行明细核算。

4. "其他投资"明细科目

该科目核算高等学校发生的构成建设项目实际支出的房屋购置支出，基本畜禽、林木等购置、饲养、培育支出，办公生活用家具、器具购置支出，软件研发和不能计入设备投资的软件购置等支出。高等学校为进行可行性研究而购置的固定资产，以及取得土地使用权支付的土地出让金，也通过本明细科目核算。本明细科目应当设置"房屋购置""基本畜禽支出""林木支出""办公生活用家具、器具购置""可行性研究固定资产购置""无形资产"等明细科目。

5. "待核销基建支出"明细科目

该科目核算建设项目发生的江河清障、航道清淤、飞播造林、补助群众造林、水土保持、城市绿化、取消项目的可行性研究费，以及项目整体报废等不能形成资产部分的基建投资支出。明细科目应按照待核销基建支出的类别进行明细核算。

6. "基建转出投资"明细科目

该科目核算为建设项目配套而建成的、产权不归属单位的专用设施的实际成本。明细科目应按照转出投资的类别进行明细核算。

## 二、在建工程科目账务处理

（一）建筑安装工程投资

（1）将固定资产等资产转入改建、扩建等时，按照固定资产等的账面价值，借记本科目（建筑安装工程投资），按照已计提的折旧或摊销，借记"固定资产累计折旧"等科目，按照固定资产等资产的原值，贷记"固定资产"等科目。

固定资产等资产改建、扩建过程中涉及替换（拆除）原资产的某些组成部分的，按照被替换（拆除）部分的账面价值，借记"待处理财产损溢"科目，贷记本科目（建筑安装工程投资）。

（2）高等学校对于发包建筑安装工程，根据建筑安装工程价款结算账单与施工企业结算工程价款时，按照应承付的工程价款，借记本科目（建筑安装工程投资），按照预付工程款余额，贷记"预付账款"科目，按照其差额，贷记"财政拨款收入""零余额账户用款额度""银行存款""应付账款"等科目。

（3）高等学校自行施工的小型建筑安装工程，按照发生的各项支出金额，借记本科目（建筑安装工程投资），贷记"工程物资""零余额账户用款额度""银行存款""应付职工薪酬"等科目。

（4）工程竣工办妥竣工验收交接手续交付使用时，按照建筑安装工程成本（含应分摊的待摊投资），借记"固定资产"等科目，贷记本科目（建筑安装工程投资）。

（二）设备投资

（1）购入设备时，按照购入成本，借记本科目（设备投资），贷记"财政拨款收入""零余额账户用款额度""银行存款"等科目；采用预付款方式购入设备的，有关预付款的账务处理参照本科目有关"建筑安装工程投资"明细科目的规定。

（2）设备安装完毕，办妥竣工验收交接手续交付使用时，按照设备投资成本（含设备安装工程成本和分摊的待摊投资），借记"固定资产"等科目，贷记本科目（设备投资、建筑安装工程投资——安装工程）。

需要安装的设备和达不到固定资产标准的工具、器具交付使用时，按照相关设备、工具、器具的实际成本，借记"固定资产""库存物品"科目，贷记本科目（设备投资）。

（三）待摊投资

建设工程发生的构成建设项目实际支出的、按照规定应当分摊计入有关工程成本和设备成本的各项间接费用和税费支出，先在本明细科目中归集。建设工程办妥竣工验收手续交付使用时，按照合理的分配方法，摊入相关工程成本、再安装设备成本等。

（1）高等学校发生的构成待摊投资的各类费用，按照实际发生金额，借记本科目（待摊投资），贷记"财政拨款收入""零余额账户用款额度""银行存款""应付利息""长期借款""其他应交税费""固定资产累计折旧""无形资产累计摊销"等科目。

（2）对于建设过程中试生产、设备调试等产生的收入，按照取得的收入金额，借记"银行存款"等科目，按照依据有关规定应当冲减建设工程成本的部分，贷记本科目（待摊投资），按照其差额贷记"应缴财政款"或"其他收入"科目。

（3）由于自然灾害、管理不善等造成的单项工程或单位工程报废或毁损，扣除残料价值和过失人或保险公司等赔款后的净损失，报经批准后计入继续施工的工程成本的，按照工程成本扣除残料价值和过失人或保险公司等赔款后的净损失，借记本科目（待摊投资），按照残料变价收入、过失人或保险公司赔款等，借记"银行存款""其他应收款"等科目，按照报废或毁损的工程成本，贷记本科目（建筑安装工程投资）。

（4）工程交付使用时，按照合理的分配方法分配待摊投资，借记本科目（建筑安装工程投资、设备投资），贷记本科目（待摊投资）。

待摊投资的分配方法，可按照下列公式计算：

①按照实际分配率分配（适用于建设工期较短、整个项目的所有单项工程一次竣工的建设项目），计算公式为

实际分配效率＝待摊投资明细科目余额÷(建筑工程明细科目余额+安装工程明细科目余额+设备投资明细科目余额)×100%

②按照概算分配率分配(适用于建设工期长、单项工程分期分批建成投入使用的建设项目)，计算公式为

概算分配率＝(概算中各待摊投资项目的合计数-其中可直接分配部分)÷概算中建筑工程、安装工程和设备投资合计×100%

（四）其他投资

（1）高等学校为建设工程发生的房屋购置支出，基本畜禽、林木等的购置、饲养、培育支出，办公生活用家具、器具购置支出，软件研发和不能计入设备投资的软件购置等支出，按照实际发生金额，借记本科目（其他投资），贷记"财政拨款收入""零余额账户用款额度""银行存款"等科目。

（2）工程完成将形成的房屋、基本畜禽、林木等各种财产以及无形资产交付使用时，按照其实际成本，借记"固定资产""无形资产"等科目，贷记本科目（其他投资）。

（五）待核销基建支出

（1）建设项目发生的江河清障、航道清淤、飞播造林、补助群众造林、水土保持、城市绿化等不能形成资产的各类待核销基建支出，按照实际发生金额，借记本科目（待核销基建支出），贷记"财政拨款收入""零余额账户用款额度""银行存款"等科目。

（2）取消的建设项目发生的可行性研究费，按照实际发生金额，借记本科目（待核销基建支出），贷记本科目（待摊投资）。

（3）由于自然灾害等发生的建设项目整体报废所形成的净损失，报经批准后转入待核销基建支出，按照项目整体报废所形成的净损失，借记本科目（待核销基建支出），按照报废工程回收的残料变价收入、保险公司赔款等，借记"银行存款""其他应收款"等科目，按照报废的工程成本，贷记本科目（建筑安装工程投资等）。

（4）建设项目竣工验收交付使用时，对发生的待核销基建支出进行冲销，借记"资产处置费用"科目，贷记本科目（待核销基建支出）。

（六）基建转出投资

为建设项目配套而建成的、产权不归属单位的专用设施，在项目竣工验收交付使用时，按照转出的专用设施的成本，借记本科目（基建转出投资），贷记本科目（建筑安装工程投资）；同时，借记"无偿调拨净资产"科目，贷记本科目（基建转出投资）。

**三、在建工程科目案例解析**

【例2-100】2023年7月1日，贵州ZYJS大学后勤处按照学校要求改建A栋教学

楼，A栋教学楼原值10 000 000元，已经计提折旧5 000 000元。2022年7月5日，拆除的建筑的账面价值为1 000 000元，拍卖残值获得收入500 000元。2022年7月25日，改建过程中发生改建支出4 000 000元，用零余额账户用款额度支付。2022年8月31日，改建完工后，验收合格，投入教学使用。账务处理如下：

（1）2022年9月1日，贵州ZYJS大学后勤处改建A栋教学楼。

财务会计：

借：在建工程——建筑安装工程——建筑工程　　　　　　　　　5 000 000

　　固定资产累计折旧　　　　　　　　　　　　　　　　　　　5 000 000

　　　贷：固定资产——房屋构建物　　　　　　　　　　　　　　　　10 000 000

预算会计不做账务处理。

（2）2022年7月5日，拆除的建筑的账面价值为1 000 000元。

借：待处理财产损溢　　　　　　　　　　　　　　　　　　　　1 000 000

　　　贷：在建工程——建筑安装工程——建筑工程　　　　　　　　　1 000 000

预算会计不做账务处理。

（3）2022年7月25日，拍卖残值获得收入500 000元。

借：银行存款——学校存款　　　　　　　　　　　　　　　　　500 000

　　　贷：应缴财政款　　　　　　　　　　　　　　　　　　　　　500 000

预算会计不做账务处理。

（4）2022年7月25日，改建过程中发生改建支出4 000 000元

财务会计：

借：在建工程——建筑安装工程——建筑工程　　　　　　　　　4 000 000

　　　贷：零余额账户用款额度　　　　　　　　　　　　　　　　　4 000 000

预算会计：

借：事业支出——后勤保障支出——财政拨款支出——项目支出——高等

　　教育——资本性支出——房屋建筑物构建　　　　　　　　　4 000 000

　　　贷：资金结存——零余额账户用款额度　　　　　　　　　　　4 000 000

（5）2022年7月31日，改建完工后，验收合格，投入教学使用。

财务会计：

借：固定资产——房屋及构筑物　　　　　　　　　　　　　　　8 000 000

　　　贷：在建工程——建筑安装工程——建筑工程　　　　　　　　　8 000 000

【例2-101】2023年8月1日，贵州ZYJS大学商业贸易学院用财政专项资金从贵州公司购入一台需要安装的教学设备，设备价款2 000 000元。2022年8月5日，学校支付安装费调试费100 000元。2022年8月25日，设备安装完毕，验收合格，交付学校使用。设备的相关款项均通过零余额账户支付。账务处理如下：

（1）2023年8月1日，贵州ZYJS大学支付设备价款2 000 000元。

财务会计：

借：在建工程——设备投资            2 000 000

  贷：零余额账户用款额度         2 000 000

预算会计：

借：事业支出——教育支出——财政拨款支出——项目支出——高等教育——
资本性支出——专用设备          2 000 000

  贷：资金结存——零余额账户用款额度    2 000 000

（2）2023 年 8 月 5 日，支付安装费调试费 100 000 元。

借：在建工程——建筑安装工程——安装工程    100 000

  贷：零余额账户用款额度         100 000

预算会计：

借：事业支出——教育支出——财政拨款支出——项目支出——高等教育——
资本性支出——专用设备          100 000

  贷：资金结存——零余额账户用款额度    100 000

（3）2023 年 8 月 25 日，设备安装完毕，验收合格，交付学校使用。

财务会计：

借：固定资产——专用设备          2 100 000

  贷：在建工程一设备投资         2 000 000

    在建工程——建筑安装工程——安装工程  100 000

【例 2-102】2023 年 8 月 1 日，贵州 ZYJS 大学商业贸易学院自行建造会计专业实训基地，支付设备款 500 000 元。2023 年 8 月 10 日，学校支付材料费 30 000 元。2023 年 8 月 15 日，学校支付人工费 20 000 元。有关款项均通过零余额账户用款额度支付。2023 年 8 月 20 日建设完成验收，办理固定资产入库手续。账务处理如下：

（1）2023 年 8 月 1 日支付设备款 500 000 元。

财务会计：

借：在建工程——设备投资          500 000

  贷：零余额账户用款额度         500 000

预算会计：

借：事业支出——事业支出——财政拨款支出——项目支出——高等教育——
资本性支出——专用设备          500 000

  贷：资金结存——零余额账户用款额度    500 000

（2）2023 年 8 月 10 日，完成材料验收，支付材料费 30 000 元。

财务会计：

借：在建工程——建筑安装工程投资——安装工程   30 000

  贷：零余额账户用款额度         30 000

预算会计：

借：事业支出——教育支出——财政拨款支出——项目支出——高等教育——

資本性支出——专用设备          30 000

  贷：资金结存——零余额账户用款额度     30 000

（3）2023 年 8 月 15 日支付人工费 20 000 元。

财务会计：

借：在建工程——建筑安装工程投资——安装工程    20 000

  贷：零余额账户用款额度         20 000

预算会计：

借：事业支出——教育支出——财政拨款支出——项目支出——高等教育——

资本性支出——专用设备          20 000

  贷：资金结存——零余额账户用款额度     20 000

（4）2023 年 8 月 20 日建设完成验收，办理固定资产入库手续。

财务会计：

借：固定资产——专用设备          550 000

  贷：在建工程——设备投资         500 000

    在建工程——建筑安装工程投资——建筑工程   50 000

预算会计不做账务处理。

【例 2-103】2022 年 9 月 1 日，贵州 ZYJS 大学决定用非税收入资金建设远程教育大楼，支付项目可行性研究费 500 000 元。2022 年 11 月 25 日，自然灾害导致整个项目报废。2022 年 11 月 30 日，经报经批准后，冲销该基建支出。账务处理如下：

（1）2022 年 9 月 1 日，贵州 ZYJS 大学支付项目可行性研究费 500 000 元。

财务会计：

借：在建工程——建筑安装工程——建筑工程     500 000

  贷：银行存款——学校存款         500 000

预算会计：

借：事业支出——后勤保障支出——项目支出——高等教育——资本性支出

（基本建设）——其他资本性支出        500 000

  贷：资金结存——零余额账户用款额度     500 000

（2）2022 年 11 月 25 日，自然灾害导致整个项目报废。

财务会计：

借：在建工程——待核销基建支出        500 000

  贷：在建工程——建筑安装工程——建筑工程    500 000

预算会计不做账务处理。

（3）2020 年 11 月 30 日，经报经批准后，冲销该基建支出。

财务会计：

借：资产处置费用            500 000

  贷：在建工程——待核销基建支出       500 000

预算会计不做账务处理。

## 第二十五节　无形资产

### 一、无形资产科目简介

无形资产是指高等学校控制的没有实物形态的可辨认非货币性资产，包括专利权、商标权、著作权、土地使用权、非专利技术等，本科目核算高等学校无形资产的原值。

非大批量购入、单价小于1 000元的无形资产，可以于购买的当期将其成本直接计入当期费用。高等学校应当按照无形资产的类别、项目等进行明细核算。期末借方余额反映高等学校无形资产的成本。

高等学校应当定期对无形资产进行清查盘点，每年至少盘点一次。高等学校资产清查盘点过程中发现的无形资产盘盈、盘亏等，参照"固定资产"科目相关规定进行账务处理。

### 二、无形资产科目账务处理

（一）无形资产在取得时，应当按照成本进行初始计量

（1）外购的无形资产，按照确定的成本，借记本科目，贷记"财政拨款收入""零余额账户用款额度""应付账款""银行存款"等科目。

（2）委托软件公司开发软件，视同外购无形资产进行处理。合同中约定预付开发费用的，按照预付金额，借记"预付账款"科目，贷记"财政拨款收入""零余额账户用款额度""银行存款"等科目。

软件开发完成交付使用并支付剩余或全部软件开发费用时，按照软件开发费用总额，借记本科目，按照相关预付账款金额，贷记"预付账款"科目，按照支付的剩余金额，贷记"财政拨款收入""零余额账户用款额度""银行存款"等科目。

（3）自行研究开发形成的无形资产，按照研究开发项目进入开发阶段后至达到预定用途前所发生的支出总额，借记本科目，贷记"研发支出——开发支出"科目。

自行研究开发项目尚未进入开发阶段，或者确实无法区分研究阶段支出和开发阶段支出，但按照法律程序已申请取得无形资产的，按照依法取得时发生的注册费、聘请律师费等费用，借记本科目，贷记"财政拨款收入""零余额账户用款额度""银行存款"等科目；按照依法取得前所发生的研究开发支出，借记"业务活动费用"等科目，贷记"研发支出"科目。

（4）接受捐赠的无形资产，按照确定的无形资产成本，借记本科目，按照发生的相关税费等，贷记"零余额账户用款额度""银行存款"等科目，按照其差额，

贷记"捐赠收入"科目。

接受捐赠的无形资产按照名义金额入账的，按照名义金额，借记本科目，贷记"捐赠收入"科目；同时，按照发生的相关税费等，借记"其他费用"科目，贷记"零余额账户用款额度""银行存款"等科目。

（5）无偿调入的无形资产，按照确定的无形资产成本，借记本科目，按照发生的相关税费等，贷记"零余额账户用款额度""银行存款"等科目，按照其差额，贷记"无偿调拨净资产"科目。

（6）置换取得的无形资产，参照"库存物品"科目中置换取得库存物品的相关规定进行账务处理。

无形资产取得时涉及增值税业务的，相关账务处理参见"应交增值税"科目。

（二）与无形资产有关的后续支出

1. 符合无形资产确认条件的后续支出

（1）为增加无形资产的使用效能对其进行升级改造或扩展其功能时，如需暂停对无形资产进行摊销的，按照无形资产的账面价值，借记"在建工程"科目，按照无形资产已摊销金额，借记"无形资产累计摊销"科目，按照无形资产的账面余额，贷记本科目。

（2）无形资产后续支出符合无形资产确认条件的，按照支出的金额，借记本科目（无须暂停摊销的）或"在建工程"科目（需暂停摊销的），贷记"财政拨款收入""零余额账户用款额度""银行存款"等科目。

（3）暂停摊销的无形资产升级改造或扩展功能等完成交付使用时，按照在建工程成本，借记本科目，贷记"在建工程"科目。

2. 不符合无形资产确认条件的后续支出

为保证无形资产正常使用发生的日常维护等支出，借记"业务活动费用""单位管理费用"等科目，贷记"财政拨款收入""零余额账户用款额度""银行存款"等科目。

（三）按照规定报经批准处置无形资产，应当分以下情况处理

（1）报经批准出售、转让无形资产，按照被出售、转让无形资产的账面价值，借记"资产处置费用"科目，按照无形资产已计提的摊销，借记"无形资产累计摊销"科目，按照无形资产账面余额，贷记本科目；同时，按照收到的价款，借记"银行存款"等科目，按照处置过程中发生的相关费用，贷记"银行存款"等科目，按照其差额，贷记"应缴财政款"（按照规定应上缴无形资产转让净收入的）或"其他收入"（按照规定将无形资产转让收入纳入高等学校预算管理的）科目。

（2）报经批准对外捐赠无形资产，按照无形资产已计提的摊销，借记"无形资产累计摊销"科目，按照被处置无形资产账面余额，贷记本科目，按照捐赠过程中发生的归属于捐出方的相关费用，贷记"银行存款"等科目，按照其差额，借记"资产处置费用"科目。

（3）报经批准无偿调出无形资产，按照无形资产已计提的摊销，借记"无形资产累计摊销"科目，按照被处置无形资产账面余额，贷记本科目，按照其差额，借记"无偿调拨净资产"科目；同时，按照无偿调出过程中发生的归属于调出方的相关费用，借记"资产处置费用"科目，贷记"银行存款"等科目。

（4）报经批准置换出无形资产，参照"库存物品"科目中置换换入库存物品的规定进行账务处理。

（5）无形资产预期不能为高等学校带来服务潜力或经济利益，按照规定报经批准核销时，按照待核销无形资产的账面价值，借记"资产处置费用"科目，按照已计提摊销，借记"无形资产累计摊销"科目，按照无形资产的账面余额，贷记本科目。

无形资产处置时涉及增值税业务的，相关账务处理参见"应交增值税"科目。

### 三、无形资产科目案例解析

【例 2-104】2023 年 7 月 1 日，贵州 ZYJS 大学商业贸易学院通过政府采购方式从贵州公司购买一套会计实训软件，价款 500 000 元，款项通过国库集中支付系统使用财政专项资金进行支付。账务处理如下：

财务会计：

借：无形资产——专利技术  500 000

  贷：零余额账户用款额度  500 000

预算会计：

借：事业支出——教育支出——财政拨款支出——项目支出——高等教育——资本性支出——无形资产购置  500 000

  贷：资金结存——零余额账户用款额度  500 000

【例 2-105】2022 年 3 月 1 日，贵州 ZYJS 大学财务处使用财政专项资金委托贵州公司结合学校实际情况开发一款适用于本校的财务网络报销系统。合同规定，开发费用合计 1 000 000 元，开发期为 6 个月，合同金额的 5% 为质保金，验收合格之日起一年后支付。2022 年 5 月 1 日预付开发费用 300 000 元；2022 年 8 月 1 日，通过试运行验收合格，支付开发费用 650 000 元；质保期满无质量问题，2023 年 8 月 5 日支付质保金 50 000 元。账务处理如下：

财务会计：

（1）2022 年 5 月 1 日预付开发费用 300 000 元。

借：预付账款——贵州公司  300 000

  贷：零余额账户用款额度  300 000

预算会计：

借：事业支出——行政支出——财政拨款支出——项目支出——高等教育——资本性支出——无形资产购置  300 000

贷：资金结存——零余额账户用款额度　　　　　　　　　　　300 000

（2）2022 年 5 月 1 日，通过试运行验收合格，支付开发费用 650 000 元。

借：无形资产　　　　　　　　　　　　　　　　　　　1 000 000

　　贷：预付账款——贵州公司　　　　　　　　　　　　　　　300 000

　　　　零余额账户用款额度　　　　　　　　　　　　　　　　650 000

　　　　其他应付款——贵州公司　　　　　　　　　　　　　　　50 000

预算会计：

借：事业支出——行政支出——财政拨款支出——项目支出——高等教育——
资本性支出——无形资产购置　　　　　　　　　　　　　650 000

　　贷：资金结存——零余额账户用款额度　　　　　　　　　　　650 000

（3）2023 年 8 月 5 日支付质保金 50 000 元。

借：其他应付款——贵州公司　　　　　　　　　　　　　　50 000

　　贷：零余额账户用款额度　　　　　　　　　　　　　　　　50 000

预算会计：

借：事业支出——行政支出——财政拨款支出——项目支出——高等教育——
资本性支出——无形资产购置　　　　　　　　　　　　　50 000

　　贷：资金结存——零余额账户用款额度　　　　　　　　　　　50 000

　　【例 2-106】2023 年 7 月，贵州 ZYJS 大学网络中心利用自有资源自行开发办公
自动化信息系统，开发成功后由学校申请著作权。开发期间发生开发费用共计
80 000 元，经过测试，该信息系统达到预期效果。账务处理如下：

财务会计：

借：无形资产——办公信息系统　　　　　　　　　　　　80 000

　　贷：研发支出——开发支出　　　　　　　　　　　　　　　80 000

预算会计不做账务处理。

　　【例 2-107】2023 年 7 月 1 日，贵州 ZYJS 大学信息工程学院计算机教研室自行
开发一项技术，并申请专利。专利取得前发生的研发专用材料费 300 000 元，于
2023 年 7 月 25 日通过财政授权支付。2023 年 7 月 30 日取得专利，按照法律程序申
请专利时发生的注册费等费用 200 000 元，款项通过财政授权支付。账务处理如下：

（1）2023 年 7 月 25 日通过财政授权支付专利取得前发生的研发费用 300 000 元。

财务会计：

借：研发支出——开发支出　　　　　　　　　　　　　　300 000

　　贷：零余额账户用款额度　　　　　　　　　　　　　　　300 000

预算会计：

借：事业支出——科研支出——财政拨款支出——项目支出——高等教育——
专用材料　　　　　　　　　　　　　　　　　　　　200 000

　　贷：资金结存——零余额账户用款额度　　　　　　　　　　200 000

（2）2023 年 9 月 30 日取得专利，按照法律程序申请专利时发生的注册费等费用 200 000 元。

财务会计：

借：无形资产——专利权                    500 000

    贷：研发支出——开发支出             200 000

       零余额账户用款额度             300 000

预算会计：

借：事业支出——科研支出——财政拨款支出——项目支出——高等教育——
其他资本性支出                       200 000

    贷：资金结存——零余额账户用款额度    200 000

【例 2-108】2023 年 7 月 1 日，贵州 ZYJS 大学办公室接受校友捐赠的一项专利，价值 500 000 元。学校通过基本账户支付相关费用 5 000 元。账务处理如下：

财务会计：

借：无形资产——专利权                    505 000

    贷：捐赠收入                    500 000

       银行存款——学校存款              5 000

预算会计：

借：其他支出——其他资金支出——捐赠税费支出    5 000

    贷：资金结存——货币资金             5 000

【例 2-109】2023 年 7 月 1 日，贵州 ZYJS 大学接受省教育厅无偿调入旅游专业实习实训软件一套，软件价值 200 000 元，发生相关费用 5 000 元，款项通过学校基本账户支付。账务处理如下：

财务会计：

借：无形资产——实习实训软件           205 000

    贷：无偿调拨净资产               200 000

       银行存款——学校存款              5 000

预算会计：

借：其他支出——其他资金支出——捐赠税费支出    5 000

    贷：资金结存——货币资金             5 000

【例 2-110】2023 年 8 月 1 日，贵州 ZYJS 大学财务处因为财务核算工作需要，对现有财务软件增加网上报销模块，经与原来软件公司对接，通过财政授权支付网报模块费用 150 000 元。账务处理如下：

财务会计：

借：无形资产——非专利技术             150 000

    贷：零余额账户用款额度            150 000

预算会计：

借：事业支出——行政管理支出——财政拨款支出——项目支出——高等
　　教育——资本性支出——无形资产购置　　　　　　　　　150 000
　　贷：资金结存——零余额账户用款额度　　　　　　　　　　150 000

【例2-111】2023年8月1日，贵州ZYJS大学财务处支付财务软件维护商2022年财务软件维护费5 000元，通过财政授权支付。账务处理如下：

财务会计：

借：单位管理费用——行政管理费用——商品和服务费用　　　5 000
　　贷：零余额账户用款额度　　　　　　　　　　　　　　　　5 000

预算会计：

借：事业支出——教育支出——财政拨款支出——基本支出——高等教育——
　　商品和服务支出——维护费　　　　　　　　　　　　　5 000
　　贷：资金结存——零余额账户用款额度　　　　　　　　　　5 000

## 第二十六节　无形资产累计摊销

### 一、无形资产累计摊销科目简介

无形资产累计摊销是指在无形资产使用的年限内，按照确定的方法对应摊销金额进行系统分摊。无形资产累计摊销科目核算高等学校对使用年限有限的无形资产计提的累计摊销，按照所对应无形资产的明细分类进行明细核算。期末贷方余额反映高等学校计提的无形资产摊销累计数。

### 二、无形资产累计摊销科目账务处理

（1）按月对无形资产进行摊销时，按照应摊销金额，借记"业务活动费用""单位管理费用""加工物品""在建工程"等科目，贷记本科目。

（2）经批准处置无形资产时，按照所处置无形资产的账面价值，借记"资产处置费用""无偿调拨净资产""待处理财产损溢"等科目，按照已计提摊销，借记本科目，按照无形资产的账面余额，贷记"无形资产"科目。

### 三、无形资产累计摊销科目案例解析

【例2-112】2023年6月1日，贵州ZYJS大学科研处按照学校意见用自有资金购置了一套科研管理系统软件；2022年7月1日，支付软件款120 000元，预计使用5年，每月摊销金额2 000元。账务处理如下：

（1）2023年6月1日，支付软件款120 000元。

财务会计：

借：无形资产——非专利技术 120 000

    贷：银行存款——学校存款 120 000

预算会计：

借：事业支出——科研支出——其他资金支出——高等教育——资本性支出——

    无形资产购置 120 000

    贷：资金结存——货币资金 120 000

（2）2023 年 6 月 30 日，对科研系统进行摊销 2 000 元。

财务会计：

借：业务活动费——科研费用——无形资产摊销 2 000

    贷：无形资产累计摊销 2 000

预算会计不做账务处理。

# 第二十七节　研发支出

## 一、研发支出科目简介

研发支出是指高等学校自行研究开发项目研究阶段和开发阶段发生的各项支出。建设项目中的软件研发支出，应当通过"在建工程"科目核算，不通过本科目核算；应当按照自行研究开发项目，分"研究支出""开发支出"进行明细核算。期末借方余额反映高等学校预计能达到预定用途的研究开发项目在开发阶段发生的累计支出数。

## 二、研发支出科目账务处理

（1）自行研究开发项目研究阶段的支出，应当先在本科目归集。按照从事研究及其辅助活动人员计提的薪酬，研究活动领用的库存物品，发生的与研究活动相关的管理费、间接费和其他各项费用，借记本科目（研究支出），贷记"应付职工薪酬""库存物品""财政拨款收入""零余额账户用款额度""固定资产累计折旧""银行存款"等科目。

期（月）末，应当将本科目归集的研究阶段的支出金额转入当期费用，借记"业务活动费用"等科目，贷记本科目（研究支出）。

（2）自行研究开发项目开发阶段的支出，先通过本科目进行归集。按照从事开发及其辅助活动人员计提的薪酬，开发活动领用的库存物品，发生的与开发活动相关的管理费、间接费和其他各项费用，借记本科目（开发支出），贷记"应付职工薪酬""库存物品""财政拨款收入""零余额账户用款额度""固定资产累计折旧""银行存款"等科目。自行研究开发项目完成，达到预定用途形成无形资产的，按照本科目归集的开发阶段的支出金额，借记"无形资产"科目，贷记本科目（开发支出）。

高等学校应于每年年度终了评估研究开发项目是否能达到预定用途，如预计不能达到预定用途（如无法最终完成开发项目并形成无形资产的），应当将已发生的开发支出金额全部转入当期费用，借记"业务活动费用"等科目，贷记本科目（开发支出）。

自行研究开发项目时涉及增值税业务的，相关账务处理参见"应交增值税"科目。

### 三、研发支出科目案例解析

【例2-113】2021年9月1日，贵州 ZYJS 大学批准信息工程学院计算机教研室利用财政专项资金研发一项专利技术。2021年在研究阶段，研发项目发生专用材料费 100 000 元，人员基本工资 50 000 元，款项于 2021 年 12 月 5 日通过财政授权支付。2022 年 1 月进入开发阶段，项目在技术上已经具有可行性，2022 年 6 月 30 日，发生专用材料 200 000 元，人员经费 100 000 元，相关设备折旧费 50 000 元，款项于 2022 年 12 月 1 日通过财政授权支付。2022 年 12 月 31 日，项目研发成功，专利技术达到预定用途。账务处理如下：

（1）2021 年 12 月 5 日，通过财政授权支付研发项目发生专用材料费 100 000 元。

财务会计：

借：研发支出——研究支出       100 000
  贷：零余额账户用款额度      100 000

预算会计：

借：事业支出——科研支出——财政拨款支出——项目支出——高等教育
 支出——商品和服务支出——专用材料费  100 000
  贷：资金结存——零余额账户用款额度  100 000

（2）2021 年 12 月 5 日通过财政授权支付研发项目发生人员基本工资 50 000 元。

财务会计：

借：研发支出——研究支出       50 000
  贷：应付职工薪酬——基本工资    50 000
借：应付职工薪酬——基本工资     50 000
  贷：零余额账户用款额度      50 000

预算会计：

借：事业支出——科研支出——财政拨款支出——项目支出——高等教育
 支出——工资福利支出——基本工资  50 000
  贷：资金结存——零余额账户用款额度  50 000

（3）2021 年 12 月 31 日，结转研发支出。

借：业务活动费——科研经费——商品和服务支出　　　　　　100 000

　　业务活动费——科研经费——工资福利支出　　　　　　　50 000

　　　贷：研发支出——研究支出　　　　　　　　　　　　　　　　150 000

预算会计不做账务处理。

（4）2022 年 6 月 30 日，发生专用材料 200 000 元。

财务会计：

借：研发支出——开发支出　　　　　　　　　　　　　　　　200 000

　　　贷：零余额账户用款额度　　　　　　　　　　　　　　　　　200 000

预算会计：

借：事业支出——科研支出——财政拨款支出——项目支出——高等教育

支出——商品和服务支出——专用材料费　　　　　　　　　200 000

　　　贷：资金结存——零余额账户用款额度　　　　　　　　　　　200 000

（5）2022 年 6 月 30 日，发生人员经费 100 000 元。

财务会计：

借：研发支出——开发支出　　　　　　　　　　　　　　　　100 000

　　　贷：应付职工薪酬——基本工资　　　　　　　　　　　　　　100 000

借：应付职工薪酬——基本工资　　　　　　　　　　　　　　100 000

　　　贷：零余额账户用款额度　　　　　　　　　　　　　　　　　100 000

预算会计：

借：事业支出——科研支出——财政拨款支出——项目支出——高等教育

支出——工资福利支出——基本工资　　　　　　　　　　　100 000

　　　贷：资金结存——零余额账户用款额度　　　　　　　　　　　100 000

（6）2022 年 6 月 30 日，发生相关设备折旧费 50 000 元。

财务会计：

借：研发支出——开发支出　　　　　　　　　　　　　　　　　50 000

　　　贷：固定资产累计折旧　　　　　　　　　　　　　　　　　　　50 000

预算会计不做账务处理。

（7）2022 年 12 月 31 日，结转开发支出。

借：无形资产——专利技术　　　　　　　　　　　　　　　　350 000

　　　贷：研发支出——开发支出　　　　　　　　　　　　　　　　350 000

预算会计不做账务处理。

## 第二十八节 公共基础设施

### 一、公共基础设施科目简介

公共基础设施是指高等学校控制的一些公共基础设施。公共基础设施科目应当按照公共基础设施的类别、项目等进行明细核算，应当根据行业主管部门对公共基础设施的分类规定，制定适合于高等学校管理的公共基础设施目录、分类方法，作为进行公共基础设施核算的依据。期末借方余额反映公共基础设施的原值。

### 二、公共基础设施科目账务处理

（一）公共基础设施在取得时，应当按照其成本入账

（1）自行建造的公共基础设施完工交付使用时，按照在建工程的成本，借记本科目，贷记"在建工程"科目。已交付使用但尚未办理竣工决算手续的公共基础设施，按照估计价值入账，待办理竣工决算后再按照实际成本调整原来的暂估价值。

（2）接受其他单位无偿调入的公共基础设施，按照确定的成本，借记本科目，按照发生的归属于调入方的相关费用，贷记"财政拨款收入""零余额账户用款额度""银行存款"等科目，按照其差额，贷记"无偿调拨净资产"科目。

无偿调入的公共基础设施成本无法可靠取得的，按照发生的相关税费、运输费等金额，借记"其他费用"科目，贷记"财政拨款收入""零余额账户用款额度""银行存款"等科目。

（3）接受捐赠的公共基础设施，按照确定的成本，借记本科目，按照发生的相关费用，贷记"财政拨款收入""零余额账户用款额度""银行存款"等科目，按照其差额，贷记"捐赠收入"科目。

接受捐赠的公共基础设施成本无法可靠取得的，按照发生的相关税费等金额，借记"其他费用"科目，贷记"财政拨款收入""零余额账户用款额度""银行存款"等科目。

（4）外购的公共基础设施，按照确定的成本，借记本科目，贷记"财政拨款收入""零余额账户用款额度""银行存款"等科目。

（5）对于成本无法可靠取得的公共基础设施，高等学校应当设置备查簿进行登记，待成本能够可靠确定后按照规定及时入账。

（二）与公共基础设施有关的后续支出

（1）将公共基础设施转入改建、扩建时，按照公共基础设施的账面价值，借记"在建工程"科目，按照公共基础设施已计提折旧，借记"公共基础设施累计折旧（摊销）"科目，按照公共基础设施的账面余额，贷记本科目。

（2）为增加公共基础设施使用效能或延长其使用年限而发生的改建、扩建等后续支出，借记"在建工程"科目，贷记"财政拨款收入""零余额账户用款额度""银行存款"等科目。

（3）公共基础设施改建、扩建完成，竣工验收交付使用时，按照在建工程成本，借记本科目，贷记"在建工程"科目。

（4）为保证公共基础设施正常使用发生的日常维修等支出，借记"业务活动费用""单位管理费用"等科目，贷记"财政拨款收入""零余额账户用款额度""银行存款"等科目。

（三）按照规定报经批准处置公共基础设施，分以下情况处理

（1）报经批准对外捐赠公共基础设施，按照公共基础设施已计提的折旧或摊销，借记"公共基础设施累计折旧（摊销）"科目，按照被处置公共基础设施账面余额，贷记本科目，按照捐赠过程中发生的归属于捐出方的相关费用，贷记"银行存款"等科目，按照其差额，借记"资产处置费用"科目。

（2）报经批准无偿调出公共基础设施，按照公共基础设施已计提的折旧或摊销，借记"公共基础设施累计折旧（摊销）"科目，按照被处置公共基础设施账面余额，贷记本科目，按照其差额，借记"无偿调拨净资产"科目；同时，按照无偿调出过程中发生的归属于调出方的相关费用，借记"资产处置费用"科目，贷记"银行存款"等科目。

（四）高等学校应当定期对公共基础设施进行清查盘点

对于发生的公共基础设施盘盈、盘亏、毁损或报废，应当先记入"待处理财产损溢"科目，按照规定报经批准后及时进行后续账务处理。

（1）盘盈的公共基础设施，其成本按照有关凭据注明的金额确定；没有相关凭据、但按照规定经过资产评估的，其成本按照评估价值确定；没有相关凭据、也未经过评估的，其成本按照重置成本确定。盘盈的公共基础设施成本无法可靠取得的，高等学校应当设置备查簿进行登记，待成本确定后按照规定及时入账。

盘盈的公共基础设施，按照确定的入账成本，借记本科目，贷记"待处理财产损溢"科目。

（2）盘亏、毁损或报废的公共基础设施，按照待处置公共基础设施的账面价值，借记"待处理财产损溢"科目，按照已计提折旧或摊销，借记"公共基础设施累计折旧（摊销）"科目，按照公共基础设施的账面余额，贷记本科目。

### 三、公共基础设施科目案例解析

【例2-114】贵州ZYJS大学根据市政规划自行建造市民广场。该项公共基础设施至交付使用前所发生的全部必要支出为3 000 000元。账务处理如下：

财务会计：

借：公共基础设施             3 000 000

　　　　贷：在建工程　　　　　　　　　　　　　　　　　　3 000 000
预算会计不做账务处理。

　　【例2-115】贵州 ZYJS 大学接受上级无偿调入的健身设施。经评估，该项公共
基础设施的价值为 200 000 元，该学校支付安装费 10 000 元。账务处理如下：
　　财务会计：
　　借：公共基础设施　　　　　　　　　　　　　　　　210 000
　　　　贷：无偿调拨净资产　　　　　　　　　　　　　　　200 000
　　　　　　银行存款——学校存款　　　　　　　　　　　　 10 000
　　预算会计：
　　借：其他支出——其他资金支出——其他　　　　　　 10 000
　　　　贷：资金结存——货币资金　　　　　　　　　　　　 10 000

　　【例2-116】贵州 ZYJS 大学外购一批防灾设施，支付款项 100 000 元，支付运
费等相关支出 2 000 元，使用财政授权支付方式进行支付。账务处理如下：
　　财务会计：
　　借：公共基础设施　　　　　　　　　　　　　　　　102 000
　　　　贷：零余额账户用款额度　　　　　　　　　　　　　102 000
　　预算会计：
　　借：事业支出——教育支出——财政拨款支出——项目支出——高等教育——
　　　　商品和服务支出——基础设施建设　　　　　　　　102 000
　　　　贷：资金结存——零余额账户用款额度　　　　　　　102 000

　　【例2-117】贵州 ZYJS 大学为延长市民广场的使用年限对其进行改扩建。改扩
建前，该市民广场账面价值 1 000 000 元，计提累计折旧 200 000 元。改扩建过程
中，该学校为该市民广场发生的后续支出共 200 000 元，使用财政授权支付方式进
行支付。账务处理如下：
　　财务会计：
　　借：在建工程　　　　　　　　　　　　　　　　　　800 000
　　　　公共基础设施累计折旧　　　　　　　　　　　　200 000
　　　　贷：公共基础设施　　　　　　　　　　　　　　 1 000 000
　　借：在建工程　　　　　　　　　　　　　　　　　　200 000
　　　　贷：零余额账户用款额度　　　　　　　　　　　　　200 000
　　预算会计：
　　借：事业支出——教育支出——财政拨款支出——项目支出——高等教育——
　　　　商品和服务支出——基础设施建设　　　　　　　　200 000
　　　　贷：资金结存——零余额账户用款额度　　　　　　　200 000

　　【例2-118】贵州 ZYJS 大学对其所管理的市民广场进行了日常维护，发生日常
维护支出共 100 000 元，使用财政授权支付方式进行支付。账务处理如下：

财务会计：

借：业务活动费用——教育费用——商品和服务费用　　　　　　100 000

　　贷：零余额账户用款额度　　　　　　　　　　　　　　　　　　100 000

预算会计：

借：事业支出——教育支出——财政拨款支出——项目支出——高等教育——

　　商品和服务支出——大型修缮　　　　　　　　　　　　　　100 000

　　贷：资金结存——零余额账户用款额度　　　　　　　　　　　　100 000

## 第二十九节　公共基础设施累计折旧（摊销）

### 一、公共基础设施累计折旧（摊销）科目简介

公共基础设施累计折旧（摊销）是指高等学校计提的公共基础设施累计折旧和累计摊销。公共基础设施累计折旧（摊销）科目应当按照所对应公共基础设施的明细分类进行明细核算。期末贷方余额反映高等学校提取的公共基础设施折旧和摊销的累计数。

### 二、公共基础设施累计折旧（摊销）账务处理

（1）按月计提公共基础设施折旧时，按照应计提的折旧额，借记"业务活动费用"科目，贷记本科目。

（2）按月对确认为公共基础设施的单独计价入账的土地使用权进行摊销时，按照应计提的摊销额，借记"业务活动费用"科目，贷记本科目。

（3）处置公共基础设施时，按照所处置公共基础设施的账面价值，借记"资产处置费用""无偿调拨净资产""待处理财产损溢"等科目，按照已提取的折旧和摊销，借记本科目，按照公共基础设施账面余额，贷记"公共基础设施"科目。

### 三、公共基础设施累计折旧（摊销）案例解析

【例 2-119】2023 年 4 月，贵州 ZYJS 大学对其所管理的市民广场应该计提的折旧费 100 000 元做如下账务处理：

财务会计：

借：单位管理费用——后勤保障费用——商品和服务费用　　　　100 000

　　贷：公共基础设施累计折旧　　　　　　　　　　　　　　　　100 000

预算会计不做账务处理。

【例 2-120】贵州 ZYJS 大学管理的市民广场因洪灾而毁损，其原价为 3 000 000 元，已计提折旧 1 000 000 元。账务处理如下：

财务会计：

借：待处理财产损溢                                      2 000 000

    公共基础设施累计折旧                           1 000 000

      贷：公共基础设施                            3 000 000

预算会计不做账务处理。

【例 2-121】贵州 ZYJS 大学对外捐赠公共基础设施，该设施账面余额 100 000 元，已计提折旧 30 000 元。该学校支付运输费 3 000 元。账务处理如下：

财务会计：

借：资产处置费用                                     73 000

    公共基础设施累计折旧                           30 000

      贷：公共基础设施                           100 000

          银行存款——学校存款                  3 000

预算会计：

借：其他支出——其他资金支出——其他           3 000

      贷：资金结存——货币资金                 3 000

# 第三十节　政府储备物资

## 一、政府储备物资科目简介

政府储备物资是指高等学校控制的政府储备物资的成本。对政府储备物资不负有行政管理职责但接受委托具体负责执行其存储保管等工作的高等学校，其受托代储的政府储备物资应当通过"受托代理资产"科目核算，不通过本科目核算。

政府储备物资科目应当按照政府储备物资的种类、品种、存放地点等进行明细核算。高等学校根据需要，可在本科目下设置"在库""发出"等明细科目进行明细核算。期末借方余额反映政府储备物资的成本。

## 二、政府储备物资科目账务处理

（一）政府储备物资取得时，应当按照其成本入账

（1）购入的政府储备物资验收入库，按照确定的成本，借记本科目，贷记"财政拨款收入""零余额账户用款额度""银行存款"等科目。涉及委托加工政府储备物资业务的，相关账务处理参照"加工物品"科目。

（2）接受捐赠的政府储备物资验收入库，按照确定的成本，借记本科目，按照高等学校承担的相关税费、运输费等，贷记"零余额账户用款额度""银行存款"等科目，按照其差额，贷记"捐赠收入"科目。

（3）接受无偿调入的政府储备物资验收入库，按照确定的成本，借记本科目，按照高等学校承担的相关税费、运输费等，贷记"零余额账户用款额度""银行存款"等科目，按照其差额，贷记"无偿调拨净资产"科目。

（二）政府储备物资发出时，按以下情况处理

（1）因动用而发出无须收回的政府储备物资的，按照发出物资的账面余额，借记"业务活动费用"科目，贷记本科目。

（2）因动用而发出需要收回或者预期可能收回的政府储备物资的，在发出物资时，按照发出物资的账面余额，借记本科目（发出），贷记本科目（在库），按照规定的质量验收标准收回物资时，按照收回物资原账面余额，借记本科目（在库），按照未收回物资的原账面余额，借记"业务活动费用"科目，按照物资发出时登记在本科目所属"发出"明细科目中的余额，贷记本科目（发出）。

（3）因行政管理主体变动等而将政府储备物资调拨给其他主体的，按照无偿调出政府储备物资的账面余额，借记"无偿调拨净资产"科目，贷记本科目。

（4）对外销售政府储备物资并将销售收入纳入单位预算统一管理的，发出物资时，按照发出物资的账面余额，借记"业务活动费用"科目，贷记本科目；实现销售收入时，按照确认的收入金额，借记"银行存款""应收账款"等科目，贷记"事业收入"等科目。

对外销售政府储备物资并按照规定将销售净收入上缴财政的，发出物资时，按照发出物资的账面余额，借记"资产处置费用"科目，贷记本科目。

取得销售价款时，按照实际收到的款项金额，借记"银行存款"等科目，按照发生的相关税费，贷记"银行存款"等科目，按照销售价款大于所承担的相关税费后的差额，贷记"应缴财政款"科目。

（三）高等学校应当定期对政府储备物资进行清查盘点，每年至少盘点一次

对于发生的政府储备物资盘盈、盘亏或者报废、毁损，应当先记入"待处理财产损溢"科目，按照规定报经批准后及时进行后续账务处理。

（1）盘盈的政府储备物资，按照确定的入账成本，借记本科目，贷记"待处理财产损溢"科目。

（2）盘亏或者毁损、报废的政府储备物资，按照待处理政府储备物资的账面余额，借记"待处理财产损溢"科目，贷记本科目。

### 三、政府储备物资科目案例解析

【例 2-122】贵州 ZYJS 大学购入一批用于抗震救灾的政府储备物资，价款 5 000 000 元，相关税费 850 000 元，运费保险费共计 20 000 元，使用财政授权支付方式进行结算，购入的政府储备物资验收入库。账务处理如下：

财务会计：

借：政府储备物资　　　　　　　　　　　　　　　　　　　5 870 000

贷：零余额账户用款额度    5 870 000

预算会计：

借：事业支出——教育支出——财政拨款支出——项目支出——高等教育——
商品和服务支出——物资储备    5 870 000

    贷：资金结存——零余额账户用款额度    5 870 000

【例2-123】贵州 ZYJS 大学接受一批用于抗震救灾的政府储备物资的捐赠，价款 2 000 000 元，支付运输费用 5 000 元，物资验收入库。账务处理如下：

财务会计：

借：政府储备物资    2 005 000

    贷：捐赠收入    2 000 000

        银行存款——学校存款    5 000

预算会计：

借：事业支出——教育支出——财政拨款支出——项目支出——高等教育——
商品和服务支出——物资储备    5 000

    贷：资金结存——货币资金    5 000

【例2-124】贵州 ZYJS 大学经批准将 2 005 000 元政府储备物资向灾区捐赠，运输费用 2 000 元。账务处理如下：

财务会计：

借：资产处置费用    2 007 000

    贷：政府储备物资    2 005 000

        银行存款——学校存款    2 000

预算会计：

借：事业支出——教育支出——财政拨款支出——项目支出——高等教育——
商品和服务支出——物资储备    2 000

    贷：资金结存——货币资金    2 000

【例2-125】贵州 ZYJS 大学由于洪灾而损毁政府储备物资 2 005 000 元。在报经批准后，学校将该批物资予以核销。账务处理如下：

财务会计：

借：待处理财产损溢    2 005 000

    贷：政府储备物资    2 005 000

预算会计不做账务处理。

## 第三十一节　文物文化资产

### 一、文物文化资产科目简介

文物文化资产是指高等学校为满足社会公共需求而控制的文物文化资产的成本。高等学校为满足自身开展业务活动或其他活动需要而控制的文物和陈列品，应当通过"固定资产"科目核算，不通过"文物文化资产"科目核算。"文物文化资产"科目应当按照文物文化资产的类别、项目等进行明细核算，期末借方余额反映文物文化资产的成本。

### 二、文物文化资产科目账务处理

（一）文物文化资产在取得时，应当按照其成本入账

（1）外购的文物文化资产，其成本包括购买价款、相关税费以及可归属于该项资产达到预定用途前所发生的其他支出（如运输费、安装费、装卸费等）。

外购的文物文化资产，按照确定的成本，借记本科目，贷记"财政拨款收入""零余额账户用款额度""银行存款"等科目。

（2）接受其他单位无偿调入的文物文化资产，其成本按照该项资产在调出方的账面价值加上归属于调入方的相关费用确定。

调入的文物文化资产，按照确定的成本，借记本科目，按照发生的归属于调入方的相关费用，贷记"零余额账户用款额度""银行存款"等科目，按照其差额，贷记"无偿调拨净资产"科目。

无偿调入的文物文化资产成本无法可靠取得的，按照发生的归属于调入方的相关费用，借记"其他费用"科目，贷记"零余额账户用款额度""银行存款"等科目。

（3）接受捐赠的文物文化资产，其成本按照有关凭据注明的金额加上相关费用确定；没有相关凭据可供取得，但按照规定经过资产评估的，其成本按照评估价值加上相关费用确定；没有相关凭据可供取得、也未经评估的，其成本比照同类或类似资产的市场价格加上相关费用确定。

接受捐赠的文物文化资产，按照确定的成本，借记本科目，按照发生的相关税费、运输费等金额，贷记"零余额账户用款额度""银行存款"等科目，按照其差额，贷记"捐赠收入"科目。

接受捐赠的文物文化资产成本无法可靠取得的，按照发生的相关税费、运输费等金额，借记"其他费用"科目，贷记"零余额账户用款额度""银行存款"等科目。

（4）对于成本无法可靠取得的文物文化资产，高等学校应当设置备查簿进行登记，待成本能够可靠确定后按照规定及时入账。

（二）与文物文化资产有关的后续支出

此部分内容参照"公共基础设施"科目相关规定进行处理。

（三）按照规定报经批准处置文物文化资产，应当分别按以下情况处理

（1）报经批准对外捐赠文物文化资产，按照被处置文物文化资产账面余额和捐赠过程中发生的归属于捐出方的相关费用合计数，借记"资产处置费用"科目，按照被处置文物文化资产账面余额，贷记本科目，按照捐赠过程中发生的归属于捐出方的相关费用，贷记"银行存款"等科目。

（2）报经批准无偿调出文物文化资产，按照被处置文物文化资产账面余额，借记"无偿调拨净资产"科目，贷记本科目；同时，按照无偿调出过程中发生的归属于调出方的相关费用，借记"资产处置费用"科目，贷记"银行存款"等科目。

（四）高等学校应当定期对文物文化资产进行清查盘点，每年至少盘点一次

对于发生的文物文化资产盘盈、盘亏、毁损或报废等，参照"公共基础设施"科目相关规定进行账务处理。

### 三、文物文化资产科目案例解析

【例 2-126】贵州 ZYJS 大学用事业经费购入一批文物文化资产，买价为 10 000元，运杂费 1 000 元，有关款项均已通过银行支付。账务处理如下：

财务会计：

借：文物文化资产     11 000

    贷：银行存款——学校存款     11 000

预算会计：

借：事业支出——教育支出——财政拨款支出——项目支出——高等教育——资本性支出——文物陈列品购置     11 000

    贷：资金结存——货币资金     11 000

【例 2-127】贵州 ZYJS 大学接受无偿调入的文物文化资产的价值为 70 000 元，期间发生的运输费 900 元。账务处理如下：

财务会计：

借：无偿调拨净资产     70 000

    贷：文物文化资产     70 000

借：资产处置使用     900

    贷：银行存款——学校存款     900

预算会计：

借：其他支出——其他资金支出——其他     900

    贷：资金结存——货币资金     900

【例2-128】贵州 ZYJS 大学接受社会捐赠的文物文化资产的价值为 50 000 元，发生的运检费 800 元。账务处理如下：

财务会计：

借：文物文化资产　　　　　　　　　　　　　　　　　　　　50 800

　　贷：捐赠收入　　　　　　　　　　　　　　　　　　　　　　　50 000

　　　　银行存款——学校存款　　　　　　　　　　　　　　　　　　 800

预算会计：

借：其他支出——其他资金支出——其他　　　　　　　　　　　　800

　　贷：资金结存——货币资金　　　　　　　　　　　　　　　　　　 800

【例2-129】经批准，贵州 ZYJS 大学无偿调出内部的一项文物文化资产，该资产的原值为 100 000 元。账务处理如下：

借：无偿调拨净资产　　　　　　　　　　　　　　　　　　　100 000

　　贷：文物文化资产　　　　　　　　　　　　　　　　　　　　　100 000

预算会计不做账务处理。

【例2-130】贵州 ZYJS 大学于 2022 年年底对学校的文物文化资产进行盘点，发现价值 3 000 元的文物文化资产被毁损。账务处理如下：

财务会计：

借：待处理资产损溢　　　　　　　　　　　　　　　　　　　　3 000

　　贷：文物文化资产　　　　　　　　　　　　　　　　　　　　　3 000

预算会计不做账务处理。


# 第三十二节　保障性住房


## 一、保障性住房科目简介

保障性住房是指高等学校为满足社会公共需求而控制的住房。保障性住房科目应当按照保障性住房的类别、项目等进行明细核算，期末借方余额反映保障性住房的原值。高等学校应当定期对保障性住房进行清查盘点。对于发生的保障性住房盘盈、盘亏、毁损或报废等，参照"固定资产"科目相关规定进行账务处理。


## 二、保障性住房科目账务处理

（一）保障性住房在取得时，应当按其成本入账

（1）外购的保障性住房，其成本包括购买价款、相关税费以及可归属于该项资产达到预定用途前所发生的其他支出。

外购的保障性住房，按照确定的成本，借记本科目，贷记"财政拨款收入"

"零余额账户用款额度""银行存款"等科目。

（2）自行建造的保障性住房交付使用时，按照在建工程成本，借记本科目，贷记"在建工程"科目。已交付使用但尚未办理竣工决算手续的保障性住房，按照估计价值入账，待办理竣工决算后再按照实际成本调整原来的暂估价值。

（3）接受其他单位无偿调入的保障性住房，其成本按照该项资产在调出方的账面价值加上归属于调入方的相关费用确定。

无偿调入的保障性住房，按照确定的成本，借记本科目，按照发生的归属于调入方的相关费用，贷记"零余额账户用款额度""银行存款"等科目，按照其差额，贷记"无偿调拨净资产"科目。

接受捐赠、融资租赁取得的保障性住房，参照"固定资产"科目相关规定进行处理。

（二）与保障性住房有关的后续支出

此部分内容参照"固定资产"科目相关规定进行处理。

（三）出租保障性住房并将出租收入上缴同级财政

按照规定出租保障性住房并将出租收入上缴同级财政，按照收取租金金额，借"银行存款"等科目，贷记"应缴财政款"科目。

（四）按照规定报经批准处置保障性住房，应当分别按以下情况处理

（1）报经批准无偿调出保障性住房，按照保障性住房已计提的折旧，借记"保障性住房累计折旧"科目，按照被处置保障性住房账面余额，贷记本科目，按照其差额，借记"无偿调拨净资产"科目；同时，按照无偿调出过程中发生的归属于调出方的相关费用，借记"资产处置费用"科目，贷记"银行存款"等科目。

（2）报经批准出售保障性住房，按照被出售保障性住房的账面价值，借记"资产处置费用"科目，按照保障性住房已计提的折旧，借记"保障性住房累计折旧"科目，按照保障性住房账面余额，贷记本科目；同时，按照收到的价款，借记"银行存款"等科目，按照出售过程中发生的相关费用，贷记"银行存款"等科目，按照其差额，贷记"应缴财政款"科目。

### 三、保障性住房科目案例解析

【例 2-131】2023 年 4 月 25 日，贵州 ZYJS 大学外购一批保障性住房，支付价款 2 000 000 元，使用财政授权支付方式进行结算。账务处理如下：

财务会计：

借：保障性住房    2 000 000

    贷：零余额账户用款额度    2 000 000

预算会计：

借：事业支出——教育支出——财政拨款支出——项目支出——高等教育——

    资本性支出——房屋建筑物构建    2 000 000

贷：资金结存——零余额账户用款额度　　　　　　　　　2 000 000

【例2-132】2023年7月13日，贵州ZYJS大学自行建造的保障性住房工程完工并交付使用，前期投入工程价款3 000 000元。账务处理如下：

财务会计：

借：保障性住房　　　　　　　　　　　　　　　　　　　3 000 000

　　贷：在建工程——建筑安装工程投资　　　　　　　　3 000 000

预算会计不做账务处理。

【例2-133】2022年5月30日，贵州ZYJS大学接受无偿调入的保障性住房10套，价值4 000 000元。为此，该学校支付相关费用20 000元。账务处理如下：

财务会计：

借：保障性住房　　　　　　　　　　　　　　　　　　　4 020 000

　　贷：银行存款——学校存款　　　　　　　　　　　　　　20 000

　　　　无偿调拨净资产　　　　　　　　　　　　　　　4 000 000

预算会计：

借：其他支出——其他资金支出——其他　　　　　　　　　　20 000

　　贷：资金结存——货币资金　　　　　　　　　　　　　　20 000


# 第三十三节　保障性住房累计折旧


## 一、保障性住房累计折旧科目简介

保障性住房累计折旧是指高等学校计提的保障性住房的累计折旧。保障性住房累计折旧科目应当按照所对应保障性住房的类别进行明细核算。高等学校应当参照《企业会计准则第3号——固定资产》及其应用指南的相关规定，按月对其控制的保障性住房计提折旧。期末贷方余额反映高等学校计提的保障性住房折旧累计数。

## 二、保障性住房累计折旧科目账务处理

（1）按月计提保障性住房折旧时，按照应计提的折旧额，借记"业务活动费用"科目，贷记本科目。

（2）报经批准处置保障性住房时，按照所处置保障性住房的账面价值，借记"资产处置费用""无偿调拨净资产""待处理财产损溢"等科目，按照已计提折旧，借记本科目，按照保障性住房的账面余额，贷记"保障性住房"科目。

## 三、保障性住房累计折旧科目案例解析

【例2-134】2023年4月贵州ZYJS大学对其所管理的保障性住房应该计提的折

旧费 200 000 元。账务处理如下：

财务会计：

借：单位管理费用——后勤保障费用——商品和服务费用　　　　200 000
　　贷：保障性住房累计折旧　　　　　　　　　　　　　　　　　　　200 000

预算会计不做账务处理。

# 第三十四节　受托代理资产

## 一、受托代理资产科目简介

高等学校受托代理资产是指高等学校接受委托方委托管理的各项资产，包括受托指定转赠的物资、受托存储保管的物资等的成本。高等学校管理的罚没物资也应当通过本科目核算。

高等学校收到的受托代理资产为现金和银行存款的，不通过本科目核算，应当通过"库存现金""银行存款"科目进行核算。受托代理资产应当按照资产的种类和委托人进行明细核算；属于转赠资产的，还应当按照受赠人进行明细核算。期末借方余额反映高等学校受托代理实物资产的成本。

## 二、受托代理资产科目账务处理

（一）受托转赠物资

（1）接受委托人委托需要转赠给受赠人的物资，其成本按照有关凭据注明的金额确定。接受委托转赠的物资验收入库，按照确定的成本，借记本科目，贷记"受托代理负债"科目。

受托协议约定由受托方承担相关税费、运输费等的，还应当按照实际支付的相关税费、运输费等金额，借记"其他费用"科目，贷记"银行存款"等科目。

（2）将受托转赠物资交付受赠人时，按照转赠物资的成本，借记"受托代理负债"科目，贷记本科目。

（3）转赠物资的委托人取消了对捐赠物资的转赠要求，且不再收回捐赠物资的，应当将转赠物资转为高等学校的存货、固定资产等。按照转赠物资的成本，借记"受托代理负债"科目，贷记本科目；同时，借记"库存物品""固定资产"等科目，贷记"其他收入"科目。

（二）受托存储保管物资

（1）接受委托人委托存储保管的物资，其成本按照有关凭据注明的金额确定。接受委托储存的物资验收入库，按照确定的成本，借记本科目，贷记"受托代理负债"科目。

（2）发生由受托单位承担的与受托存储保管的物资相关的运输费、保管费等费用时，按照实际发生的费用金额，借记"其他费用"等科目，贷记"银行存款"等科目。

（3）根据委托人要求交付或发出受托存储保管的物资时，按照发出物资的成本，借记"受托代理负债"科目，贷记本科目。

（四）罚没物资

（1）取得罚没物资时，其成本按照有关凭据注明的金额确定。罚没物资验收（入库），按照确定的成本，借记本科目，贷记"受托代理负债"科目。罚没物资成本无法可靠确定的，高等学校应当设置备查簿进行登记。

（2）按照规定处置或移交罚没物资时，按照罚没物资的成本，借记"受托代理负债"科目，贷记本科目。处置时取得款项的，按照实际取得的款项金额，借记"银行存款"等科目，贷记"应缴财政款"等科目。

高等学校受托代理的其他实物资产，参照本科目有关受托转赠物资、受托存储保管物资的规定进行账务处理。

### 三、受托代理资产科目案例解析

【例2-135】2022年9月1日，贵州ZYJS大学接受贵州公司转来5台笔记本电脑，需要转赠给艺术设计学院的5名贫困学生（有名单）。相关凭据注明笔记本电脑的金额为50 000元，发生运输费用1 000元，按照协议规定，运输费用由学校承担，当日学校资产管理处完成接收手续。2022年9月1日，学校通过财政授权支付方式支付运输费用1 000元。2022年9月5日，学校按照程序将该批笔记本电脑转赠给艺术设计学院指定的5名贫困学生。账务处理如下：

（1）2022年9月1日，贵州ZYJS大学资产管理处完成接收手续。

财务会计：

借：受托代理资产——受托转赠物资                50 000

    贷：受托代理负债                  50 000

预算会计不做账务处理。

（2）2022年9月1日，学校通过财政授权支付方式支付运输费用1 000元。

财务会计：

借：其他费用——其他                1 000

    贷：零余额账户用款额度            1 000

预算会计：

借：其他支出——其他资金支出——其他       1 000

    贷：资金结存——零余额账户用款额度    1 000

（3）2022年9月5日，学校按照程序将该批笔记本电脑转赠给艺术设计学院的5名贫困学生。

财务会计：

借：受托代理负债                                                    50 000

　　贷：受托代理资产——受托转赠物资                                         50 000

预算会计不做账务处理。

【例 2-136】2022 年 9 月 1 日，贵州 ZYJS 大学接受贵州公司转来 5 台笔记本电脑，需要转赠给艺术设计学院的 5 名贫困学生。相关凭据注明笔记本电脑的金额为 50 000 元，发生运输费用 1 000 元，按照协议规定，运输费用由学校承担，当日学校资产管理处完成接收手续。2022 年 9 月 1 日，学校通过财政授权支付方式支付运输费用 1 000 元。2022 年 9 月 10 日，贵州公司取消了转赠要求，并且表示不再收回捐赠物资，学校将其作为自有固定资产核算。账务处理如下：

（1）2022 年 9 月 1 日，贵州 ZYJS 大学资产管理处完成入库手续。

财务会计：

借：受托代理资产——受托转赠物资                                         50 000

　　贷：受托代理负债                                                    50 000

预算会计不做账务处理。

（2）2022 年 9 月 1 日，学校通过财政授权支付方式支付运输费用 1 000 元。

财务会计：

借：其他费用——其他                                                  1 000

　　贷：零余额账户用款额度                                              1 000

预算会计：

借：其他支出——其他资金支出——其他                                     1 000

　　贷：资金结存——零余额账户用款额度                                    1 000

（3）2022 年 9 月 10 日，贵州公司取消了转赠要求，并且表示不再收回捐赠物资，学校将其作为自有固定资产核算。

财务会计：

借：受托代理负债                                                    50 000

　　贷：受托代理资产——受托转赠物资                                         50 000

借：固定资产——通用设备

　　贷：其他收入——其他

预算会计不做账务处理。

【例 2-137】2022 年 9 月 1 日，贵州 ZYJS 大学接受贵州公司委托储存 5 台笔记本电脑，相关凭据注明笔记本电脑的金额为 50 000 元，发生运输费用 1 000 元，按照协议规定，运输费用由学校承担，当日学校资产管理处完成接收手续。2022 年 9 月 1 日，学校通过财政授权支付方式支付运输费用 1 000 元。2022 年 9 月 10 日，学校根据委托将受托储存 5 台笔记本电脑交付。账务处理如下：

（1）2022 年 9 月 1 日，贵州 ZYJS 大学资产管理处完成入库手续。

财务会计：

借：受托代理资产——受托储存保管物资        50 000

  贷：受托代理负债            50 000

预算会计不做账务处理。

（2）2022 年 9 月 1 日，学校通过财政授权支付方式支付运输费用 1 000 元。

财务会计：

借：其他费用——其他            1 000

  贷：零余额账户用款额度         1 000

预算会计：

借：其他支出——其他资金支出——其他      1 000

  贷：资金结存——零余额账户用款额度     1 000

（3）2022 年 9 月 10 日，学校根据委托将受托储存 5 台笔记本电脑交付。

财务会计：

借：受托代理负债             50 000

  贷：受托代理资产——受托储存保管物资     50 000

预算会计不做账务处理。

【例 2-138】2022 年 9 月 1 日，贵州 ZYJS 大学取得罚没物资一批，相关凭据注明金额为 50 000 元，当日学校资产管理处完成入库手续。2022 年 9 月 20 日国有资产管理处按照规定处置该批罚没物资，取得出资收入 45 000 元。账务处理如下：

（1）2020 年 9 月 1 日，贵州 ZYJS 大学取得罚没物资。

财务会计：

借：受托代理资产——罚没物资         50 000

  贷：受托代理负债            50 000

预算会计不做账务处理。

（2）2022 年 9 月 20 日国有资产管理处按照规定处置该批罚没物资。

财务会计：

借：受托代理负债             50 000

  贷：受托代理资产——罚没物资        50 000

借：银行存款——学校存款          45 000

  贷：应缴财政款——应缴国库款       45 000

预算会计不做账务处理。

【例 2-139】2022 年 9 月 1 日，贵州 ZYJS 大学取得贵州公司校企合作受托代理资金 500 000 元，存入学校银行账户。2022 年 9 月 5 日，学校按照贵州公司受托代理要求，用存放于学校银行账户的资金购买旅游专业教学设备一台，金额 300 000元。校企合作结束，于 2022 年 10 月 5 日，学校将该专业设备移交给贵州公司。于

2022 年 10 月 15 日，学校将剩余的校企合作受托代理资金 200 000 元退还给贵州公司。账务处理如下：

（1）2022 年 9 月 1 日，贵州 ZYJS 大学取得贵州公司校企合作受托代理资金 500 000 元。

财务会计：

借：银行存款——受托代理资产        500 000

  贷：受托代理负债           500 000

预算会计不做账务处理。

（2）2022 年 9 月 5 日，学校按要求，用存放于学校银行账户的资金购买旅游专业教学设备。

财务会计：

借：受托代理资产——固定资产       300 000

  贷：银行存款——受托代理资产       300 000

预算会计不做账务处理。

（3）校企合作结束，于 2022 年 10 月 5 日，学校将该专业设备移交给贵州公司。

财务会计：

借：受托代理负债           300 000

  贷：受托代理资产——固定资产       300 000

预算会计不做账务处理。

（4）2022 年 10 月 15 日，学校将剩余的校企合作受托代理资金 200 000 元退还给贵州公司。

财务会计：

借：受托代理负债           200 000

  贷：银行存款——受托代理资产       200 000

预算会计不做账务处理。

# 第三十五节 长期待摊费用

## 一、长期待摊费用科目简介

长期待摊费用是指高等学校已经支出，但应由本期和以后各期负担的分摊期限在一年以上（不含一年）的各项费用，如以经营租赁方式租入的固定资产发生的改良支出以及摊销期限在一年以上的其他待摊费用等。

长期待摊费用应当按照费用项目进行明细核算。期末借方余额反映高等学校尚未摊销完毕的长期待摊费用。

## 二、长期待摊费用科目账务处理

（1）发生长期待摊费用时，按照支出金额，借记本科目，贷记"财政拨款收入""零余额账户用款额度""银行存款"等科目。

（2）按照受益期间摊销长期待摊费用时，按照摊销金额，借记"业务活动费用""单位管理费用""经营费用"等科目，贷记本科目。

（3）如果某项长期待摊费用已经不能使高等学校受益，应当将其摊余金额一次全部转入当期费用。按照摊销金额，借记"业务活动费用""单位管理费用""经营费用"等科目，贷记本科目。

## 三、长期待摊费用科目案例解析

【例2-140】2022年9月1日，贵州ZYJS大学交通路桥学院租用A驾校考场用于交通专业开展实习实训，租期5年，租金每年120 000元。2022年9月1日支付第一年租金120 000元；2022年9月5日，为了更好地满足学生实习实训需求，交通路桥学院对A驾校考场进行改造，发生改造支出60 000元，使用财政授权方式进行结算，从本月开始摊销。账务处理如下：

（1）2020年9月1日支付第一年租金120 000元。

财务会计：

借：长期待摊费用——场地租赁费                             120 000

    贷：零余额账户用款额度                               120 000

预算会计：

借：事业支出——教育支出——财政拨款支出——项目支出——高等教育——商品和服务支出——租赁费           120 000

    贷：资金结存——零余额账户用款额度            120 000

（2）2020年9月5日，发生改造支出60 000元。

财务会计：

借：长期待摊费用——维修费                               60 000

    贷：零余额账户用款额度                             60 000

预算会计：

借：事业支出——教育支出——财政拨款支出——项目支出——高等教育——商品和服务支出——维修费           60 000

    贷：资金结存——零余额账户用款额度            60 000

（3）2020年9月30日，摊销9月份场地租赁费。

财务会计：

借：业务活动费用——教育费用——商品和服务费用           10 000

    贷：长期待摊费用——场地维修改造            10 000

预算会计不做账务处理。

（4）2020 年 9 月 30 日，摊销 9 月份场地租改造费。

财务会计：

借：业务活动费用——教育费用——商品和服务费用       1 000

    贷：长期待摊费用——场地维修改造       1 000

预算会计不做账务处理。

# 第三十六节　待处理财产损溢

## 一、待处理财产损溢科目简介

待处理财产损溢是指高等学校在资产清查过程中查明的各种资产盘盈、盘亏和报废、毁损的价值。高等学校应当按照待处理的资产项目进行明细核算；对于在资产处理过程中取得收入或发生相关费用的项目，还应当设置"待处理财产价值""处理净收入"明细科目，进行明细核算。

高等学校资产清查中查明的资产盘盈、盘亏、报废和毁损，一般应当先记入本科目，按照规定报经批准后及时进行账务处理。期末如为借方余额，反映尚未处理完毕的各种资产的净损失；期末如为贷方余额，反映尚未处理完毕的各种资产净溢余。年末，经批准处理后，结账前一般应处理完毕。

## 二、待处理财产损溢科目账务处理

（一）账款核对时发现的库存现金短缺或溢余

（1）每日账款核对中发现现金短缺或溢余，属于现金短缺，按照实际短缺的金额，借记本科目，贷记"库存现金"科目；属于现金溢余，按照实际溢余的金额，借记"库存现金"科目，贷记本科目。

（2）如为现金短缺，属于应由责任人赔偿或向有关人员追回的，借记"其他应收款"科目，贷记本科目；属于无法查明原因的，报经批准核销时，借记"资产处置费用"科目，贷记本科目。

（3）如为现金溢余，属于应支付给有关人员或单位的，借记本科目，贷记"其他应付款"科目；属于无法查明原因的，报经批准后，借记本科目，贷记"其他收入"科目。

（二）资产清查过程中发现的存货、固定资产、无形资产、公共基础设施、政府储备物资、文物文化资产、保障性住房等各种资产盘盈、盘亏或报废、毁损

1. 盘盈的各类资产

转入待处理资产时，按照确定的成本，借记"库存物品""固定资产""无形资

产"公共基础设施""政府储备物资""文物文化资产""保障性住房"等科目，贷记本科目。

按照规定报经批准后处理时，对于盘盈的流动资产，借记本科目，贷记"单位管理费用""业务活动费用"科目。对于盘盈的非流动资产，如属于本年度取得的，按照当年新取得的相关资产进行账务处理；如属于以前年度取得的，按照前期差错处理，借记本科目，贷记"以前年度盈余调整"科目。

2. 盘亏或者毁损、报废的各类资产

（1）转入待处理资产时，借记本科目（待处理财产价值），盘亏、毁损、报废固定资产、无形资产、公共基础设施、保障性住房的，还应借记"固定资产累计折旧""无形资产累计摊销""公共基础设施累计折旧（摊销）""保障性住房累计折旧"科目，贷记"库存物品""固定资产""无形资产""公共基础设施""政府储备物资""文物文化资产""保障性住房""在建工程"等科目。涉及增值税业务的，相关账务处理参见"应交增值税"科目。

报经批准处理时，借记"资产处置费用"科目，贷记本科目（待处理财产价值）。

（2）处理毁损、报废实物资产过程中取得的残值或残值变价收入、保险理赔和过失人赔偿等，借记"库存现金""银行存款""库存物品""其他应收款"等科目，贷记本科目（处理净收入），处理毁损、报废实物资产过程中发生的相关费用，借记本科目（处理净收入），贷记"库存现金""银行存款"等科目。

处理收支结清，如果处理收入大于相关费用的，按照处理收入减去相关费用后的净收入，借记本科目（处理净收入），贷记"应缴财政款"等科目。如果处理收入小于相关费用的，按照相关费用减去处理收入后的净支出，借记"资产处置费用"科目，贷记本科目（处理净收入）。

### 三、待处理财产损溢科目案例解析

【例 2-141】2022 年 9 月 1 日，贵州 ZYJS 大学财务处将开学当天收取的新生学费、住宿费缴存银行，银行清点时发现一张面值 100 元的假币，银行当即没收，库存现金盘点时现金短缺 100 元。2022 年 9 月 2 日通过调取相关监控，仍无法查明原因。2022 年 9 月 5 日经报请学校批准核销。账务处理如下：

（1）2022 年 9 月 1 日现金清点时。

财务会计：

借：待处理产出损益——货币资金　　　　　　　　　　　　　　100

　　贷：库存现金——学校现金　　　　　　　　　　　　　　　　　100

预算会计：

借：其他支出——其他资金支出——现金盘亏损失　　　　　　　100

　　贷：资金结存——货币资金　　　　　　　　　　　　　　　　　100

（2）2022 年 9 月 5 日经报请学校批准核销。

财务会计：

借：资产处置费用——货币资金           100

  贷：待处理产出损益——货币资金         100

预算会计不做账务处理。

【例 2-142】2022 年 9 月 8 日，贵州 ZYJS 大学财务处进行现金盘点时，发现库存现金盘盈 50 元。2022 年 9 月 9 日，经查实，属于少付艺术设计学院王兵老师报销的差旅费。2022 年 9 月 10 日，将该款项退给艺术设计学院王兵老师。账务处理如下：

（1）2022 年 9 月 8 日现金盘盈时。

财务会计：

借：库存现金——学校现金            50

  贷：待处理产出损益——货币资金          50

预算会计：

借：资金结存——货币资金            50

  贷：其他预算收入——现金盘盈收入        50

（2）2022 年 9 月 9 日，经查实，属于少付艺术设计学院王兵老师报销的差旅费。

财务会计：

借：待处理产出损益——货币资金          50

  贷：其他应付款——王兵            50

预算会计不做账务处理。

（3）2022 年 9 月 10 日，将该款项退给艺术设计学院王兵老师。

财务会计：

借：其他应付款——王兵             50

  贷：库存现金——学校现金           50

预算会计：

借：其他预算收入——现金盘盈收入         50

  贷：资金结存——货币资金           50

【例 2-143】2022 年 9 月 8 日，贵州 ZYJS 大学资产管理处在对固定资产盘点时，盘盈一台教学设备，账面价值 5 000 元；2022 年 9 月 15 日，按照规定报经批准后，学校对该教学设备进行处理。账务处理如下：

（1）2022 年 9 月 8 日，转入待处理时。

财务会计：

借：固定资产——专用设备           5 000

  贷：待处理财产损溢——固定资产——待处理财产价值   5 000

预算会计不做账务处理。

（2）2022 年 9 月 15 日，按照规定报经批准后，学校对该教学设备进行处理。

财务会计：

借：待处理财产损溢——固定资产——待处理财产价值　　　　5 000

　　　贷：以前年度盈余调整　　　　　　　　　　　　　　　5 000

预算会计不做账务处理。

【例 2-144】2022 年 10 月 10 日，贵州 ZYJS 大学资产管理处在对教学设备进行盘点时，发现 A 教学设备损毁，A 教学设备的账面价值为 50 000 元，已经计提折旧 40 000 元。2022 年 10 月 15 日，经鉴定已经不能继续使用，报经批准做报废处理。2022 年 10 月 25 日，对损毁的 A 教学设备报废获得残值收入现金 1 000 元，报废过程发生运费 600 元，通过现金支付。账务处理如下：

（1）2022 年 10 月 10 日，转入待处理时。

借：待处理财产损溢——固定资产——待处理财产价值　　　10 000

　　固定资产累计折旧　　　　　　　　　　　　　　　　40 000

　　　贷：固定资产——专用设备——A 教学设备　　　　　50 000

预算会计不做账务处理。

（2）2022 年 10 月 15 日，经鉴定已经不能继续使用，报经批准做报废处理。

财务会计：

借：资产处置费用——固定资产　　　　　　　　　　　　　10 000

　　　贷：待处理财产损溢——固定资产——待处理财产价值　10 000

预算会计不做账务处理。

（3）2022 年 10 月 25 日，对损毁的 A 教学设备报废获得残值收入现金 1 000 元。

财务会计：

借：库存现金——学校现金　　　　　　　　　　　　　　　1 000

　　　贷：待处理财产损溢——固定资产——处理净收入　　　1 000

预算会计不做账务处理。

（4）2022 年 10 月 25 日，报废过程发生运费 600 元，通过现金支付。

财务会计：

借：待处理财产损溢——固定资产——处理净收入　　　　　600

　　　贷：库存现金——学校现金　　　　　　　　　　　　　600

预算会计不做账务处理。

（5）处理收支结清。

财务会计：

借：待处理财产损溢——固定资产——处理净收入　　　　　400

　　　贷：应缴财政款——应缴国库款　　　　　　　　　　　400

预算会计不做账务处理。

# 第三章　负债

## 第一节　负债概述

### 一、负债的定义

在高等学校会计实务中，负债是指高等学校过去的经济业务或者事项形成的预期会导致经济资源流出高等学校的现时义务。现时义务是指高等学校在现行条件下已承担的义务。未来发生的经济业务或者事项形成的义务不属于现时义务，不应当确认为负债。

### 二、负债的确认条件

在高等学校会计实务中，某项义务在同时满足以下条件时，确认为负债：一是履行该义务很可能导致含有服务潜力或者经济利益的经济资源流出单位，二是该义务的金额能够可靠地计量。

### 三、负债的分类

按照流动性不同，负债可分为流动负债和非流动负债。

流动负债是指预计在一年内（含一年）偿还的负债。高等学校的流动负债包括短期借款、应交增值税、其他应交税费、应缴财政款、应付职工薪酬、应付账款、其他应付款等。

非流动负债是指除流动负债以外的负债。高等学校的非流动负债包括长期借款、长期应付款等。

### 四、负债的计量属性

负债的计量属性主要包括历史成本、现值和公允价值。在对负债进行计量时，一般应当采用历史成本法，按照因承担现时义务而实际收到的款项或资产的金额，或承担现时义务的合同金额，或按照为偿还负债预期需要支付的现金计量。在现值计量下，负债按照预计期限内需要偿还的未来净现金流出量计量。在公允价值计量下，负债按照市场参与者在计量日发生的有序交易中，转移负债所需支付的价格计量。高等学校若采用现值、公允价值计量应当保证所确定的负债金额能够持续、可靠计量。

## 第二节　短期借款

### 一、短期借款科目简介

短期借款是指高等学校经批准向银行或其他金融机构等借入的期限在一年内（含一年）的各种借款。短期借款科目应当按照债权人和借款种类进行明细核算，期末贷方余额反映高等学校尚未偿还的短期借款本金。

### 二、短期借款科目账务处理

（1）借入各种短期借款时，按照实际借入的金额，借记"银行存款"科目，贷记本科目。

（2）银行承兑汇票到期，高等学校无力支付票款的，按照应付票据的账面余额，借记"应付票据"科目，贷记本科目。

（3）归还短期借款时，借记本科目，贷记"银行存款"科目。

### 三、短期借款科目案例解析

【例 3-1】2023 年 3 月 1 日，经批准，贵州 ZYJS 大学从中国工商银行贵阳云岩支行借入流动资金贷款 10 000 000 元，贷款期限 6 个月，年利率为 6%，到期一次还本付息，账务处理如下：

（1）3 月 1 日借入流动资金到账。

财务会计：

| | |
|---|---|
| 借：银行存款——学校存款 | 10 000 000 |
| 　　贷：短期借款——中国工商银行贵阳云岩支行 | 10 000 000 |

预算会计：

| | |
|---|---|
| 借：资金结存——货币资金 | 10 000 000 |
| 　　贷：债务预算收入——非专项资金收入 | 10 000 000 |

（2）3 月末，按规定的利率计提利息费用。

财务会计：

| | |
|---|---|
| 借：其他费用——利息费用 | 50 000 |
| 　　贷：应付利息——中国工商银行贵阳云岩支行 | 50 000 |

预算会计不做账务处理。

（3）2023 年 8 月 31 日，还本 10 000 000 元，支付利息 300 000 元。

财务会计：

| | |
|---|---|
| 借：短期借款——中国工商银行贵阳云岩支行 | 10 000 000 |
| 　　应付利息——中国工商银行贵阳云岩支行 | 300 000 |
| 　　　贷：银行存款——学校存款 | 10 300 000 |

预算会计：

| | |
|---|---|
| 借：债务还本支出 | 10 000 000 |
| 　　其他支出——其他资金支出——利息支出 | 300 000 |
| 　　　贷：资金结存——货币资金 | 10 300 000 |

## 第三节　应交增值税

### 一、应交增值税科目简介

应交增值税是指高等学校按照税法规定计算应交纳的增值税。属于增值税一般纳税人的高等学校，应当在本科目下设置"应交税费""未交税金""预交税金""待抵扣进项税额""待认证进项税额""待转销项税额""简易计税""转让金融商品应交增值税""代扣代交增值税"等明细科目。

1."应交税费"明细科目

"应交税费"明细账内应当设置"进项税额""已交税金""转出未交增值税""减免税款""销项税额""进项税额转出""转出多交增值税"等专栏。其中：

（1）"进项税额"专栏，记录高等学校购进货物、加工修理修配劳务、服务、无形资产或不动产而支付或负担的、准予从当期销项税额中抵扣的增值税额。

（2）"已交税金"专栏，记录高等学校当月已交纳的应交增值税额。

（3）"转出未交增值税"和"转出多交增值税"专栏，分别记录一般纳税人月度终了转出当月应交未交或多交的增值税额。

（4）"减免税款"专栏，记录高等学校按照现行增值税制度规定准予减免的增值税额。

（5）"销项税额"专栏，记录高等学校销售货物、加工修理修配劳务、服务、无形资产或不动产应收取的增值税额。

（6）"进项税额转出"专栏，记录高等学校购进货物、加工修理修配劳务、服务、无形资产或不动产等发生非正常损失以及其他原因而不应从销项税额中抵扣、按照规定转出的进项税额。

2. "未交税金" 明细科目

该科目核算高等学校月度终了从 "应交税费" 或 "预交税金" 明细科目转入当月应交未交、多交或预缴的增值税额，以及当月交纳以前期间未交的增值税额。

3. "预交税金" 明细科目

该科目核算高等学校转让不动产、提供不动产经营租赁服务等，以及其他按照现行增值税制度规定应预缴的增值税额。

4. "待抵扣进项税额" 明细科目

该科目核算高等学校已取得增值税扣税凭证并经税务机关认证，按照现行增值税制度规定准予以后期间从销项税额中抵扣的进项税额。

5. "待认证进项税额" 明细科目

该科目核算高等学校由于未经税务机关认证而不得从当期销项税额中抵扣的进项税额。内容包括：一般纳税人已取得增值税扣税凭证并按规定准予从销项税额中抵扣，但尚未经税务机关认证的进项税额；一般纳税人已申请稽核但尚未取得稽核相符结果的海关缴款书进项税额。

6. "待转销项税额" 明细科目

该科目核算高等学校销售货物、加工修理修配劳务、服务、无形资产或不动产，已确认相关收入（或利得）但尚未发生增值税纳税义务而需于以后期间确认为销项税额的增值税额。

7. "简易计税" 明细科目

该科目核算高等学校采用简易计税方法发生的增值税计提、扣减、预缴、缴纳等业务。

8. "转让金融商品应交增值税" 明细科目

该科目核算高等学校转让金融商品发生的增值税额。

9. "代扣代缴增值税" 明细科目

该科目核算高等学校购进在境内未设经营机构的境外单位或个人在境内的应税行为代扣代缴的增值税。

属于增值税小规模纳税人的高等学校只需在本科目下设置 "转让金融商品应交增值税" "代扣代交增值税" 明细科目。

应交增值税科目期末贷方余额，反映高等学校应交未交的增值税；期末如为借方余额，反映高等学校尚未抵扣或多交的增值税。

**二、应交增值税科目账务处理**

（一）高等学校取得资产或接受劳务等业务

1. 采购等业务进项税额允许抵扣

高等学校购买用于增值税应税项目的资产或服务等时，按照应计入相关成本费用或资产的金额，借记 "业务活动费用" "在途物品" "库存物品" "工程物资" "在建工程""固定资产""无形资产"等科目，按照当月已认证的可抵扣增值税额，借记本科目（应交税费——进项税额），按照应付或实际支付的金额，贷记"应付账款""应付票据""银行存款""零余额账户用款额度"等科目。发生退货的，如原增值税专用发票已做认证，应根据税务机关开具的红字增值税专用发票做相反的会计分录；如原增值税专用发票未做认证，应将发票退回并做相反的会计分录。

小规模纳税人购买资产或服务等时不能抵扣增值税，发生的增值税计入资产成本或相关成本费用。

2. 采购等业务进项税额不得抵扣

高等学校购进资产或服务等，并将这些资产或服务用于简易计税方法计税项目、免征增值税项目、集体福利或个人消费等，其进项税额按照现行增值税制度规定不得从销项税额中抵扣的，取得增值税专用发票时，应按照增值税发票注明的金额，借记相关成本费用或资产科目；按照实际支付或应付的金额，贷记"银行存款""应付账款""零余额账户用款额度"等科目。

3. 进项税额抵扣情况发生改变

高等学校因发生非正常损失或改变用途等，原已计入进项税额、待抵扣进项税额或待认证进项税额，但按照现行增值税制度规定不得从销项税额中抵扣的，借记"待处理财产损溢""固定资产""无形资产"等科目，贷记本科目（应交税费——进项税额转出）、本科目（待认证进项税额）；原不得抵扣且未抵扣进项税额的固定资产、无形资产等，因改变用途等用于允许抵扣进项税额的应税项目的，应按照允许抵扣的进项税额，借记本科目（应交税费——进项税额），贷记"固定资产""无形资产"等科目。固定资产、无形资产等经上述调整后，应按照调整后的账面价值在剩余尚可使用年限内计提折旧或摊销。

4. 购买方作为扣缴义务人

按照现行增值税制度规定，境外单位或个人在境内发生应税行为，在境内未设有经营机构的，以购买方为增值税扣缴义务人。境内一般纳税人购进服务或资产时，按照应计入相关成本费用或资产的金额，借记"业务活动费用""在途物品""库存物品""工程物资""在建工程""固定资产""无形资产"等科目；按照可抵扣的增值税额，借记本科目（应交税费——进项税额）（小规模纳税人应借记相关成本费用或资产科目）；按照应付或实际支付的金额，贷记"银行存款""应付账款"等科目；按照应代扣代缴的增值税额，贷记本科目（代扣代缴增值税）。实际缴纳代扣代缴增值税时，按照代扣代缴的增值税额，借记本科目（代扣代缴增值税），贷记"银行存款""零余额账户用款额度"等科目。

（二）高等学校销售资产或提供服务等业务

1. 销售资产或提供服务业务

高等学校销售资产或提供服务，应当按照应收或已收的金额，借记"应收账款""应收票据""银行存款"等科目，按照确认的收入金额，贷记"经营收入"

"事业收入"等科目,按照现行增值税制度规定计算的销项税额(或采用简易计税方法计算的应纳增值税额),贷记本科目(应交税费——销项税额)或本科目(简易计税)(小规模纳税人应贷记本科目),发生销售退回的,应根据按照规定开具的红字增值税专用发票做相反的会计分录。

按照本制度及相关政府会计准则确认收入的时点早于按照增值税制度确认增值税纳税义务发生时点的,应将相关销项税额计入本科目(待转销项税额),待实际发生纳税义务时再转入本科目(应交税费——销项税额)或本科目(简易计税)

按照增值税制度确认增值税纳税义务发生时点早于按照本制度及相关政府会计准则确认收入的时点的,应按照应纳增值税额,借记"应收账款"科目,贷记本科目(应交税费——销项税额)或本科目(简易计税)。

2. 金融商品转让按照规定以盈亏相抵后的余额作为销售额

金融商品实际转让月末,如产生转让收益,则按照应纳税额,借记"投资收益"科目,贷记本科目(转让金融商品应交增值税);如产生转让损失,则按照可结转下月抵扣税额,借记本科目(转让金融商品应交增值税),贷记"投资收益"科目。交纳增值税时,应借记本科目(转让金融商品应交增值税),贷记"银行存款"等科目。年末,本科目(转让金融商品应交增值税)如有借方余额,则借记"投资收益"科目,贷记本科目(转让金融商品应交增值税)。

(三)月末转出多交增值税和未交增值税

月度终了,高等学校应当将当月应交未交或多交的增值税自"应交税费"明细科目转入"未交税金"明细科目。对于当月应交未交的增值税,借记本科目(应交税费——转出未交增值税),贷记本科目(未交税金);对于当月多交的增值税,借记本科目(未交税金),贷记本科目(应交税费——转出多交增值税)。

(四)交纳增值税

1. 交纳当月应交增值税

高等学校交纳当月应交的增值税,借记本科目(应交税费——已交税金)(小规模纳税人借记本科目),贷记"银行存款"等科目。

2. 交纳以前期间未交增值税

高等学校交纳以前期间未交的增值税,借记本科目(未交税金)(小规模纳税人借记本科目),贷记"银行存款"等科目。

3. 预交增值税

高等学校预交增值税时,借记本科目(预交税金),贷记"银行存款"等科目。月末,高等学校应将"预交税金"明细科目余额转入"未交税金"明细科目,借记本科目(未交税金),贷记本科目(预交税金)。

4. 减免增值税

对于当期直接减免的增值税,借记本科目(应交税费——减免税款),贷记"业务活动费用""经营费用"等科目。

按照现行增值税制度规定，高等学校初次购买增值税税控系统专用设备支付的费用以及缴纳的技术维护费允许在增值税应纳税额中全额抵减的，按照规定抵减的增值税应纳税额，借记本科目（应交税费——减免税款）（小规模纳税人借记本科目），贷记"业务活动费用""经营费用"等科目。

### 三、应交增值税科目案例解析

【例3-2】2019年5月1日，贵州ZYJS大学买了一幢楼作为教学楼使用，买价1 000万元，进项税额90万元（增值税税率为9%），款项由财政直接支付，该学校作为增值税一般纳税人。账务处理如下：

财务会计：

借：固定资产——房屋及构筑物　　　　　　　　　　　　　　　　10 000 000

　　应交增值税——应交税费（进项税额）　　　　　　　　　　　　　900 000

　　贷：财政拨款收入——财政直接支付　　　　　　　　　　　　10 900 000

预算会计：

借：事业支出——教育支出——财政拨款支出——项目支出——高等教育——

　　资本性支出——房屋建筑物购建　　　　　　　　　　　　　10 900 000

　　贷：财政拨款预算收入　　　　　　　　　　　　　　　　　10 900 000

【例3-3】沿用【例3-2】。在2020年4月，学校将该教学楼改造成学生食堂。假设2020年4月该不动产的净值为900万元，则该学校需进行如下会计处理。不动产净值率=900÷1 000×100%=90%

不得抵扣的进项税额=90×90%=81（万元）

由于不得抵扣的进项税额为81万元。

财务会计：

借：固定资产——房屋及构筑物　　　　　　　　　　　　　　　　　810 000

　　贷：应交增值税——应交税费（进项税额转出）　　　　　　　　810 000

【例3-4】承接【例3-3】。假设2020年4月，该不动产的净值为500万元。

该账务处理如下：

不动产净值率=500÷1 000×100%=50%

不得抵扣的进项税额=90×50%=45（万元）

借：固定资产——房屋及构筑物　　　　　　　　　　　　　　　　　450 000

　　贷：应交增值税——应交税费（进项税额转出）　　　　　　　　450 000

【例3-5】2019年7月9日，贵州ZYJS大学购入两台打印机用于教学资料打印，取得增值税专用发票并认证通过。该专用发票上注明的金额为40 000元，增值税额5 200元（增值税税率13%），该学校为增值税一般纳税人。账务处理如下：

财务会计：

借：固定资产——通用设备　　　　　　　　　　　　　　　　　　　　40 000

| | |
|---|---|
| 应交增值税——应交税费（进项税额） | 5 200 |
| 　　贷：财政拨款收入 | 45 200 |

预算会计：

| | |
|---|---|
| 借：事业支出——教育支出——财政拨款支出——项目支出——高等教育—— | |
| 　　资本性支出——通用设备 | 45 200 |
| 　　贷：财政拨款预算收入 | 45 200 |

假定这两台打印机分 10 年按直线法计提折旧，无残值。2021 年 8 月 20 日，该打印机改用于免税项目。

打印机每年计提折旧 = 40 000÷10 = 4 000（元）

2021 年 8 月，打印机净值 = 40 000−4 000 = 36 000（元）

打印机转出进项税 = 36 000×13% = 4 680（元）

财务会计：

| | |
|---|---|
| 借：固定资产——通用设备 | 4 680 |
| 　　贷：应交增值税——应交税费（进项税额转出） | 4 680 |

【例 3-6】贵州 ZYJS 大学为增值税小规模纳税人，其于 2022 年 8 月 10 日向外销售由学校老师撰写的培训教材，获得经营收入 103 000 元（含税），同时，支付参与编书的教师劳务费 60 000 元，相关资金均已收到和支付。

账务处理如下：

应交增值税 = 103 000÷（1+3%）×3% = 3 000（元）

财务会计：

| | |
|---|---|
| 借：银行存款——学校存款 | 103 000 |
| 　　贷：经营收入 | 100 000 |
| 　　　　应交增值税 | 3 000 |
| 借：经营费用 | 60 000 |
| 　　贷：银行存款——学校存款 | 60 000 |

预算会计：

| | |
|---|---|
| 借：资金结存——货币资金 | 103 000 |
| 　　贷：经营预算收入 | 103 000 |
| 借：经营支出 | 60 000 |
| 　　贷：资金结存——货币资金 | 60 000 |

## 第四节　其他应交税费

### 一、其他应交税费科目简介

其他应交税费是指高等学校按照税法等规定计算应交纳的除增值税以外的各种

税费，包括城市维护建设税、教育费附加、地方教育附加、车船税、房产税、城镇土地使用税和企业所得税等。高等学校代扣代缴的个人所得税，也通过本科目核算。

高等学校应交纳的印花税不需要预提应交税费，可直接通过"业务活动费用""单位管理费用""经营费用"等科目核算，不通过本科目核算。本科目应当按照应交纳的税费种类进行明细核算，期末如为贷方余额，则反映高等学校应交未交的除增值税以外的税费金额；期末如为借方余额，则反映高等学校多交纳的除增值税以外的税费金额。

### 二、其他应交税费科目账务处理

（1）发生城市维护建设税、教育费附加、地方教育附加、车船税、房产税、城镇土地使用税等纳税义务的，按照税法规定计算的应缴税费金额，借记"业务活动费用""单位管理费用""经营费用"等科目，贷记本科目（应交城市维护建设税、应交教育费附加、应交地方教育附加、应交车船税、应交房产税、应交城镇土地使用税等）。

（2）按照税法规定计算应代扣代缴职工（含长期聘用人员）的个人所得税，借记"应付职工薪酬"科目，贷记本科目（应交个人所得税）。

按照税法规定计算应代扣代缴支付给职工（含长期聘用人员）以外人员劳务费的个人所得税，借记"业务活动费用""单位管理费用"等科目，贷记本科目（应交个人所得税）。

（3）发生企业所得税纳税义务的，按照税法规定计算的应交所得税额，借记"所得税费用"科目，贷记本科目（单位应交所得税）。

（4）高等学校实际交纳上述各种税费时，借记本科目（应交城市维护建设税、应交教育费附加、应交地方教育附加、应交车船税、应交房产税、应交城镇土地使用税、应交个人所得税、单位应交所得税等），贷记"财政拨款收入""零余额账户用款额度""银行存款"等科目。

### 三、其他应交税费科目案例解析

【例3-7】贵州 ZYJS 大学由于使用校车而应于 2022 年缴纳车船税 15 000 元。账务处理如下：

财务会计：

借：业务活动费用——教育费用——商品和服务费用     15 000

  贷：其他应交税费——应交车船税         15 000

预算会计不做账务处理。

实际缴纳时，账务处理如下：

财务会计：

借：其他应交税费——应交车船税　　　　　　　　　　　　　　15 000

　　贷：零余额账户用额度　　　　　　　　　　　　　　　　　　　　15 000

预算会计：

借：事业支出——教育支出——财政拨款支出——基本支出——高等教育——

　　商品和服务支出——公务用车运行维护费　　　　　　　　15 000

　　贷：资金结存——零余额账户用额度　　　　　　　　　　　　　15 000

【例 3-8】贵州 ZYJS 大学在 2023 年 5 月从职工工资中代扣个人所得税 68 250元，从劳务费中代扣个人所得税 29 750 元。账务处理如下：

（1）计算代扣代缴个人所得税。

财务会计：

借：应付职工薪酬　　　　　　　　　　　　　　　　　　　　68 250

　　业务活动费用　　　　　　　　　　　　　　　　　　　　29 750

　　贷：其他应交税费——应交个人所得税　　　　　　　　　　　98 000

预算会计不做账务处理。

（2）实际缴纳代扣代缴个人所得税。

财务会计：

借：其他应交税费——应交个人所得税　　　　　　　　　　　98 000

　　贷：银行存款——学校存款　　　　　　　　　　　　　　　　98 000

预算会计：

借：事业支出——教育支出——财政拨款支出——人员经费——高等教育——

　　工资福利支出——基本工资　　　　　　　　　　　　　　68 250

　　事业支出——教育支出——财政拨款支出——公用经费——高等教育——

　　商品和服务支出——劳务费　　　　　　　　　　　　　　29 750

　　贷：资金结存——货币资金　　　　　　　　　　　　　　　　98 000

【例 3-9】贵州 ZYJS 大学计提的 2023 年第二季度的企业所得税税额为 90 000元。账务处理如下：

财务会计：

借：所得税费用　　　　　　　　　　　　　　　　　　　　　90 000

　　贷：其他应交税费——单位应交所得税　　　　　　　　　　　90 000

预算会计不做账务处理。

实际缴纳企业所得税 90 000 元时的账务处理如下：

财务会计：

借：其他应交税费——单位应交所得税　　　　　　　　　　　90 000

　　贷：银行存款——学校存款　　　　　　　　　　　　　　　　90 000

预算会计：

借：非财政拨款结余　　　　　　　　　　　　　　　　　　　90 000

　　贷：资金结存——货币资金　　　　　　　　　　　　　　　　90 000

## 第五节 应缴财政款

### 一、应缴财政款科目简介

应缴财政款是指高等学校取得或应收的按照规定应当上缴财政的款项，包括应缴国库的款项和应缴财政专户的款项。

高等学校按照国家税法等有关规定应当缴纳的各种税费，通过"应交增值税""其他应交税费"科目核算，不通过本科目核算。本科目应当按照应缴财政款项的类别进行明细核算，期末如为贷方余额，则反映高等学校应当上缴财政但尚未缴纳的款项。年终清缴后，本科目一般应无余额。

### 二、应缴财政款科目账务处理

（1）高等学校取得或应收按照规定应缴财政的款项时，借记"银行存款""应收账款"等科目，贷记本科目。

（2）高等学校处置资产取得的应上缴财政的处置净收入的账务处理，参见"待处理财产损溢"等科目。

（3）高等学校上缴应缴财政的款项时，按照实际上缴的金额，借记本科目，贷记"银行存款"科目。

### 三、应缴财政款科目案例解析

【例3-10】贵州ZYJS大学的银行账户收到学生学费1 800 000元。按规定，此款项需要全额上缴财政专户。账务处理如下：

（1）收到款项。

财务会计：

借：银行存款——学校存款　　　　　　　　　　　　　1 800 000
　　贷：应缴财政款——应缴财政专户——学费　　　　　　　1 800 000
预算会计不做账务处理。

（2）上缴财政款。

借：应缴财政款——应缴财政专户——学费　　　　　　1 800 000
　　贷：银行存款——学校存款　　　　　　　　　　　　　1 800 000
预算会计不做账务处理。

【例3-11】贵州ZYJS大学经批准将一项自行研发取得的专利权出售。该专利权的账面价值为1 000 000元，已计提摊销300 000元，售价400 000元。账务处理如下：

（1）出售。

财务会计：

借：待处理财产损溢——待处理财产价值　　　　　　　　700 000

　　无形资产累计摊销　　　　　　　　　　　　　　　　300 000

　　　贷：无形资产　　　　　　　　　　　　　　　　　　　　1 000 000

借：资产处置费用　　　　　　　　　　　　　　　　　　700 000

　　　贷：待处理财产损溢——待处理财产价值　　　　　　　　700 000

借：银行存款　　　　　　　　　　　　　　　　　　　　400 000

　　　贷：待处理财产损溢——处理净收入　　　　　　　　　　400 000

借：待处理财产损溢——处理净收入　　　　　　　　　　400 000

　　　贷：应缴财政款——应缴国库款　　　　　　　　　　　　400 000

（2）上缴财政款。

借：应缴财政款——应缴国库款　　　　　　　　　　　　400 000

　　　贷：银行存款　　　　　　　　　　　　　　　　　　　　400 000

预算会计不做账务处理。

## 第六节　应付职工薪酬

### 一、应付职工薪酬科目简介

应付职工薪酬是指高等学校按照有关规定应付给职工（含长期聘用人员）及为职工支付的各种薪酬，包括基本工资、国家统一规定的津贴补贴、规范津贴补贴（绩效工资）、改革性补贴、社会保险费（如职工基本养老保险费、职业年金、基本医疗保险费等）、住房公积金等。

应付职工薪酬应当根据国家有关规定按照"基本工资"（含离退休费）、"国家统一规定的津贴补贴""规范津贴补贴（绩效工资）""改革性补贴""社会保险费""住房公积金""其他个人收入"等进行明细核算。其中，"社会保险费""住房公积金"明细科目核算内容包括单位从职工工资中代扣代缴的社会保险费、住房公积金以及单位为职工计算缴纳的社会保险费、住房公积金。期末如为贷方余额，则反映高等学校应付未付的职工薪酬。

### 二、应付职工薪酬科目账务处理

（1）计算确认当期应付职工薪酬（含单位为职工计算缴纳的社会保险费、住房公积金）。

计提从事专业及其辅助活动人员的职工薪酬，借记"业务活动费用""单位管理费用"科目，贷记本科目。

计提应由在建工程、加工物品、自行研发无形资产负担的职工薪酬，借记"在建工程""加工物品""研发支出"等科目，贷记本科目。

计提从事专业及其辅助活动之外的经营活动人员的职工薪酬，借记"经营费用"科目，贷记本科目。

因解除与职工的劳动关系而给予的补偿，借记"单位管理费用"等科目，贷记本科目。

（2）向职工支付工资、津贴补贴等薪酬时，按照实际支付的金额，借记本科目，贷记"财政拨款收入""零余额账户用款额度""银行存款"等科目。

（3）按照税法规定代扣职工个人所得税时，借记本科目（基本工资），贷记"其他应交税费——应交个人所得税"科目。

从应付职工薪酬中代扣为职工垫付的水电费、房租等费用时，按照实际扣除的金额，借记本科目（基本工资），贷记"其他应收款"等科目。从应付职工薪酬中代扣社会保险费和住房公积金，按照代扣的金额，借记本科目（基本工资），贷记本科目（社会保险费、住房公积金）。

（4）按照国家有关规定缴纳职工社会保险费和住房公积金时，按照实际支付的金额，借记本科目（社会保险费、住房公积金），贷记"财政拨款收入""零余额账户用款额度""银行存款"等科目。

（5）从应付职工薪酬中支付的其他款项，借记本科目，贷记"零余额账户用款额度""银行存款"等科目。

### 三、应付职工薪酬科目案例解析

【例3-12】贵州 ZYJS 大学本月应付职工薪酬的总额为 8 000 000 元，其中，从事专业及其辅助活动的职工工资为 6 700 000 元，离退休费为 600 000 元，津贴补贴为 350 000 元，住房公积金为 350 000 元。学校代扣代缴住房公积金为 350 000 元，代扣代缴社会保险费 110 000 元，代扣代缴个人所得税 320 000 元，代扣为职工垫付的房租、水电费共 710 000 元。账务处理如下：

（1）计算本月应付职工薪酬。

财务会计：

借：业务活动费用　　　　　　　　　　　　　　　8 000 000
　　贷：应付职工薪酬——基本工资　　　　　　　　　6 700 000
　　　　　　　　　　——离退休费　　　　　　　　　600 000
　　　　　　　　　　——津贴补贴　　　　　　　　　350 000
　　　　　　　　　　——住房公积金　　　　　　　　350 000

预算会计不做账务处理。

（2）计算本月代扣代缴税费和代扣垫付费用。

财务会计：

借：应付职工薪酬——基本工资         1 140 000

  贷：应付职工薪酬——社会保险费       110 000

    其他应交税费——应交个人所得税    320 000

    其他应收款——垫付职工房租、水电费   710 000

预算会计不做账务处理。

（3）使用财政直接支付方式支付职工薪酬和代缴住房公积金、社会保险费和个人所得税。

财务会计：

借：应付职工薪酬——基本工资         5 560 000

      ——离退休费          600 000

      ——津贴补贴          350 000

      ——住房公积金         350 000

      ——社会保险费         110 000

  其他应交税费——应交个人所得税    320 000

  其他应收款——垫付职工房租、水电费   710 000

  贷：财政拨款收入          8 000 000

预算会计：

借：事业支出——教育支出——财政拨款支出——人员经费——高等教育——工资福利支出——基本工资      8 000 000

  贷：财政拨款预算收入         8 000 000


# 第七节　应付票据


## 一、应付票据科目简介

应付票据是指高等学校因购买材料、物资等而开出、承兑的商业汇票，包括银行承兑汇票和商业承兑汇票。

应付票据科目应当按照债权人进行明细核算，设置"应付票据备查簿"，详细登记每一应付票据的种类、号数、出票日期、到期日、票面金额、交易合同号、收款人姓名或单位名称，以及付款日期和金额等。应付票据到期结清票款后，应当在备查簿内逐笔注销。

应付票据科目期末如为贷方余额，则反映高等学校开出、承兑的尚未到期的应付票据金额。

## 二、应付票据科目账务处理

（1）开出、承兑商业汇票时，借记"库存物品""固定资产"等科目，贷记本科目。涉及增值税业务的，相关账务处理参见"应交增值税"科目。以商业汇票抵付应付账款时，借记"应付账款"科目，贷记本科目。

（2）支付银行承兑汇票的手续费时，借记"业务活动费用""经营费用"等科目，贷记"银行存款""零余额账户用款额度"等科目。

（3）商业汇票到期时，应当进行如下处理：收到银行支付到期票据的付款通知时，借记本科目，贷记"银行存款"科目。银行承兑汇票到期，单位无力支付票款的，按照应付票据账面余额，借记本科目，贷记"短期借款"科目。商业承兑汇票到期，单位无力支付票款的，按照应付票据账面余额，借记本科目，贷记"应付账款"科目。

## 三、应付票据科目案例解析

【例3-13】贵州ZYJS大学因实验需要于2022年5月2日从贵州公司购进一批材料，共计32 800元，材料已经验收入库。该大学向供贷方开出一张金额为32 800元的银行承兑汇票，支付银行承兑汇票的手续费656元。账务处理如下：

财务会计：

借：库存物品　　　　　　　　　　　　　　　　　　　　32 800
　　贷：应付票据——贵州公司　　　　　　　　　　　　　　32 800
借：业务活动费用——教育费用——商品和服务费用　　　656
　　贷：银行存款——学校存款　　　　　　　　　　　　　　656

预算会计：

借：事业支出——教育支出——财政拨款支出——公用经费——高等教育——
　　商品和服务支出——专用材料　　　　　　　　　　　　656
　　贷：资金结存——货币资金　　　　　　　　　　　　　　656

【例3-14】继【例3-13】，若该银行承兑汇票已到期，则贵州ZYJS大学在收到银行支付到期票据的付款通知时。账务处理如下：

财务会计：

借：应付票据——贵州公司　　　　　　　　　　　　　　32 800
　　贷：银行存款——学校存款　　　　　　　　　　　　　　32 800

预算会计：

借：事业支出——教育支出——财政拨款支出——公用经费——高等教育——
　　商品和服务支出——专用材料　　　　　　　　　　　　32 800
　　贷：资金结存——货币资金　　　　　　　　　　　　　　32 800

若该银行承兑汇票到期，贵州ZYJS大学无力支付票款，则贵州ZYJS大学应当做如下会计处理：

财务会计：

借：应付票据——贵州公司                                       32 800

    贷：短期借款                                            32 800

预算会计：

借：事业支出——教育支出——财政拨款支出——公用经费——高等教育——
商品和服务支出——专用材料                          32 800

    贷：债务预算收入                                   32 800

## 第八节　应付账款

### 一、应付账款科目简介

应付账款是指高等学校因购买物资、接受服务、开展工程建设等而应付的偿还期限在一年以内（含一年）的款项。

应付账款应当按照债权人进行明细核算。对于建设项目，高等学校还应设置"应付器材款""应付工程款"等明细科目，并按照具体项目进行明细核算。核销的应付账款应在备查簿中保留登记，期末如为贷方余额，则反映高等学校尚未支付的应付账款金额。

### 二、应付账款科目账务处理

（1）收到所购材料、物资、设备或服务以及确认完成工程进度但尚未付款时，根据发票及账单等有关凭证，按照应付未付款项的金额，借记"库存物品""固定资产""在建工程"等科目，贷记本科目。涉及增值税业务的，相关账务处理参见"应交增值税"科目。

（2）偿付应付账款时，按照实际支付的金额，借记本科目，贷记"财政拨款收入""零余额账户用款额度""银行存款"等科目。

（3）开出、承兑商业汇票抵付应付账款时，借记本科目，贷记"应付票据"科目。

（4）无法偿付或债权人豁免偿还的应付账款，应当按照规定报经批准后进行账务处理，经批准核销时，借记本科目，贷记"其他收入"科目。

### 三、应付账款科目案例解析

【例3-15】贵州 ZYJS 大学 2022 年发生以下相关业务：

（1）4 月 1 日，学校向贵州公司购买一批投影仪用于教学使用，共计 33 000元，款项尚未支付。

（2）3月31日，学校为更换部分老师的办公桌，从贵州公司购得20套桌椅，尚未支付货款10 000元。4月10日，学校开出商业承兑汇票来抵付贵州公司的货款10 000元。

（3）4月20日，学校长期合作的环境绿化供应商贵州公司同意豁免3月的绿植费用1 000元。

（4）5月1日，学校偿付贵州公司的货款33 000元。

根据上述信息，账务处理如下：

（1）购买设备。

财务会计：

| | |
|---|---|
| 借：固定资产——通专用设备 | 33 000 |
| 　　贷：应付账款——贵州公司 | 33 000 |

预算会计不做账务处理。

（2）开具商业汇票抵付应付账款。

财务会计：

| | |
|---|---|
| 借：应付账款——贵州公司 | 10 000 |
| 　　贷：应付票据——贵州公司 | 10 000 |

预算会计不做账务处理。

（3）豁免货款。

财务会计：

| | |
|---|---|
| 借：应付账款——贵州公司 | 1 000 |
| 　　贷：其他收入 | 1 000 |

预算会计不做账务处理。

（4）偿付应付账款。

财务会计：

| | |
|---|---|
| 借：应付账款——贵州公司 | 33 000 |
| 　　贷：银行存款——学校存款 | 33 000 |

预算会计：

| | |
|---|---|
| 借：事业支出——教育支出——财政拨款支出——项目支出——高等教育——资本性支出——专用设备 | 33 000 |
| 　　贷：资金结存——货币资金 | 33 000 |

# 第九节　应付利息

## 一、应付利息科目简介

应付利息是指高等学校按照合同约定应支付的借款利息，包括短期借款、分期付息到期还本的长期借款等应支付的利息。本科目应当按照债权人等进行明细核算，期末如为贷方余额，则反映高等学校应付未付的利息金额。

## 二、应付利息科目账务处理

（1）为建造固定资产等借入的专门借款的利息，属于建设期间发生的，按期计提利息费用时，按照计算确定的金额，借记"在建工程"科目，贷记本科目；不属于建设期间发生的，按期计提利息费用时，按照计算确定的金额，借记"其他费用"科目，贷记本科目。

（2）对于其他借款，按期计提利息费用时，按照计算确定的金额，借记"其他费用"科目，贷记本科目。

（3）实际支付应付利息时，按照支付的金额，借记本科目，贷记"银行存款"等科目。

## 三、应付利息科目案例解析

【例3-16】贵州ZYJS大学因修建操场的需要于2019年7月1日向工商银行云岩支行借款1 000 000元，借款利率为6%，借款期限为2年，按季度付息，到期还本。账务处理如下：

（1）2019年7月31日，按月计提利息费用时：

应付利息=1 000 000×6%÷12×3=5 000（元）

财务会计：

| | | |
|---|---|---|
| 借：在建工程——操场 | | 5 000 |
| 　　贷：应付利息——工商银行云岩支行 | | 5 000 |

预算会计不做账务处理。

2019年9月31日，实际支付利息时：

实际支付金额=5 000×3=15 000（元）

财务会计：

| | | |
|---|---|---|
| 借：应付利息——工商银行云岩支行 | | 15 000 |
| 　　贷：银行存款——学校存款 | | 15 000 |

预算会计：

| | | |
|---|---|---|
| 借：其他支出——其他资金支出——其他 | | 15 000 |
| 　　贷：资金结存——货币资金 | | 15 000 |

## 第十节　预收账款

### 一、预收账款科目简介

预收账款是指高等学校预先收取但尚未结算的款项。本科目应当按照债权人进行明细核算，期末如为贷方余额，则反映高等学校预收但尚未结算的款项金额。

### 二、预收账款科目账务处理

（1）从付款方预收款项时，按照实际预收的金额，借记"银行存款"等科目，贷记本科目。

（2）确认有关收入时，按照预收账款账面余额，借记本科目，按照应确认的收入金额，贷记"事业收入""经营收入"等科目，按照付款方补付或退回付款方的金额，借记或贷记"银行存款"等科目。涉及增值税业务的，相关账务处理参见"应交增值税"科目。

（3）无法偿付或债权人豁免偿还的预收账款，应当按照规定报经批准后进行账务处理。经批准核销时，借记本科目，贷记"其他收入"科目。核销的预收账款应在备查簿中保留登记。

### 三、预收账款科目案例解析

【例3-17】2022年5月，贵州 ZYJS 大学与贵州公司签订协议，贵州 ZYJS 大学为其管理人员开设专题政策讲座一次，合同金额为 5 000 元。贵州公司预先支付给贵州 ZYJS 大学 50% 的款项。账务处理如下：

财务会计：

借：银行存款——学校存款　　　　　　　　　　　　　　　　2 500

　　贷：预收账款——贵州公司　　　　　　　　　　　　　　　　2 500

预算会计：

借：资金结存——货币资金　　　　　　　　　　　　　　　　2 500

　　贷：经营预算收入　　　　　　　　　　　　　　　　　　　　2 500

【例3-18】继【例3-17】，2022年6月，专题讲座顺利开展并结束，贵州公司支付贵州 ZYJS 大学剩余的款项 2 500 元。账务处理如下：

财务会计：

借：银行存款　　　　　　　　　　　　　　　　　　　　　　2 500

　　预收账款——贵州公司　　　　　　　　　　　　　　　　　2 500

　　　　贷：经营收入　　　　　　　　　　　　　　　　　　　　　5 000

　　预算会计：

　　借：资金结存——货币资金　　　　　　　　　　　　　　　2 500

　　　　贷：经营预算收入　　　　　　　　　　　　　　　　　　2 500

　　【例3-19】继【例3-18】，若贵州公司无法偿付剩余价款，则贵州ZYJS大学
的账务处理如下：

　　财务会计：

　　借：预收账款——贵州公司　　　　　　　　　　　　　　　2 500

　　　　贷：其他收入　　　　　　　　　　　　　　　　　　　　2 500

　　预算会计不做账务处理。

## 第十一节　其他应付款

### 一、其他应付款科目简介

　　其他应付款是指高等学校除应交增值税、其他应交税费、应缴财政款、应付职工薪酬、应付票据、应付账款、应付利息、预收账款以外，其他各项偿还期限在一年以内（含一年）的应付及暂收款项，如收取的押金、存入保证金、已经报销但尚未偿还银行的公务卡欠款等。

　　同级政府财政部门预拨的下期预算款和没有纳入预算的暂付款项，以及采用实拨资金方式通过本单位转拨给下属单位的财政拨款，也通过本科目核算。

　　其他应付款应当按照其他应付款的类别以及债权人等进行明细核算，期末如为贷方余额，则反映高等学校尚未支付的其他应付款金额。

### 二、其他应付款科目账务处理

　　（1）发生其他应付及暂收款项时，借记"银行存款"等科目，贷记本科目，支付（退回）其他应付及暂收款项时，借记本科目，贷记"银行存款"等科目；将暂收款项转为收入时，借记本科目，贷记"事业收入"等科目。

　　（2）收到同级政府财政部门预拨的下期预算款和没有纳入预算的暂付款项，按照实际收到的金额，借记"银行存款"等科目，贷记本科目；待到下一预算期或批准纳入预算时，借记本科目，贷记"财政拨款收入"科目。

　　（3）采用实拨资金方式通过本单位转拨给下属单位的财政拨款，按照实际收到的金额，借记"银行存款"科目，贷记本科目；向下属单位转拨财政拨款时，按照转拨的金额，借记本科目，贷记"银行存款"科目。

（4）公务卡持卡人报销时，按照审核报销的金额，借记"业务活动费用""单位管理费用"等科目，贷记本科目；偿还公务卡欠款时，借记本科目，贷记"零余额账户用款额度"等科目。

（5）涉及质保金形成其他应付款的，相关账务处理参见"固定资产"科目。

（6）无法偿付或债权人豁免偿还的其他应付款项，应当按照规定报经批准后进行账务处理。经批准核销时，借记本科目，贷记"其他收入"科目。核销的其他应付款应在备查簿中保留登记。

### 三、其他应付款科目案例解析

【例 3-20】2022 年 12 月 6 日，贵州 ZYJS 大学收到同级财政部门预拨的下期预算款 500 000 元。2023 年 1 月 6 日，该款项批准纳入该年的预算。账务处理如下：

（1）2022 年 12 月 6 日。

财务会计：

| | | |
|---|---|---|
| 借：银行存款——学校存款 | 500 000 | |
| 　　贷：其他应付款——省财政厅 | | 500 000 |

预算会计不做账务处理。

（2）2023 年 1 月 6 日。

财务会计：

| | | |
|---|---|---|
| 借：其他应付款——省财政厅 | 500 000 | |
| 　　贷：财政拨款收入 | | 500 000 |

预算会计：

| | | |
|---|---|---|
| 借：资金结存——货币资金 | 500 000 | |
| 　　贷：财政拨款预算收入 | | 500 000 |

## 第十二节　预提费用

### 一、预提费用科目简介

预提费用是指高等学校预先提取的已经发生但尚未支付的费用，如预提租金费用等。高等学校按规定从科研项目收入中提取的项目间接费用或管理费，也通过本科目核算。

高等学校计提的借款利息费用，通过"应付利息""长期借款"科目核算，不通过本科目核算。

预提费用应当按照预提费用的种类进行明细核算。对于提取的项目间接费用或管理费，应当在本科目下设置"项目间接费用或管理费"明细科目，并按项目进行明细核算，期末贷方余额反映高等学校已预提但尚未支付的各项费用。

### 二、预提费用账务处理

（1）项目间接费用或管理费，按规定从科研项目收入中提取项目间接费用或管理费时，按照提取的金额，借记"单位管理费用"科目，贷记本科目（项目间接费用或管理费）。

实际使用计提的项目间接费用或管理费时，按照实际支付的金额，借本科目（项目间接费用或管理费），贷记"银行存款""库存现金"等科目。

（2）其他预提费用，按期预提租金等费用时，按照预提的金额，借记"业务活动费用""单位管理费用""经营费用"等科目，贷记本科目。

实际支付款项时，按照支付金额，借记本科目，贷记"零余额账户用款额度""银行存款"等科目。

### 三、预提费用案例解析

【例3-21】2022年4月2日，贵州ZYJS大学按规定从科研项目收入中提取项目间接费用30 000元 。账务处理如下：

财务会计：

借：业务活动费用——科研费用——商品和服务费用     30 000

  贷：预提费用——项目间接费用        30 000

预算会计：

借：非财政拨款结转——项目间接费用       30 000

  贷：非财政拨款结余——项目间接费用      30 000

2022年9月26日，该学校实际使用计提的项目间接费用为25 000元。账务处理如下：

财务会计：

借：预提费用——项目间接费用         25 000

  贷：银行存款——学校存款         25 000

预算会计：

借：事业支出——教育支出——财政拨款支出——项目支出——高等教育——

  商品和服务支出——办公费        25 000

  贷：资金结存——货币资金         25 000

【例3-22】贵州ZYJS大学于2022年8月1日租赁一辆客车作为学校教职工交通车，月租金为3 000元，约定于每年年末支付当年的租赁费。该学校2022年租入的设备的使用期为8月至11月。每月末账务处理如下：

财务会计：

借：单位管理费用——后勤保障费用——商品和服务费用      3 000

    贷：预提费用      3 000

预算会计不做账务处理。

2022 年 12 月末支付租金时，账务处理如下：

财务会计：

借：单位管理费用——后勤保障费用——商品和服务费用      3 000

    预提费用      12 000

    贷：银行存款      15 000

预算会计：

借：事业支出——教育支出——财政拨款支出——基本支出——高等教育——

    商品和服务支出——租赁费      15 000

    贷：资金结存——货币资金      15 000

【例 3-23】2022 年 6 月，贵州 ZYJS 大学按规定从科研项目收入中计提项目间接费用或管理费 50 000 元。账务处理如下：

财务会计：

借：业务活动费——科研费用——商品和服务费用      50 000

    贷：预提费用——项目间接费用或管理费      50 000

预算会计：

借：非财政拨款结转——项目间接费用或管理费      50 000

    贷：非财政拨款结余——项目间接费用或管理费      50 000

2022 年 7 月，贵州 ZYJS 大学用该笔预提费用购买了一台用于放置实验设备的仪器台，价值 20 000 元。账务处理如下：

财务会计：

借：预提费用——项目间接费用或管理费      20 000

    贷：银行存款——学校存款      20 000

预算会计：

借：事业支出——教育支出——财政拨款支出——项目支出——高等教育——

    商品和服务支出——专用设备      20 000

    贷：资金结存      20 000

## 第十三节　长期借款

### 一、长期借款科目简介

长期借款是指高等学校经批准向银行或其他金融机构等借入的期限超过一年（不含一年）的各种借款本息。本科目应当设置"本金"和"应计利息"明细科目，并按照贷款单位和贷款种类进行明细核算。对于建设项目借款，还应按照具体项目进行明细核算。期末如为贷方余额，则反映高等学校尚未偿还的长期借款本息金额。

### 二、长期借款科目账务处理

（1）借入各项长期借款时，按照实际借入的金额，借记"银行存款"科目，贷记本科目（本金）。

（2）为建造固定资产等应支付的专门借款利息，按期计提利息时，分别按以下情况处理：

①属于工程项目建设期间发生的利息，计入工程成本，按照计算确定的应支付的利息金额，借记"在建工程"科目，贷记"应付利息"科目；

②属于工程项目完工交付使用后发生的利息，计入当期费用，按照计算确定的应支付的利息金额，借记"其他费用"科目，贷记"应付利息"科目。

（3）按期计提其他长期借款的利息时，按照计算确定的应支付的利息金额，借记"其他费用"科目，贷记"应付利息"科目（分期付息、到期还本借款的利息）或本科目（应计利息、到期一次还本付息借款的利息）。

（4）到期归还长期借款本金、利息时，借记本科目（本金、应计利息），贷记"银行存款"科目。

### 三、长期借款科目案例解析

【例3-24】贵州ZYJS大学于2019年1月1日从银行借入资金2 000 000元，借款期限为3年，年利率为8%，按年支付利息，到期一次还本。账务处理如下：

财务会计：

| | | |
|---|---|---|
| 借：银行存款——学校存款 | | 2 000 000 |
| 　　贷：长期借款——本金 | | 2 000 000 |

预算会计：

| | | |
|---|---|---|
| 借：资金结存——货币资金 | | 2 000 000 |
| 　　贷：债务预算收入——本金 | | 2 000 000 |

【例3-25】继【例3-24】，贵州 ZYJS 大学学校借入的长期借款用于翻修教学楼。该翻新工作于2019年1月1日开工，2021年1月1日完工交付使用。2021年12月31日，该学校归还长期借款本息。

2019年年末和2020年年末的会计处理如下：

利息费用＝2 000 000×8％＝160 000（元）

（1）财务会计分录。

计提利息时：

借：在建工程——教学楼 160 000

　　贷：应付利息 160 000

支付利息时：

借：应付利息 160 000

　　贷：银行存款——学校存款 160 000

（2）预算会计分录。

借：其他支出——其他资金支出——其他 160 000

　　贷：资金结存——货币资金 160 000

# 第十四节　长期应付款

## 一、长期应付款科目简介

长期应付款是指高等学校发生的偿还期限超过一年（不含一年）的应付款项，如以融资租赁方式取得固定资产应付的租赁费等。本科目应当按照长期应付款的类别以及债权人进行明细核算，期末如为贷方余额，则反映高等学校尚未支付的长期应付款金额。

## 二、长期应付款科目账务处理

（1）发生长期应付款时，借记"固定资产""在建工程"等科目，贷记本科目。

（2）支付长期应付款时，按照实际支付的金额，借记本科目，贷记"财政拨款收入""零余额账户用款额度""银行存款"等科目。涉及增值税业务的，相关账务处理参见"应交增值税"科目。

（3）无法偿付或债权人豁免偿还的长期应付款，应当按照规定报经批准后进行账务处理。经批准核销时，借记本科目，贷记"其他收入"科目。核销的长期应付款应在备查簿中保留登记。

（4）涉及质保金形成长期应付款的，相关账务处理参见"固定资产"科目。

### 三、长期应付款科目案例解析

【例3-26】2022年4月20日，贵州ZYJS大学以分期付款方式从贵州公司购入一台实验仪器，总价款1 200 000元，约定款项分3年，每年年末支付。账务处理如下：

财务会计：

借：固定资产——专用设备                                          1 200 000

　　贷：长期应付款——贵州公司                                      1 200 000

预算会计不做账务处理。

【例3-27】继【例3-26】，贵州ZYJS大学于2022年年末使用财政直接支付方式支付款项。账务处理如下：

财务会计：

借：长期应付款——贵州公司                                          400 000

　　贷：财政拨款收入                                                400 000

预算会计：

借：事业支出——教育支出——财政拨款支出——项目支出——高等教育——
资本性支出——专用设备                                              400 000

　　贷：财政拨款预算收入                                            400 000

【例3-28】继【例3-27】，贵州ZYJS大学在该笔长期应付款支付两年后，由贵州公司豁免最后一年应付的款项。贵州ZYJS大学按照规定报经批准后予以核销时。账务处理如下：

财务会计：

借：长期应付款——贵州公司                                          400 000

　　贷：其他收入                                                    400 000

预算会计不做账务处理。

# 第十五节　预计负债

## 一、预计负债科目简介

预计负债是指高等学校对因或有事项所产生的现时义务而确认的负债，如对未决诉讼等确认的负债。本科目应当按照预计负债的项目进行明细核算，期末如为贷方余额，则反映高等学校已确认但尚未支付的预计负债金额。

## 二、预计负债科目账务处理

（1）确认预计负债时，按照预计的金额，借记"业务活动费用""经营费用""其他费用"等科目，贷记本科目。

（2）实际偿付预计负债时，按照偿付的金额，借记本科目，贷记"银行存款""零余额账户用款额度"等科目。

（3）根据确凿证据需要对已确认的预计负债账面余额进行调整的，按照调整增加的金额，借记有关科目，贷记本科目；按照调整减少的金额，借记本科目，贷记有关科目。

## 三、预计负债科目案例解析

【例3-29】2022年11月1日，贵州ZYJS大学因一项与贵州公司合作研究的合同违约被贵州公司起诉。2022年12月31日，贵州ZYJS大学尚未接到法院的判决书。在咨询了法律顾问后，贵州ZYJS大学认为最终的法律判决很可能对学校不利。假定贵州ZYJS大学预计将要支付的赔偿金额、诉讼费等费用为300 000元至600 000元之间的某一金额，而且这个区间内每个金额的可能性都大致相同。

贵州ZYJS大学应在资产负债表中确认一项预计负债，金额为（300 000+600 000）÷2＝450 000（元）。

同时在2022年12月31日的附注中进行披露。

账务处理如下：

财务会计：

借：业务活动费用——教育费用——商品和服务费用　　　　　450 000
　　贷：预计负债——未决诉讼　　　　　　　　　　　　　　　　450 000

预算会计不做账务处理。

2023年2月1日，法律判决表明贵州ZYJS大学要支付赔偿金额400 000元。账务处理如下：

财务会分录：

借：预计负债——未决诉讼　　　　　　　　　　　　　　　　450 000
　　贷：银行存款　　　　　　　　　　　　　　　　　　　　　400 000
　　　　业务活动费用——教育费用——商品和服费用　　　　　50 000

预算会计：

借：事业支出——教育支出——财政拨款支出——项目支出——高等教育——商品和服务支出——其他商品和服务支出　　　　　400 000
　　贷：资金结存——货币资金　　　　　　　　　　　　　　　400 000

## 第十六节 受托代理负债

### 一、受托代理负债科目简介

受托代理负债是指高等学校接受委托取得受托代理资产时形成的负债。本科目期末如为贷方余额，则反映高等学校尚未交付或发出受托代理资产形成的受托代理负债金额。

### 二、受托代理负债科目账务处理

受托代理负债科目的账务处理参见"受托代理资产""库存现金""银行存款"等科目。

### 三、受托代理负债科目案例解析

【例3-30】2022年10月28日，贵州ZYJS大学接受外市的某事业单位委托，将一设备转赠给科研所，价值300 000元，设备已被贵州ZYJS大学验收入库。账务处理如下：

财务会计：

借：受托代理资产——受托存储保管物资　　　　　　　　　　300 000

　　贷：受托代理负债　　　　　　　　　　　　　　　　　　300 000

预算会计不做账务处理。

# 第四章　净资产

## 第一节　净资产概述

### 一、净资产的概念

高等学校的净资产是指高等学校的资产总额在抵偿了一切现存义务以后的差额部分。它是属于高等学校所有并可以自由支配的资产。

净资产金额取决于资产和负债的计量，即净资产＝资产－负债。净资产项目应当列入资产负债表。

### 二、净资产的内容

高等学校的净资产包括累计盈余、专用基金、权益法调整、本期盈余、本年盈余分配、无偿调拨净资产、以前年度盈余调整。

## 第二节　累计盈余

### 一、累计盈余科目简介

累计盈余是指高等学校历年实现的盈余扣除盈余分配后滚存的金额，以及因无偿调入调出资产产生的净资产变动额。

按照规定上缴、缴回、单位间调剂结转结余资金产生的净资产变动额，以及对以前年度盈余的调整金额，也通过本科目核算。期末余额反映高等学校未分配盈余（未弥补亏损）的累计数以及截至上年年末无偿调拨净资产变动的累计数。年末余额反映高等学校未分配盈余（未弥补亏损）以及无偿调拨净资产变动的累计数。

### 二、累计盈余科目账务处理

（1）年末，将"本年盈余分配"科目的余额转入累计盈余，借记或贷记"本年盈余分配"科目，贷记或借记本科目。

（2）年末，将"无偿调拨净资产"科目的余额转入累计盈余，借记或贷记"无偿调拨净资产"科目，贷记或借记本科目。

（3）按照规定上缴财政拨款结转结余、缴回非财政拨款结转资金、向其他单位调出财政拨款结转资金时，按照实际上缴、缴回、调出金额，借记本科目，贷记"财政应返还额度""零余额账户用款额度""银行存款"等科目。

按照规定从其他单位调入财政拨款结转资金时，按照实际调入金额，借记"零余额账户用款额度""银行存款"等科目，贷记本科目。

（4）将"以前年度盈余调整"科目的余额转入本科目，借记或贷记"以前年度盈余调整"科目，贷记或借记本科目。

（5）按照规定使用专用基金购置固定资产、无形资产的，按照固定资产、无形资产成本金额，借记"固定资产""无形资产"科目，贷记"银行存款"等科目；同时，按照专用基金使用金额，借记"专用基金"科目，贷记本科目。

### 三、累计盈余科目案例解析

【例4-1】2022年12月31日，贵州ZYJS大学的"本年盈余分配"科目的余额为45 000元。账务处理如下：

财务会计：

借：本年盈余分配                  45 000

    贷：累计盈余                  45 000

预算会计不做账务处理。

【例4-2】2022年12月31日，贵州ZYJS大学的"无偿调拨净资产"科目的余额为50 000元。账务处理如下：

财务会计：

借：无偿调拨净资产                50 000

    贷：累计盈余                  50 000

预算会计不做账务处理。

【例4-3】贵州ZYJS大学在2022年使用财政拨款建设远程可视化教学设备购置项目。因政府采购公开招标确定的采购中标价格低于财政拨款预算金额，形成结余资金120 000元，一直挂账未使用，也未编入下年预算。该项目为财政授权支付。2023年3月7日，该学校按照审计整改要求上缴该项财政拨款结余资金。账务处理如下：

财务会计：

借：累计盈余                   120 000

    贷：零余额账户用款额度        120 000

预算会计：

借：财政拨款结余——归集上缴　　　　　　　　　　　　　120 000

　　贷：资金结存——零余额账户用款额度　　　　　　　　　120 000

【例4-4】2022年12月31日，贵州ZYJS大学从其他单位调入资金20 000元。账务处理如下：

财务会计：

借：零余额账户用款额度　　　　　　　　　　　　　　　20 000

　　贷：累计盈余　　　　　　　　　　　　　　　　　　　20 000

预算会计：

借：资金结存——零余额账户用款额度　　　　　　　　　20 000

　　贷：财政拨款结转——归集调入　　　　　　　　　　　20 000

【例4-5】2022年12月31日，贵州ZYJS大学的"以前年度盈余调整"科目的贷方余额为20 000元。账务处理如下：

财务会计：

借：以前年度盈余调整　　　　　　　　　　　　　　　　20 000

　　贷：累计盈余　　　　　　　　　　　　　　　　　　　20 000

预算会计不做账务处理。

# 第三节　专用基金

## 一、专用基金科目简介

专用基金是指高等学校按照规定提取或设置的具有专门用途的净资产，主要包括职工福利基金、科技成果转换基金等。本科目应当按照专用基金的类别进行明细核算，期末贷方余额反映高等学校累计提取或设置的尚未使用的专用基金。

## 二、专用基金科目账务处理

（1）年末，根据有关规定从本年度非财政拨款结余或经营结余中提取专用基金的，按照预算会计计算的提取金额，借记"本年盈余分配"科目，贷记本科目。

（2）根据有关规定从收入中提取专用基金并计入费用的，一般按照预算会计基于预算收入计算提取的金额，借记"业务活动费用"等科目，贷记本科目。国家另有规定的，从其规定。

（3）根据有关规定设置的其他专用基金，按照实际收到的基金金额，借记"银行存款"等科目，贷记本科目。

（4）按照规定使用提取的专用基金时，借记本科目，贷记"银行存款"等科目。

使用提取的专用基金购置固定资产、无形资产的，按照固定资产、无形资产成本金额，借记"固定资产""无形资产"科目，贷记"银行存款"等科目；同时，按照专用基金使用金额，借记本科目，贷记"累计盈余"科目。

### 三、专用基金科目案例解析

【例4-6】2022年年终，贵州ZYJS大学的非财政拨款的结余为400 000元，该学校按照结余的40%提取职工福利基金。账务处理如下：

财务会计：

借：本年盈余分配——提取职工福利基金　　　　　　　　160 000

　　贷：专用基金——职工福利基金　　　　　　　　　　　　160 000

预算会计：

借：非财政拨款结余分配　　　　　　　　　　　　　　　160 000

　　贷：专用结余——职工福利基金　　　　　　　　　　　　160 000

【例4-7】2022年，贵州ZYJS大学的事业收入中的横向课题收入5 000 000元。按照相关规定，该高校提取科研成果转化基金，提取比例为5%。账务处理如下：

财务会计：

借：业务活动费用——教育费用——计提专用基金　　　　250 000

　　贷：专用基金——科技成果转化基金　　　　　　　　　　250 000

预算会计不做账务处理。

【例4-8】贵州ZYJS大学在2022年利用从经营结余中提取的专用基金购置了一台教学用固定资产。该固定资产的市场公允价值为200 000元，应缴纳的增值税额为26 000元。账务处理如下：

财务会计：

借：固定资产——专用设备　　　　　　　　　　　　　　200 000

　　应交税费——应交增值税（进项税额）　　　　　　　　26 000

　　贷：银行存款　　　　　　　　　　　　　　　　　　　226 000

借：专用基金　　　　　　　　　　　　　　　　　　　　226 000

　　贷：累计盈余　　　　　　　　　　　　　　　　　　　226 000

预算会计：

借：专用结余　　　　　　　　　　　　　　　　　　　　226 000

　　贷：资金结存——货币资金　　　　　　　　　　　　　226 000

## 第四节　权益法调整

### 一、权益法调整科目简介

权益法调整是指高等学校持有的长期股权投资采用权益法核算时，按照被投资单位除净损益和利润分配以外的所有者权益变动份额调整长期股权投资账面余额而计入净资产的金额。本科目应当按照被投资单位进行明细核算。期末余额反映高等学校在被投资单位除净损益和利润分配以外的所有者权益变动中累积享有（分担）的份额。

### 二、权益法调整科目账务处理

（1）年末，按照被投资单位除净损益和利润分配以外的所有者权益变动应享有（应分担）的份额，借记或贷记"长期股权投资——其他权益变动"科目，贷记或借记本科目。

（2）采用权益法核算的长期股权投资，因被投资单位除净损益和利润分配以外的所有者权益变动而将应享有（应分担）的份额计入单位净资产的，处置该项投资时，按照原计入净资产的相应部分金额，借记或贷记本科目，贷记或借记"投资收益"科目。

### 三、权益法调整科目案例解析

【例 4-9】2022 年，贵州 ZYJS 大学控股 30% 的企业除净损益和利润分配以外的所有者权益变动金额为 1 000 000 元，不考虑相关税费。账务处理如下：

财务会计：

借：长期股权投资——其他权益变动　　　　　　　　　　　　300 000

　　贷：权益法调整　　　　　　　　　　　　　　　　　　　　300 000

预算会计不做账务处理。

【例 4-10】贵州 ZYJS 大学持有某企业 30% 的股份。2022 年，该企业除净损益和利润分配以外的所有者权益变动金额为 1 000 000 元。不考虑相关税费，该学校在 2022 年处置了该项投资。账务处理如下：

财务会计：

借：长期股权投资——其他权益变动　　　　　　　　　　　　300 000

　　贷：权益法调整　　　　　　　　　　　　　　　　　　　　300 000

借：权益法调整　　　　　　　　　　　　　　　　　　　　　300 000

　　贷：投资收益　　　　　　　　　　　　　　　　　　　　　300 000

预算会计不做账务处理。

## 第五节　本期盈余

### 一、本期盈余科目简介

本期盈余是指高等学校本期各项收入、费用相抵后的余额。期末如为贷方余额，反映高等学校自年初至当期期末累计实现的盈余；如为借方余额，反映高等学校自年初至当期期末累计发生的亏损。年末结账后，本科目应无余额。

### 二、本期盈余科目账务处理

（1）期末，将各类收入科目的本期发生额转入本期盈余，借记"财政拨款收入""事业收入""上级补助收入""附属单位上缴收入""经营收入""非同级财政拨款收入""投资收益""捐赠收入""利息收入""租金收入""其他收入"科目，贷记本科目；将各类费用科目本期发生额转入本期盈余，借记本科目，贷记"业务活动费用""单位管理费用""经营费用""所得税费用""资产处置费用""上缴上级费用""对附属单位补助费用""其他费用"科目。

（2）年末，完成上述结转后，将本科目余额转入"本年盈余分配"科目，借记或贷记本科目，贷记或借记"本年盈余分配"科目。

### 三、本期盈余科目案例解析

【例4-11】贵州 ZYJS 大学将 2022 年的收入、费用进行结转。该年发生的收入费用项目如下：

（1）财政拨款收入 2 000 000 元，将用于教职工经费的支付，收取非上缴考试费 500 000 元，上级补助收入 100 000 元，附属的单位上缴收入 20 000 元，组织学生开展制作手工艺品出售活动获得销售收入 3 000 元，投资收益 2 000 元，其他收入 8 000 元。

（2）支付电费和取暖费 90 000 元，采购办公用笔记本、书本时花费 30 000 元，支付学校安保人员工资 30 000 元，处置资产时花费 2 000 元，按规定应定额上缴上级单位某高校的款项为 20 000 元。

结转本年年度收入，账务处理如下：

财务会计：

| | |
|---|---:|
| 借：财政拨款收入 | 2 000 000 |
| 　　事业收入 | 500 000 |
| 　　上级补助收入 | 100 000 |
| 　　附属单位上缴收入 | 20 000 |
| 　　经营收入 | 3 000 |

| | |
|---|---|
| 非同级财政拨款收入 | 2 000 |
| 投资收益 | 8 000 |
| 贷：本期盈余 | 2 633 000 |

预算会计不做账务处理。

结转本年年度费用，账务处理如下：

财务会计：

| | |
|---|---|
| 借：本期盈余 | 172 000 |
| 贷：业务活动费用 | 90 000 |
| 单位管理费用 | 30 000 |
| 经营费用 | 30 000 |
| 资产处置费用 | 2 000 |
| 上缴上级费用 | 20 000 |

预算会计不做账务处理。

【例4-12】2022年12月31日，贵州ZYJS大学结转"本年盈余"科目，涉及金额47 000元。账务处理如下：

财务会计：

| | |
|---|---|
| 借：本期盈余 | 47 000 |
| 贷：本年盈余分配 | 47 000 |

预算会计不做账务处理。

# 第六节  本年盈余分配

## 一、本年盈余分配科目简介

本年盈余分配是指高等学校本年度盈余分配的情况和结果，年末结账后，本科目应无额。

## 二、本年盈余分配科目账务处理

（1）年末，将"本期盈余"科目余额转入本科目，借记或贷记"本期盈余"科目，贷记或借记本科目。

（2）年末，根据有关规定从本年度非财政拨款结余或经营结余中提取专用基金的，按照预算会计下计算的提取金额，借记本科目，贷记"专用基金"科目。

（3）年末，按照规定完成上述两项处理后，将本科目余额转入累计盈余，借记或贷记本科目，贷记或借记"累计盈余"科目。

### 三、本年盈余分配科目案例解析

【例 4-13】2022 年 12 月 31 日，贵州 ZYJS 大学的"本年盈余分配"科目的余额为 43 000 元。账务处理如下：

财务会计：

借：本年盈余分配                             43 000

    贷：累计盈余                          43 000

预算会计不做账务处理。

# 第七节　无偿调拨净资产

## 一、无偿调拨净资产科目简介

无偿调拨净资产是指高等学校无偿调入或调出非现金资产所引起的净资产变动金额。年末结账后，本科目应无余额。

## 二、无偿调拨净资产科目账务处理

（1）按照规定取得无偿调入的存货、长期股权投资、固定资产、无形资产、公共基础设施、政府储备物资、文物文化资产、保障性住房等，按照确定的成本，借记"库存物品""长期股权投资""固定资产""无形资产""公共基础设施""政府储备物资""文物文化资产""保障性住房"等科目，按照调入过程中发生的归属于调入方的相关费用，贷记"零余额账户用款额度""银行存款"等科目，按照其差额，贷记本科目。

（2）按照规定经批准无偿调出的存货、长期股权投资、固定资产、无形资产、公共基础设施、政府储备物资、文物文化资产、保障性住房等，按照调出资产的账面余额或账面价值，借记本科目，按照固定资产累计折旧、无形资产累计摊销、公共基础设施累计折旧或摊销、保障性住房累计折旧的金额，借记"固定资产累计折旧""无形资产累计摊销""公共基础设施累计折旧（摊销）保障性住房累计折旧"科目，按照调出资产的账面余额，贷记"库存物品""长期股权投资""固定资产""无形资产""公共基础设施""政府储备物资""文物文化资产""保障性住房"等科目；同时，按照调出过程中发生的归属于调出方的相关费用，借记"资产处置费用"科目，贷记"零余额账户用款额度""银行存款"等科目。

（3）年末，将本科目余额转入累计盈余，借记或贷记本科目，贷记或借记"累计盈余"科目。

### 三、无偿调拨净资产科目案例解析

【例 4-14】贵州 ZYJS 大学于 2022 年取得无偿调入存货 20 000 元，长期股权投资 10 000 元，固定资产 5 000 元，同时发生调入费用 5 000 元。账务处理如下：

财务会计：

| | | |
|---|---|---|
| 借：库存物品 | | 20 000 |
| 固定资产 | | 5 000 |
| 长期股权投资 | | 10 000 |
| 贷：无偿调拨净资产 | | 35 000 |

预算会计：

| | | |
|---|---|---|
| 借：其他支出——其他资金支出——其他 | | 5 000 |
| 贷：资金结存 | | 5 000 |

【例 4-15】2022 年 3 月 6 日，贵州 ZYJS 大学接受其他部门无偿调入物资一批。该批物资在调出方的账面价值为 20 000 元，经验收合格后入库。在物资调入过程中，该学校以银行存款支付了运输费 1 000 元，不再考虑相关税费。账务处理如下：

财务会计：

| | | |
|---|---|---|
| 借：库存物品 | | 21 000 |
| 贷：银行存款 | | 1 000 |
| 无偿调拨净资产 | | 20 000 |

预算会计：

| | | |
|---|---|---|
| 借：其他支出——其他资金支出——其他 | | 1 000 |
| 贷：资金结存——货币资金 | | 1 000 |

【例 4-16】贵州 ZYJS 大学于 2022 年发生无偿调出无形资产原价 20 000 元（累计摊销 2 000 元），无偿调出一批图书 10 000 元。账务处理如下：

财务会计：

| | | |
|---|---|---|
| 借：无偿调拨净资产 | | 28 000 |
| 无形资产累计摊销 | | 2 000 |
| 贷：无形资产 | | 20 000 |
| 固定资产 | | 10 000 |

【例 4-17】2022 年 4 月 8 日，贵州 ZYJS 大学经批准对外无偿调出一台天文望远镜。该设备账面价值 100 000 元，已计提 40 000 元。在调拨过程中，该学校以现金支付了运输费 1 000 元，不考虑相关税费。账务处理如下：

财务会计：

| | | |
|---|---|---|
| 借：无偿调拨净资产 | | 60 000 |
| 固定资产累计折旧 | | 40 000 |
| 贷：固定资产 | | 100 000 |

借：资产处置费用 1 000

　　贷：库存现金——学校现金 1 000

预算会计：

借：其他支出——其他资金支出——其他 1 000

　　贷：资金结存——货币资金 1 000

【例 4-18】2022 年年末，贵州 ZYJS 大学的"无偿调拨净资产"科目的余额为 60 000 元。账务处理如下：

财务会计：

借：无偿调拨净资产 60 000

　　贷：累计盈余 60 000

预算会计不做账务处理。

## 第八节 以前年度盈余调整

### 一、以前年度盈余调整科目简介

以前年度盈余调整是指高等学校本年度发生的调整以前年度盈余的事项，包括本年度发生的重要前期差错更正涉及调整以前年度盈余的事项，科目结转后应无余额。

### 二、以前年度盈余调整科目账务处理

（1）调整增加以前年度收入时，按照调整增加的金额，借记有关科目，贷记本科目。调整减少的，做相反会计分录。

（2）调整增加以前年度费用时，按照调整增加的金额，借记本科目，贷记有关科目。调整减少的，做相反会计分录。

（3）盘盈的各种非流动资产，报经批准后处理时，借记"待处理财产损溢"科目，贷记本科目。

（4）经上述调整后，应将本科目的余额转入累计盈余，借记或贷记"累计盈余"科目，贷记或借记本科目。

### 三、以前年度盈余调整科目案例解析

【例 4-19】2023 年 1 月 31 日，贵州 ZYJS 大学 2022 年决算报告已上报，其财务人员在账务查询时，发现 2022 年 12 月的账务处理存在以下"以前年度调整"事项：

（1）2022 年 12 月 20 日，已收缴财政的学费回拨款 10 000 000 元，其财务会计

分录贷方应入"教育事业收入"，而误入"应缴财政款"，未做预算会计分录，该事项应予以错账更正。账务处理如下：

财务会计：

借：应缴财政款——应缴财政专户款 10 000 000

　　贷：以前年度盈余调整 10 000 000

预算会计：

借：资金结存——货币资金 10 000 000

　　贷：非财政拨款结余——年初余额调整——基本支出结余 10 000 000

（2）2019年12月22日，材料中心按规定程序购买的一批实验材料，其发票金额为9 000 000元，已验收，并已注明该批材料直接领用，不做入库处理，该批材料资金来源为非财政非专项资金。其财务会计分录借方应入"业务活动费——教育费用——商品和服务费用"，而误入"其他应收款"科目，未做预算会计分录，该事项应予以错账更正。账务处理如下：

财务会计：

借：以前年度盈余调整 9 000 000

　　贷：其他应收款——××单位 9 000 000

财务会计：

借：非财政拨款结余——年初余额调整——基本支出结余 9 000 000

　　贷：资金结存——货币资金 9 000 000

（3）2019年12月24日，购入一批图书，价值8 800 000元。其财务会计分录借方应入"固定资产"科目，而误入"业务活动费——教育费用——商品和服务费用"，其预算会计分录正确，该事项应予以错账更正。账务处理如下：

财务会计：

借：固定资产——图书、档案 8 800 000

　　贷：以前年度盈余调整 8 800 000

预算会计不做账务处理。

【例4-20】将"以前年度盈余调整"科目贷方余额9 800 000元，转入"累计盈余"科目。账务处理如下：

财务会计：

借：以前年度盈余调整 9 800 000

　　贷：累计盈余 9 800 000

预算会计不做账务处理。

# 第五章　收入

## 第一节　收入概述

### 一、收入的概念

在高等学校会计实务中，收入是指高等学校开展业务及其他活动依法取得的非偿还性资金。高等学校是公益性社会组织，在向社会提供服务时有一定的收入作为保障，收入的来源可以是财政补助资金，也可以是高等学校的业务收费，还可以是社会捐赠等其他渠道的资金。一般来说，高等学校依法取得的各项资金若不需要在未来偿还，则可确认为收入。

### 二、收入的分类

高等学校的收入包括财政补助收入、事业收入、上级补助收入、附属单位上缴收入、经营收入和其他收入等。高等学校的收入按取得方式划分，可分为补助收入、业务活动收入和其他活动收入。高等学校的收入按资金性质，可分为财政性资金收入、非财政性资金收入。按收入的限定性要求不同划分，收入可分为基本支出补助和项目支出补助、专项资金收入和非专项资金收入。

### 三、收入的确认

高等学校的收入应当以权责发生制为基础确认。一般来讲，收入的确认至少应该符合以下三个条件：第一，与收入相关的经济利益应当很可能流入高等学校；第二，经济利益流入的结果会导致资产的增加或者负债的减少；第三，经济利益的流入额能够可靠计量。

## 第二节　财政拨款收入

### 一、财政拨款收入科目简介

财政拨款收入是指高等学校从同级政府财政部门取得的各类财政拨款。同级政府财政部门预拨的下期预算款和没有纳入预算的暂付款项，以及采用实拨资金方式通过本单位转拨给下属单位的财政拨款，通过"其他应付款"科目核算，不通过本科目核算。本科目可按照一般公共预算财政拨款、政府性基金预算财政拨款等拨款种类进行明细核算，期末结转后本科目应无余额。

### 二、财政拨款收入科目账务处理

（1）财政直接支付方式下，根据收到的"财政直接支付入账通知书"及相关原始凭证，按照通知书中的直接支付入账金额，借记"库存物品""固定资产""业务活动费用""单位管理费用""应付职工薪酬"等科目，贷记本科目。涉及增值税业务的，相关账务处理参见"应交增值税"科目。

年末，根据本年度财政直接支付预算指标数与当年财政直接支付实际支付数的差额，借记"财政应返还额度——财政直接支付"科目，贷记本科目。

（2）财政授权支付方式下，根据收到的"财政授权支付额度到账通知书"，按照通知书中的授权支付额度，借记"零余额账户用款额度"科目，贷记本科目。

年末，本年度财政授权支付预算指标数大于零余额账户用款额度下达数的，根据未下达的用款额度，借记"财政应返还额度——财政授权支付"科目，贷记本科目。

（3）其他方式下收到财政拨款收入时，按照实际收到的金额，借记"银行存款"等科目，贷记本科目。

（4）因差错更正或购货退回等发生国库直接支付款项退回的，属于以前年度支付的款项，按照退回金额，借记"财政应返还额度——财政直接支付"科目，贷记"以前年度盈余调整""库存物品"等科目；属于本年度支付的款项，按照退回金额，借记本科目，贷记"业务活动费用""库存物品"等科目。

（5）期末，将本科目本期发生额转入本期盈余，借记本科目，贷记"本期盈余"科目。

### 三、财政拨款收入科目案例解析

【例5-1】2023年3月1日，贵州ZYJS大学收到"财政直接支付入账通知书"，列示由财政直接支付学校后勤部门物业管理费70 000元、维修费20 000元。账务处理如下：

财务会计：

借：单位管理费用——后勤保障费用——商品和服务费用　　　　70 000

　　单位管理费用——后勤保障费用——商品和服务费用　　　　20 000

　　　贷：财政拨款收入　　　　　　　　　　　　　　　　　　　　90 000

预算会计：

借：事业支出——后勤保障支出——财政拨款支出——基本支出——高等教育

　　——商品和服务支出——物业管理费　　　　　　　　　　　70 000

　　事业支出——后勤保障支出——财政拨款支出——基本支出——高等教育

　　——商品和服务支出——维修费　　　　　　　　　　　　　20 000

　　　贷：财政拨款预算收入——基本支出　　　　　　　　　　　　90 000

【例5-2】2023年4月6日，贵州ZYJS大学收到代理银行转来的授权支付到账通知书，列示收到学院重点专业建设专项资金2 000 000元。账务处理如下：

财务会计：

借：零余额账户用款额度　　　　　　　　　　　　　　　　2 000 000

　　　贷：财政拨款收入　　　　　　　　　　　　　　　　　　2 000 000

预算会计：

借：资金结存——零余额账户用款额度　　　　　　　　　　2 000 000

　　　贷：财政拨款预算收入——项目支出——重点专业建设专项资金

　　　　　　　　　　　　　　　　　　　　　　　　　　　　2 000 000

【例5-3】2023年5月21日，贵州ZYJS大学收到开户银行转来的入账通知书，列示收到同级财政部门下拨的500 000元高层次人才专项经费。账务处理如下：

财务会计：

借：银行存款——学校存款　　　　　　　　　　　　　　　　500 000

　　　贷：财政拨款收入　　　　　　　　　　　　　　　　　　　500 000

预算会计：

借：资金结存——货币资金　　　　　　　　　　　　　　　　500 000

　　　贷：财政拨款预算收入——项目支出——高层次人才建设　　500 000

【例5-4】2023年1月20日，贵州ZYJS大学将2022年年底购入的一批30 000元办公用品因为质量原因予以退回。该批办公用品购置时为财政授权支付，属于学校的基本支出。账务处理如下：

财务会计：

借：零余额账户用款额度　　　　　　　　　　　　　　　　　30 000

　　　贷：库存物品——办公用品　　　　　　　　　　　　　　　30 000

预算会计：

借：资金结存——零余额账户用款额度　　　　　　　　　　　30 000

　　　贷：财政拨款结转——年初余额调整——基本支出结转　　　30 000

【例5-5】2022年12月31日，贵州ZYJS大学将本年度财政直接支付下达数小于年初财政批复的直接支付预算指标数2 000 000元转入财政应返还额度。账务处理如下：

财务会计：

借：财政应返还额度——财政直接支付     2 000 000

  贷：财政拨款收入           2 000 000

预算会计：

借：资金结存——财政应返还额度——财政直接支付  2 000 000

  贷：财政拨款预算收入——项目支出     2 000 000

## 第三节　事业收入

### 一、事业收入科目简介

事业收入是指高等学校开展专业业务活动及其辅助活动实现的收入，不包括从同级政府财政部门取得的各类财政拨款。事业收入科目应当按照事业收入的类别、来源等进行明细核算。对于因开展科研及其辅助活动从非同级政府财政部门取得的经费拨款，应当在本科目下单设"非同级财政拨款"明细科目进行核算，期末结转后本科目应无余额。

### 二、事业收入科目账务处理

（一）采用财政专户返还方式管理的事业收入

（1）实现应上缴财政专户的事业收入时，按照实际收到或应收的金额，借记"银行存款""应收账款"等科目，贷记"应缴财政款"科目。

（2）向财政专户上缴款项时，按照实际上缴的款项金额，借记"应缴财政款"科目，贷记"银行存款"等科目。

（3）收到从财政专户返还的事业收入时，按照实际收到的返还金额，借记"银行存款"等科目，贷记本科目。

（二）采用预收款方式确认的事业收入

（1）实际收到预收款项时，按照收到的款项金额，借记"银行存款"等科目，贷记"预收账款"科目。

（2）以合同完成进度确认事业收入时，按照基于合同完成进度计算的金额，借记"预收账款"科目，贷记本科目。

（三）采用应收款方式确认的事业收入

（1）根据合同完成进度计算本期应收的款项，借记"应收账款"科目，贷记本科目。

（2）实际收到款项时，借记"银行存款"等科目，贷记"应收账款"科目。

（四）其他方式下确认的事业收入

其他方式下确认的事业收入，按照实际收到的金额，借记"银行存款""库存现金"等科目，贷记本科目。上述中涉及增值税业务的，相关账务处理参见"应交增值税"科目。

（五）期末，将本科目本期发生额转入本期盈余

期末，将本科目本期发生额转入本期盈余，借记本科目，贷记"本期盈余"科目。

### 三、事业收入科目案例解析

【例5-6】2022年9月，贵州ZYJS大学（一般纳税人）发生如下经济业务：

（1）2022年9月10日，收取学生学费9 000 000元，应当纳入财政专户管理。账务处理如下：

财务会计：

借：银行存款——学校存款        9 000 000
  贷：应缴财政款——应缴财政专户款    9 000 000

预算会计不做账务处理。

（2）2022年9月20日上缴财政专户学费9 000 000元。账务处理如下：

财务会计：

借：应缴财政款——应缴财政专户款     9 000 000
  贷：银行存款——学校存款      9 000 000

预算会计不做账务处理。

（3）2022年9月29日收到代理银行通知书，列明收到财政专户返还资金9 000 000元。账务处理如下：

财务会计：

借：银行存款——学校存款        9 000 000
  贷：事业收入——教育事业收入     9 000 000

预算会计：

借：资金结存——货币资金        9 000 000
  贷：事业预算收入——教育事业预算收入——非专项资金收入 9 000 000

（4）2022年9月30日，取得一项横向课题经费100 000元，增值税9 000元，款项已经收到。账务处理如下：

财务会计：

借：银行存款——学校存款        109 000
  贷：事业收入——科研事业收入——横向科研收入  100 000
    应交增值税——应交税费（销项税额）   9 000

预算会计：

借：资金结存——货币资金          109 000

  贷：事业预算收入——科研事业预算收入——横向科研收入  109 000

【例5-7】2022年12月31日，结转本年度"事业收入"中教育事业收入9 000 000元。账务处理如下：

财务会计：

借：事业收入——教育事业收入        9 000 000

  贷：本期盈余           9 000 000

预算会计不做账务处理。

# 第四节 上级补助收入

## 一、上级补助收入科目简介

上级补助收入是指高等学校从主管部门和上级单位取得的非财政拨款收入。本科目应当按照发放补助单位、补助项目等进行明细核算，期末结转后本科目应无余额。

## 二、上级补助收入科目账务处理

（1）确认上级补助收入时，按照应收或实际收到的金额，借记"其他应收款""银行存款"等科目，贷记本科目。实际收到应收的上级补助款时，按照实际收到的金额，借记"银行存款"等科目，贷记"其他应收款"科目。

（2）期末，将本科目本期发生额转入本期盈余，借记本科目，贷记"本期盈余"科目。

## 三、上级补助收入科目案例解析

【例5-8】2022年6月20日，贵州ZYJS大学收到主管部门拨来的补助款2 000 000元，用于本单位基本支出，款项已经到账。账务处理如下：

财务会计：

借：银行存款——学校存款        2 000 000

  贷：上级补助收入——××部门     2 000 000

预算会计：

借：资金结存——货币资金        2 000 000

  贷：上级补助预算收入——非专项资金收入  2 000 000

【例5-9】2022年12月31日，结转上级补助收入1 600 000元。账务处理如下：

财务会计：

借：上级补助收入 　　　　　　　　　　　　　　　　　　　　　1 600 000

　　贷：本期盈余 　　　　　　　　　　　　　　　　　　　　　　　1 600 000

预算会计不做账务处理。

# 第五节　附属单位上缴收入

## 一、附属单位上缴收入科目简介

附属单位上缴收入是指高等学校取得的附属独立核算单位按照有关规定上缴的收入。附属单位上缴收入科目应当按照附属单位、缴款项目等进行明细核算，期末结转后本科目应无余额。

## 二、附属单位上缴收入科目账务处理

（1）确认附属单位上缴收入时，按照应收或收到的金额，借记"其他应收款""银行存款"等科目，贷记本科目。实际收到应收附属单位上缴款时，按照实际收到的金额，借记"银行存款"等科目，贷记"其他应收款"科目。

（2）期末，将本科目本期发生额转入本期盈余，借记本科目，贷记"本期盈余"科目。

## 三、附属单位上缴收入科目案例解析

【例5-10】2022年1月10日，贵州ZYJS大学按照分配办法规定，确认2021年该校应收取下属的独立核算的附属单位培训中心分成款500 000元，该款项于2022年2月20日收到。账务处理如下：

（1）2022年1月10日，确认收入

财务会计：

借：其他应收款——培训中心 　　　　　　　　　　　　　　　　　500 000

　　贷：附属单位上缴收入——培训中心 　　　　　　　　　　　　　　500 000

预算会计不做账务处理。

（2）2022年2月20日收到款项

财务会计：

借：银行存款——学校存款 　　　　　　　　　　　　　　　　　　500 000

　　贷：其他应收款——培训中心 　　　　　　　　　　　　　　　　　500 000

预算会计：

借：资金结存——货币资金 　　　　　　　　　　　　　　　　　　500 000

　　贷：附属单位上缴预算收入——非专项资金预算收入 　　　　　　　500 000

## 第六节　经营收入

### 一、经营收入科目简介

经营收入是指高等学校在专业业务活动及其辅助活动之外开展非独立核算经营活动取得的收入。本科目应当按照经营活动类别、项目和收入来源等进行明细核算。

经营收入应当在提供服务或发出存货同时收讫价款或者取得索取价款的凭据时，按照实际收到或应收的金额予以确认，期末结转后本科目应无余额。

### 二、经营收入科目账务处理

（1）实现经营收入时，按照确定的收入金额，借记"银行存款""应收账款""应收票据"等科目，贷记本科目。涉及增值税业务的，相关账务处理参见"应交增值税"科目。

（2）期末，将本科目本期发生额转入本期盈余，借记本科目，贷记"本期盈余"科目。

### 三、经营收入科目案例解析

【例5-11】2022年7月25日，贵州ZYJS大学利用其技术条件向贵州公司销售一批产品，价值113 000元，其中货款100 000元、增值税13 000元，该款项尚未收到。账务处理如下：

财务会计：

借：应收账款——贵州公司　　　　　　　　　　　　　　　113 000

　　贷：经营收入　　　　　　　　　　　　　　　　　　　100 000

　　　　应交增值税——应交税费（销项税额）　　　　　　　13 000

预算会计不做账务处理。

【例5-12】2022年8月8日，收到贵州公司销售款项113 000元。账务处理如下：

财务会计：

借：银行存款——学校存款　　　　　　　　　　　　　　　113 000

　　贷：应收账款——贵州公司　　　　　　　　　　　　　113 000

预算会计：

借：资金结存——货币资金　　　　　　　　　　　　　　　113 000

　　贷：经营预算收入　　　　　　　　　　　　　　　　　113 000

## 第七节　非同级财政拨款收入

### 一、非同级财政拨款收入科目简介

非同级财政拨款收入是指高等学校从非同级政府财政部门取得的经费拨款，包括从同级政府其他部门取得的横向转拨财政款、从上级或下级政府财政部门取得的经费拨款等。

高等学校因开展科研及其辅助活动从非同级政府财政部门取得的经费拨款，应当通过"事业收入——非同级财政拨款"科目核算，不通过本科目核算。

非同级财政拨款收入科目应当按照本级横向转拨财政款和非本级财政拨款进行明细核算，并按照收入来源进行明细核算，期末结转后本科目应无余额。

### 二、非同级财政拨款收入科目账务处理

（1）确认非同级财政拨款收入时，按照应收或实际收到的金额，借记"其他应收款""银行存款"等科目，贷记本科目。

（2）期末，将本科目本期发生额转入本期盈余，借记本科目，贷记"本期盈余"科目。

### 三、非同级财政拨款收入科目案例解析

【例 5-13】2023 年 6 月 2 日，贵州 ZYJS 大学收到市财政局拨来的专业建设款 1 000 000 元，用于学校本专科转段对口专业课程开发支出，款项已经到账。账务处理如下：

财务会计：

借：银行存款——学校存款　　　　　　　　　　　　　　 1 000 000

　　贷：非同级财政拨款收入——市财政局　　　　　　　　　　 1 000 000

预算会计：

借：资金结存——货币资金　　　　　　　　　　　　　　 1 000 000

　　贷：非同级财政拨款预算收入——非本级财政拨款预算收入——专项资金

　　　　收入　　　　　　　　　　　　　　　　　　　　　　 1 000 000

# 第八节　投资收益

## 一、投资收益科目简介

投资收益是指高等学校股权投资和债券投资所实现的收益或发生的损失。本科目应当按照投资的种类等进行明细核算，期末结转后本科目应无余额。

## 二、投资收益科目账务处理

（1）收到短期投资持有期间的利息，按照实际收到的金额，借记"银行存款"科目，贷记"投资收益"科目。

（2）出售或到期收回短期债券本息，按照实际收到的金额，借记"银行存款"科目，按照出售或收回短期投资的成本，贷记"短期投资"科目，按照其差额，贷记或借记本科目。涉及增值税业务的，相关账务处理参见"应交增值税"科目。

（3）持有的分期付息、一次还本的长期债券投资，按期确认利息收入时，按照计算确定的应收未收利息，借记"应收利息"科目，贷记本科目；持有的到期一次还本付息的债券投资，按期确认利息收入时，按照计算确定的应收未收利息，借记"长期债券投资——应计利息"科目，贷记本科目。

（4）出售长期债券投资或到期收回长期债券投资本息，按照实际收到的金额，借记"银行存款"等科目，按照债券初始投资成本和已计未收利息金额，贷记"长期债券投资——成本、应计利息"科目（到期一次还本付息债券）或"长期债券投资""应收利息"科目（分期付息债券），按照其差额，贷记或借记本科目。涉及增值税业务的，相关账务处理参见"应交增值税"科目。

（5）采用成本法核算的长期股权投资持有期间，被投资单位宣告分派现金股利或利润时，按照宣告分派的现金股利或利润中属于单位应享有的份额，借记"应收股利"科目，贷记本科目。

采用权益法核算的长期股权投资持有期间，按照应享有或应分担的被投资单位实现的净损益的份额，借记或贷记"长期股权投资——损益调整"科目，贷记或借记本科目；被投资单位发生净亏损，但以后年度又实现净利润的，单位在其收益分享额弥补未确认的亏损分担额等后，恢复确认投资收益，借记"长期股权投资——损益调整"科目，贷记本科目。

（6）按照规定处置长期股权投资时有关投资收益的账务处理，参见"长期股权投资"科目。

（7）期末，将本科目本期发生额转入本期盈余，借记或贷记本科目，贷记或借记"本期盈余"科目。

### 三、投资收益科目案例解析

【例5-14】2022年11月，贵州ZYJS大学持有的一项6个月期限的短期国债投资到期兑付，收到投资本息832 000元，其中成本800 000元、利息32 000元。账务处理如下：

财务会计：

借：银行存款——学校存款　　　　　　　　　　　　　　832 000
　　贷：短期投资——××国债　　　　　　　　　　　　　　800 000
　　　　投资收益　　　　　　　　　　　　　　　　　　　　32 000

预算会计：

借：资金结存——货币资金　　　　　　　　　　　　　　832 000
　　贷：投资支出　　　　　　　　　　　　　　　　　　　800 000
　　　　投资预算收益　　　　　　　　　　　　　　　　　　32 000

【例5-15】2022年8月，贵州ZYJS大学出售一项由无形资产作价投资的股权投资，取得银行存款1 300 000元，支付相关税费50 000元（处置净收入上缴财政），该股权投资账面成本1 000 000元，损益调整90 000元，其他权益变动120 000元。账务处理如下：

财务会计：

借：资产处置费用——投资　　　　　　　　　　　　　1 210 000
　　贷：长期股权投资——成本　　　　　　　　　　　　1 000 000
　　　　　　　　　　——损益调整　　　　　　　　　　　90 000
　　　　　　　　　　——其他权益变动　　　　　　　　　120 000
借：银行存款——学校存款　　　　　　　　　　　　　1 300 000
　　贷：应缴财政款——应缴国库款　　　　　　　　　　1 250 000
　　　　银行存款——学校存款　　　　　　　　　　　　　50 000
借：权益法调整　　　　　　　　　　　　　　　　　　　120 000
　　贷：投资收益　　　　　　　　　　　　　　　　　　　120 000

预算会计不做账务处理。

【例5-16】继【例5-15】若出售净收入纳入学院预算管理。账务处理如下：

财务会计：

借：资产处置费用——投资　　　　　　　　　　　　　1 210 000
　　贷：长期股权投资——成本　　　　　　　　　　　　1 000 000
　　　　　　　　　　——损益调整　　　　　　　　　　　90 000
　　　　　　　　　　——其他权益变动　　　　　　　　　120 000
借：银行存款——学校存款　　　　　　　　　　　　　1 300 000
　　贷：应缴财政款——应缴国库款　　　　　　　　　　1 210 000

| 银行存款——学校存款 | 50 000 |
| 投资收益 | 40 000 |

借：权益法调整                          120 000

    贷：投资收益                         120 000

预算会计：

借：资金结存——货币资金            250 000

    贷：投资预算收益               250 000

# 第九节　捐赠收入

## 一、捐赠收入科目简介

捐赠收入是指高等学校接受其他单位或者个人捐赠取得的收入。本科目应当按照捐赠资产的用途和捐赠单位等进行明细核算，期末结转后本科目应无余额。

## 二、捐赠收入科目账务处理

（1）接受捐赠的货币资金，按照实际收到的金额，借记"银行存款""库存现金"等科目，贷记本科目。

（2）接受捐赠的存货、固定资产等非现金资产，按照确定的成本，借记"库存物品""固定资产"等科目，按照发生的相关税费、运输费等，贷记"银行存款"等科目，按照其差额，贷记本科目。

（3）接受捐赠的资产按照名义金额入账的，按照名义金额，借记"库存物品""固定资产"等科目，贷记本科目；同时，按照发生的相关税费、运输费等，借记"其他费用"科目，贷记"银行存款"等科目。

（4）期末，将本科目本期发生额转入本期盈余，借记本科目，贷记"本期盈余"科目。

## 三、捐赠收入科目案例解析

【例5-17】2023年3月28日，贵州 ZYJS 大学收到合作企业捐助学生的专项款100 000元，存入银行。账务处理如下：

财务会计：

借：银行存款——学校存款           100 000

    贷：捐赠收入                100 000

预算会计：

借：资金结存——货币资金            100 000

    贷：其他预算收入——捐赠收入——专项资金收入    100 000

## 第十节　利息收入

### 一、利息收入科目简介

利息收入是指高等学校取得的银行存款利息收入，期末结转后本科目应无余额。

### 二、利息收入科目账务处理

（1）取得银行存款利息时，按照实际收到的金额，借记"银行存款"科目，贷记本科目。

（2）期末，将本科目本期发生额转入本期盈余，借记本科目，贷记"本期盈余"科目。

### 三、利息收入科目案例解析

【例5-18】2022年9月30日，贵州ZYJS大学收到银行存款利息23 000元。账务处理如下：

财务会计：

借：银行存款——学校存款　　　　　　　　　　　　　　　　　23 000
　　贷：利息收入　　　　　　　　　　　　　　　　　　　　　　23 000

预算会计：

借：资金结存——货币资金　　　　　　　　　　　　　　　　　23 000
　　贷：其他预算收入——利息预算收入——非专项资金收入　　　23 000

## 第十一节　租金收入

### 一、租金收入科目简介

租金收入是指高等学校经批准利用国有资产出租取得并按照规定纳入本单位预算管理的租金收入。本科目应当按照出租国有资产类别和收入来源等进行明细核算，期末结转后本科目应无余额。

### 二、租金收入科目账务处理

（一）国有资产出租收入，应当在租赁期内各个期间按照直线法予以确认

（1）采用预收租金方式的，预收租金时，按照收到的金额，借记"银行存款"

等科目，贷记"预收账款"科目；分期确认租金收入时，按照各期租金金额，借记"预收账款"科目，贷记本科目。

（2）采用后付租金方式的，每期确认租金收入时，按照各期租金金额，借记"应收账款"科目，贷记本科目；收到租金时，按照实际收到的金额，借记"银行存款"等科目，贷记"应收账款"科目。

（3）采用分期收取租金方式的，每期收取租金时，按照租金金额，借记"银行存款"等科目，贷记本科目。涉及增值税业务的，相关账务处理参见"应交增值税"科目。

（二）期末，将本科目本期发生额转入本期盈余

期末，将本科目本期发生额转入本期盈余，借记本科目，贷记"本期盈余"科目。

### 三、租金收入科目案例解析

【例5-19】2022年12月20日，贵州ZYJS大学收到移动公司交来的场地租赁费480 000元，存入银行。账务处理如下：

财务会计：

借：银行存款——学校存款 480 000
    贷：租金收入 480 000

预算会计：

借：资金结存——货币资金 480 000
    贷：其他预算收入——租金预算收入——非专项资金收入 480 000

# 第十二节　其他收入

### 一、其他收入科目简介

其他收入是指高等学校取得的除财政拨款收入、事业收入、上级补助收入、附属单位上缴收入、经营收入、非同级财政拨款收入、投资收益、捐赠收入、利息收入、租金收入以外的各项收入，包括现金盘盈收入、按照规定纳入高等学校预算管理的科技成果转化收入、收回已核销的其他应收款、无法偿付的应付及预收款项、置换换出资产评估增值等。

其他收入科目应当按照其他收入的类别、来源等进行明细核算，期末结转后本科目应无余额。

## 二、其他收入科目账务处理

（1）现金盘盈收入。每日现金账款核对中发现的现金溢余，属于无法查明原因的部分，报经批准后，借记"待处理财产损溢"科目，贷记本科目。

（2）科技成果转化收入。高等学校科技成果转化所取得的收入，按照规定留归本单位的，按照所取得收入扣除相关费用之后的净收益，借记"银行存款"等科目，贷记本科目。

（3）收回已核销的其他应收款。单位已核销的其他应收款在以后期间收回的，按照实际收回的金额，借记"银行存款"等科目，贷记本科目。

（4）无法偿付的应付及预收款项。无法偿付或债权人豁免偿还的应付账款、预收账款、其他应付款及长期应付款，借记"应付账款""预收账款""其他应付款""长期应付款"等科目，贷记本科目。

（5）置换换出资产评估增值。资产置换过程中，换出资产评估增值的，按照评估价值高于资产账面价值或账面余额的金额，借记有关科目，贷记本科目。具体账务处理参见"库存物品"等科目。

以未入账的无形资产取得的长期股权投资，按照评估价值加相关税费作为投资成本，借记"长期股权投资"科目，按照发生的相关税费，贷记"银行存款""其他应交税费"等科目，按其差额，贷记本科目。

（6）确认属上述五项以外的其他收入时，按照应收或实际收到的金额，借记"其他应收款""银行存款""库存现金"等科目，贷记本科目。涉及增值税业务的，相关账务处理参见"应交增值税"科目。

（7）期末，将本科目本期发生额转入本期盈余，借记本科目，贷记"本期盈余"科目。

## 三、其他收入科目案例解析

【例5-20】2019年9月30日，贵州ZYJS大学现金盘点盘盈100元，无法查明原因。账务处理如下：

财务会计：

（1）盘盈时

借：库存现金——学校现金   100

    贷：待处理财产损溢——货币资金   100

（2）无法查明原因时

借：待处理财产损溢——货币资金   100

    贷：其他收入——现金盘盈收入   100

预算会计：

借：资金结存——货币资金           100

  贷：其他预算收入——其他——非专项资金收入    100

【例5-21】2019 年 12 月 31 日，贵州 ZYJS 大学清理往来账，将长期挂账无法支付的贵州公司的其他应付款 15 000 元（出租设备押金）予以核销。账务处理如下：

  财务会计：

  借：其他应付款——贵州公司         15 000

    贷：其他收入——无法偿付应付款项收入    15 000

  预算会计：

  借：资金结存——货币资金          15 000

    贷：其他预算收入——其他——非专项资金收入  15 000

# 第六章 费用

## 第一节 费用概述

### 一、费用的概念

费用是指报告期内导致高等学校净资产减少的、含有服务潜力或者经济利益的经济资源的流出。高等学校在履行职能或开展业务活动过程中，必然会发生各种各样的费用，如支付的职工薪酬、库存物品的耗用等。高等学校的费用可能导致其资产或者净资产的减少，一般是消耗性的，不能以成本方式从收入中得到补偿。

### 二、费用的分类

费用包括业务活动费用、单位管理费用、经营费用、资产处置费用、上缴上级费用、对附属单位补助费用、所得税费用、其他费用等。

### 三、费用的确认

高等学校费用的确认应当同时满足以下条件：一是与费用相关的含有服务潜力或者经济利益的经济资源很可能流出高等学校，二是含有服务潜力或者经济利益的经济资源流出会导致高等学校资产减少或者负债增加，三是流出金额能够可靠地计量。

## 第二节 业务活动费用

### 一、业务活动费用科目简介

业务活动费用是指高等学校为实现其职能目标，依法履职或开展专业业务活动及其辅助活动所发生的各项费用。按照高等学校基本职能，业务活动费用主要分为教育费用和科研费用。教育费用指高等学校开展教学活动及其辅助活动所发生的各项费用。科研费用指高等学校开展科研活动及其辅助活动所发生的各项费用。

业务活动费用科目应当按照项目、服务或者业务类别、支付对象等进行明细核算。为了满足成本核算需要，本科目还可按照"工资福利费用""商品和服务费用""对个人和家庭的补助费用""对企业补助费用""固定资产折旧费""无形资产摊销费""公共基础设施折旧（摊销）费""保障性住房折旧费""计提专用基金"等成本项目设置明细科目，归集能够直接计入业务活动或采用一定方法计算后计入业务活动的费用，期末结转后本科目应无余额。

### 二、业务活动费用科目账务处理

（1）为履职或开展业务活动人员计提的薪酬，按照计算确定的金额，借记本科目，贷记"应付职工薪酬"科目。

（2）为履职或开展业务活动发生的外部人员劳务费，按照计算确定的金额，借记本科目，按照代扣代缴个人所得税的金额，贷记"其他应交税费——应交个人所得税"科目，按照扣税后应付或实际支付的金额，贷记"其他应付款""财政拨款收入""零余额账户用款额度""银行存款"等科目。

（3）为履职或开展业务活动领用库存物品，以及动用发出相关政府储备物资，按照领用库存物品或发出相关政府储备物资的账面余额，借记本科目，贷记"库存物品""政府储备物资"科目。

（4）为履职或开展业务活动所使用的固定资产、无形资产以及为所控制的公共基础设施、保障性住房计提的折旧、摊销，按照计提金额，借记本科目，贷记"固定资产累计折旧""无形资产累计摊销""公共基础设施累计折旧（摊销）""保障性住房累计折旧"科目。

（5）为履职或开展业务活动发生的城市维护建设税、教育费附加、地方教育附加、车船税、房产税、城镇土地使用税等，按照计算确定应交纳的金额，借记本科目，贷记"其他应交税费"等科目。

（6）为履职或开展业务活动发生其他各项费用时，按照费用确认金额，借记本科目，贷记"财政拨款收入""零余额账户用款额度""银行存款""应付账款""其他应付款""其他应收款"等科目。

（7）按照规定从收入中提取专用基金并计入费用的，一般按照预算会计下基于预算收入计算提取的金额，借记本科目，贷记"专用基金"科目。国家另有规定的，从其规定。

（8）发生当年购货退回等业务，对于已计入本年业务活动费用的，按照收回或应收的金额，借记"财政拨款收入""零余额账户用款额度""银行存款""其他应收款"等科目，贷记本科目。

（9）期末，将本科目本期发生额转入本期盈余，借记"本期盈余"科目，贷记本科目。

### 三、业务活动费用科目案例解析

【例6-1】2023年3月31日，贵州ZYJS大学计提3月份学校人员基本工资20 000 000元，其中教学人员13 000 000元、科研部门人员2 000 000元、行政人员1 000 000元、后勤人员500 000元、经营人员500 000元、退休人员生活费3 000 000元。4月实际发放18 500 000元，代扣个人所得税1 500 000元。其中：教学人员实际发放11 770 000元，代扣代缴个人所得税1 230 000元；科研人员实际发放1 860 000元，代扣代缴个人所得税140 000元；行政人员实际发放930 000元，代扣代缴个人所得税70 000元，后勤人员实际发放470 000元，代扣代缴个人所得税30 000元；经营人员实际发放470 000元，代扣代缴个人所得税30 000元，退休人员生活费实际发放3 000 000元。通过国库零余额账户用款额度支付。5月15日，申报代扣代缴个人所得税1 500 000元，通过国库零余额账户用款额度支付。此项经费属于学校人员经费预算项目。账务处理如下：

（1）3月末计提职工薪酬时。

财务会计：

借：业务活动费用——教育费用——工资福利费用　　　　　　13 000 000
　　单位管理费用——行政管理费用——工资福利费用　　　　　3 000 000
　　单位管理费用——后勤保障费用——工资福利费用　　　　　　500 000
　　经营费用——经营服务部——工资福利费用　　　　　　　　　500 000
　　单位管理费用——离退休费用——对个人和家庭的补助费用　3 000 000
　　贷：应付职工薪酬——基本工资　　　　　　　　　　　　20 000 000

预算会计不做账务处理。

（2）2023年4月9日发放职工薪酬时。

财务会计：

借：应付职工薪酬——基本工资　　　　　　　　　　　　　20 000 000
　　贷：零余额账户用款额度　　　　　　　　　　　　　　18 500 000
　　　　其他应交税费——应交个人所得税　　　　　　　　　1 500 000

预算会计：

借：事业支出——教育支出——财政拨款支出——基本支出——高等教育——
　　工资福利支出——基本工资　　　　　　　　　　　　　　11 770 000
　　事业支出——行政管理支出——财政拨款支出——基本支出——高等
　　教育——工资福利支出——基本工资　　　　　　　　　　　2 790 000
　　事业支出——后勤保障支出——财政拨款支出——基本支出——高等
　　教育——工资福利支出——基本工资　　　　　　　　　　　　470 000
　　经营支出——财政拨款支出——基本支出——高等教育——工资福利
　　支出——基本工资　　　　　　　　　　　　　　　　　　　　470 000

事业支出——离退休支出——财政拨款支出——基本支出——高等教育
——对个人和家庭的补助——退休费 3 000 000

  贷：资金结存——零余额账户用款额度 18 500 000

（3）实际缴纳税款时。

财务会计：

借：其他应交税费——应交个人所得税 1 500 000

  贷：零余额账户用款额度 1 500 000

预算会计：

借：事业支出——教育支出——财政拨款支出——基本支出——高等教育——
工资福利支出——基本工资 1 230 000

事业支出——行政管理支出——财政拨款支出——基本支出——高等
教育——工资福利支出——基本工资 210 000

经营支出——财政拨款支出——基本支出——高等教育——工资福利
支出——基本工资 30 000

事业支出——后勤保障支出——财政拨款支出——基本支出——高等
教育——工资福利支出——基本工资 30 000

  贷：资金结存——零余额账户用款额度 1 500 000

【例6-2】2023年3月，贵州ZYJS大学某国家自然基金项目负责人发放校外专
家科研项目评审费2 300元，通过银行存款账户支付，实际支付个人2 000元，代扣
个人所得税300元。账务处理如下：

（1）发放评审费时。

财务会计：

借：业务活动费用——科研费用——商品和服务费用 2 300

  贷：银行存款——学校存款 2 000

    其他应交税费——应交个人所得税 300

预算会计：

借：事业支出——科研支出——非财政专项资金支出——项目支出——高等
教育——商品和服务支出——劳务费 2 000

  贷：资金结存——货币资金 2 000

（2）实际缴纳税款时。

财务会计：

借：其他应交税费——应交个人所得税 300

  贷：银行存款——学校存款 300

预算会计：

借：事业支出——科研支出——非财政专项资金支出——项目支出——高等
教育——商品和服务支出——劳务费 300

  贷：资金结存——货币资金 300

【例 6-3】2023 年 5 月，贵州 ZYJS 大学向贵州公司印制学生资助政策手册 1 000 册，价款 5 000 元，按照合同约定：签订合同后预付价款的 20%，货到验收合格后付款 80%，款项通过银行存款支付。账务处理如下：

（1）支付预付款时。

财务会计：

借：预付账款——贵州公司            1 000

    贷：银行存款——学校存款            1 000

预算会计：

借：事业支出——教育支出——财政拨款支出——基本支出——高等教育——

    商品和服务支出——印刷费            1 000

    贷：资金结存——货币资金            1 000

（2）货到验收合格后支付余款。

财务会计：

借：业务活动费用——教育费用——商品和服务费用            5 000

    贷：银行存款——学校存款            4 000

       预付账款——贵州公司            1 000

预算会计：

借：事业支出——教育支出——其他资金支出——基本支出——高等教育——

    商品和服务支出——印刷费            4 000

    贷：资金结存——货币资金            4 000

【例 6-4】贵州 ZYJS 大学机械工程学院领用学生实习用实验耗材 2 000 元。账务处理如下：

财务会计：

借：业务活动费用——教育费用——商品和服务费用            2 000

    贷：库存物品——实验材料            2 000

【例 6-5】2023 年 6 月，贵州 ZYJS 大学计提建筑工程学院固定资产折旧 10 000 元，其中：学院办公室通用设备 1 000 元，教学专用设备 6 500 元，科研专用设备 2 000 元，家具 500 元。账务处理如下：

财务会计：

借：业务活动费用——教育费用——固定资产折旧费            10 000

    贷：固定资产累计折旧——通用设备            1 000

           ——专用设备            8 500

           ——家具            500

预算会计不做账务处理。

【例 6-6】2023 年 6 月，贵州 ZYJS 大学横向科研课题应缴城市维护建设税 5 000 元、教育费附加 2 000 元、地方教育附加 1 440 元，8 月份通过银行存款上交

8 440 元。账务处理如下：

（1）计算确定 6 月份应交纳的金额。

财务会计：

借：业务活动费用——科研费用——商品和服务费用  8 440

  贷：其他应交税费——应交城市维护建设税  5 000

       ——应交教育费附加  2 000

       ——应交地方教育附加  1 440

预算会计不做账务处理。

（2）7 月份交纳税款。

财务会计：

借：其他应交税费——应交城市维护建设税  5 000

     ——应交教育费附加  2 000

     ——应交地方教育附加  1 440

  贷：银行存款——学校存款  8 440

预算会计：

借：事业支出——科研支出——其他资金支出—项目支出——高等教育——

商品和服务支出——税金及附加费用  8 440

  贷：资金结存——货币资金  8 440

预算会计不做账务处理。

【例 6-7】2023 年 9 月，贵州 ZYJS 大学机电工程学院宋老师参加教学管理论坛，出差报销差旅费共计 2 000 元。其中，会议注册费 1 000 元采取借款电汇方式，通过国库零余额账户用款额度支付；住宿费 640 元采取公务卡结算；伙食及交通补助 360 元通过国库零余额账户用款额度支付。次日，学校通过国库零余额账户用款额度支付公务卡欠款 640 元。账务处理如下：

（1）会议注册费借款电汇。

财务会计：

借：其他应收款——宋老师  1 000

  贷：零余额账户用款额度  1 000

预算会计不做账务处理。

（2）差旅费报销。

财务会计：

借：业务活动费用——教育费用——商品和服务费用  2 000

  贷：其他应付款——已报销公务卡欠款  640

    零余额账户用款额度  360

    其他应收款——宋老师  1 000

预算会计：

借：事业支出——教育支出——财政拨款支出——基本支出——高等教育——
　　　商品和服务支出——差旅费　　　　　　　　　　　　　　　1 360
　　　贷：资金结存——零余额账户用款额度　　　　　　　　　　　1 360

（3）偿还公务卡欠款。

财务会计：

借：其他应付款——已报销公务卡欠款　　　　　　　　　　　　　640
　　　贷：零余额账户用款额度　　　　　　　　　　　　　　　　　640

预算会计：

借：事业支出——教育支出——财政拨款支出——基本支出——高等教育——
　　　商品和服务支出——差旅费　　　　　　　　　　　　　　　　640
　　　贷：资金结存——零余额账户用款额度　　　　　　　　　　　640

【例6-8】2023年贵州ZYJS大学根据政策规定计提学生资助经费，学校2023年事业预算收入90 000 000元，按照5%计提学生资助经费4 500 000元。账务处理如下：

财务会计：

借：业务活动费用——教育费用——计提专用基金　　　　　4 500 000
　　　贷：专用基金——学生资助经费　　　　　　　　　　　4 500 000

预算会计不做账务处理。

【例6-9】继【例6-3】，贵州ZYJS大学印制学生资助政策手册1 000册，价款5 000元。其中100册印刷质量存在问题退货，贵州公司退回货款500元。账务处理如下：

财务会计：

借：银行存款——学校存款　　　　　　　　　　　　　　　　　500
　　　贷：业务活动费用——教育费用——商品和服务费用　　　　　500

预算会计：

借：资金结存——货币资金　　　　　　　　　　　　　　　　　500
　　　贷：事业支出——教育支出——其他资金支出——基本支出——高等教育
　　　——商品和服务支出——印刷费　　　　　　　　　　　　　500

## 第三节　单位管理费用

**一、单位管理费用科目简介**

单位管理费用是指高等学校行政及后勤管理部门开展管理活动发生的各项费用，包括行政及后勤管理部门发生的人员经费、公用经费、资产折旧（摊销）等费用，以及由高等学校统一负担的离退休人员经费、工会经费、诉讼费、中介费等。

高等学校应当在"单位管理费用"科目下设置"行政管理费用""后勤保障费用""离退休费用"和"单位统一负担的其他管理费用"明细科目。

"行政管理费用"科目用于核算高等学校开展单位的行政管理活动所发生的各项费用。"后勤保障费用"科目用于核算高等学校统一负担的开展后勤保障活动所发生的各项费用。"离退休费用"科目用于核算高等学校统一负担的离退休人员工资、补助、活动经费等各项费用。"单位统一负担的其他管理费用"科目用于核算由高等学校统一负担的除行政管理费用、后勤保障费用、离退休费用之外的其他各项管理费用,如工会经费、诉讼费、中介费等。

单位管理费用科目应当按照项目、费用类别、支付对象等进明细核算。为了满足成本核算需要,本科目下还可按照"工资福利费用""商品和服务费用""对个人和家庭的补助费用""固定资产折旧费""无形资产摊销费"等成本项目设置明细科目,归集能够直接计入单位管理活动或采用一定方法计算后计入单位管理活动的费用,期末结转后本科目应无余额。

### 二、单位管理费用科目账务处理

(1)为管理活动人员计提的薪酬,按照计算确定的金额,借记本科目,贷记"应付职工薪酬"科目。

(2)为开展管理活动发生的外部人员劳务费,按照计算确定的费用金额,借记本科目,按照代扣代缴个人所得税的金额,贷记"其他应交税费——应交个人所得税"科目,按照扣税后应付或实际支付的金额,贷记"其他应付款""财政拨款收入""零余额账户用款额度""银行存款"等科目。

(3)开展管理活动内部领用库存物品,按照领用物品实际成本,借记本科目,贷记"库存物品"科目。

(4)为管理活动所使用固定资产、无形资产计提的折旧、摊销,按照应提折旧、摊销额,借记本科目,贷记"固定资产累计折旧""无形资产累计摊销"科目。

(5)为开展管理活动发生城市维护建设税、教育费附加、地方教育附加、车船税、房产税、城镇土地使用税等,按照计算确定应交纳的金额,借记本科目,贷记"其他应交税费"等科目。

(6)为开展管理活动发生的其他各项费用,按照费用确认金额,借记本科目,贷记"财政拨款收入""零余额账户用款额度""银行存款""其他应付款""其他应收款"等科目。

(7)发生当年购货退回等业务,对于已计入本年单位管理费用的,按照收回或应收的金额,借记"财政拨款收入""零余额账户用款额度""银行存款""其他应收款"等科目,贷记本科目。

(8)期末,将本科目本期发生额转入本期盈余,借记"本期盈余"科目,贷记本科目。

### 三、单位管理费用科目案例解析

【例 6-10】2023 年 7 月，贵州 ZYJS 大学招标采购中心发放校外专家招标评审费 1 050 元，通过银行存款账户支付，实际支付 1 000 元，代扣个人所得税 50 元。账务处理如下：

（1）发放评审费时。

财务会计：

借：单位管理费用——行政管理费用——商品和服务费用　　　　1 050

　　贷：银行存款——学校存款　　　　　　　　　　　　　　　　1 000

　　　　其他应交税费——应交个人所得税　　　　　　　　　　　　50

预算会计：

借：事业支出——行政管理支出——其他资金支出——基本支出——高等

教育——商品和服务支出——劳务费　　　　　　　　　　　　1 000

　　贷：资金结存——货币资金　　　　　　　　　　　　　　　　1 000

（2）实际缴纳税款时。

财务会计：

借：其他应交税费——应交个人所得税　　　　　　　　　　　　　　50

　　贷：银行存款——学校存款　　　　　　　　　　　　　　　　　　50

预算会计：

借：事业支出——行政管理支出——其他资金支出——基本支出——高等

教育——商品和服务支出——劳务费　　　　　　　　　　　　　50

　　贷：资金结存——货币资金　　　　　　　　　　　　　　　　　　50

【例 6-11】2023 年 5 月，贵州 ZYJS 大学进行处级干部集中培训，培训费 20 000 元，按照培训合同约定：预付 50% 给××干部培训中心作为培训住宿费订金，培训结束后付款 50%。账务处理如下：

（1）支付预付款时。

财务会计：

借：预付账款——××干部培训中心　　　　　　　　　　　　　10 000

　　贷：银行存款——学校存款　　　　　　　　　　　　　　　　10 000

预算会计：

借：事业支出——行政管理支出——其他资金支出——基本支出——高等

教育——商品和服务支出——培训费　　　　　　　　　　　10 000

　　贷：资金结存——货币资金　　　　　　　　　　　　　　　　10 000

（2）培训完成后支付余款。

财务会计：

借：单位管理费用——行政管理费用——商品和服务费用　　　　20 000

  贷：银行存款——学校存款           10 000

    预付账款——××干部培训中心      10 000

 预算会计：

 借：事业支出——行政管理支出——其他资金支出——基本支出——高等

  教育——商品和服务支出——培训费      10 000

  贷：资金结存——货币资金         10 000

【例6-12】2023 年 5 月，贵州 ZYJS 大学安全管理处领用办公用品 1 000 元。账务处理如下：

 财务会计：

 借：单位管理费用——行政管理费用——商品和服务费用  1 000

  贷：库存物品——办公用品         1 000

 预算会计不做账务处理。

【例6-13】2023 年 5 月，贵州 ZYJS 大学行政及后勤部门计提资产管理处固定资产折旧 1 500 元，其中通用设备 1 000 元，家具 500 元。账务处理如下：

 财务会计：

 借：单位管理费用——行政管理费用——固定资产折旧费  1 500

  贷：固定资产累计折旧——通用设备     1 000

        ——家具         500

 预算会计不做账务处理。

【例6-14】2023 年 7 月，贵州 ZYJS 大学房屋出租业务应缴城市维护建设税 25 000 元、教育费附加 11 000 元、地方教育附加 7 100 元，8 月份上交 43 100 元。账务处理如下：

 （1）计算确定 7 月份应交纳的金额。

 财务会计：

 借：单位管理费用——行政管理费用——商品和服务费用  43 100

  贷：其他应交税费——应交城市维护建设税   25 000

       ——应交教育费附加     11 000

       ——应交地方教育附加    7 100

 预算会计不做账务处理。

 （2）8 月份上交税款。

 财务会计：

 借：其他应交税费——城市维护建设税     25 000

     ——应交教育费附加      11 000

     ——应交地方教育附加     7 100

  贷：银行存款——学校存款        43 100

 预算会计：

借：事业支出——行政管理支出——其他资金支出——基本支出——高等

教育——商品和服务支出——税金及附加费用　　　　　43 100

贷：资金结存——货币资金　　　　　43 100

【例6-15】2023年9月，贵州ZYJS大学后勤管理处王老师购买维修配件200元，直接用于暖气管道破裂维修，款项以银行存款支付。账务处理如下：

财务会计：

借：单位管理费用——后勤保障费用——商品和服务费用　　　　　200

贷：银行存款——学校存款　　　　　200

预算会计：

借：事业支出——后勤保障支出——其他资金支出——基本支出——高等

教育——商品和服务支出——维修费　　　　　200

贷：资金结存——货币资金　　　　　200

【例6-16】继【例6-15】，贵州ZYJS大学购置的暖气管道破裂维修配件200元质量不符合规定，予以退货，供应商退回货款。账务处理如下：

财务会计：

借：银行存款——学校存款　　　　　200

贷：单位管理费用——后勤保障费用——商品和服务费用　　　　　200

预算会计：

借：资金结存——货币资金　　　　　200

贷：事业支出——后勤支出——其他资金支出——基本支出——高等教育

——商品和服务支出——维修费　　　　　200

## 第四节　经营费用

### 一、经营费用科目简介

经营费用是指高等学校在专业业务活动及其辅助活动之外开展非独立核算经营活动发生的各项费用。

经营费用科目应当按照经营活动类别、项目、支付对象等进行明细核算。为了满足成本核算需要，本科目下可按照"工资福利费用""商品和服务费用""对个人和家庭的补助费用""固定资产折旧费""无形资产摊销费"等成本项目设置明细科目，归集能够直接计入单位经营活动或采用一定方法计算后计入单位经营活动的费用。期末结转后本科目应无余额。

### 二、经营费用科目账务处理

（1）为经营活动人员计提的薪酬，按照计算确定的金额，借记本科目，贷记

"应付职工薪酬"科目。

（2）开展经营活动领用或发出库存物品，按照物品实际成本，借记本科目，贷记"库存物品"科目。

（3）为经营活动所使用固定资产、无形资产计提的折旧、摊销，按照应提折旧、摊销额，借记本科目，贷记"固定资产累计折旧""无形资产累计摊销"科目。

（4）开展经营活动发生城市维护建设税、教育费附加、地方教育附加、车船税、房产税、城镇土地使用税等，按照计算确定应交纳的金额，借记本科目，贷记"其他应交税费"等科目。

（5）发生与经营活动相关的其他各项费用时，按照费用确认金额，借记本科目，贷记"银行存款""其他应付款""其他应收款"等科目。涉及增值税业务的，相关账务处理参见"应交增值税"科目。

（6）发生当年购货退回等业务，对于已计入本年经营费用的，按照收回或应收的金额，借记"银行存款""其他应收款"等科目，贷记本科目。

（7）期末，将本科目本期发生额转入本期盈余，借记"本期盈余"科目，贷记本科目。

### 三、经营费用科目案例解析

【例6-17】2023年8月，贵州ZYJS大学非独立核算的校内文化用品商店从仓库领用文具200元自用。账务处理如下：

财务会计：

借：经营费用——商品和服务费用  200
  贷：库存物品——文具  200

预算会计：

借：经营支出——其他资金支出——基本支出——高等教育——商品和服务支出——办公费  200
  贷：经营支出——待处理  200

【例6-18】2023年5月，贵州ZYJS大学计提文化用品商店固定资产折旧1 000元。其中，通用设备500元，家具500元。账务处理如下：

财务会计：

借：经营费用——固定资产折旧费  1 000
  贷：固定资产累计折旧——通用设备  500
    ——家具  500

预算会计不做账务处理。

【例6-19】2023年5月，贵州ZYJS大学文化用品商店经营业务应缴城市维护建设税250元、教育费附加110元、地方教育附加70元，6月份上交430元。账务处理如下：

（1）计算确定 5 月份应交纳的金额。

财务会计：

借：经营费用——商品和服务费用         430

  贷：其他应交税费——应交城市维护建设税    250

        ——应交教育费附加      110

        ——应交地方教育附加     70

预算会计不做账务处理。

（2）6 月份上交税款。

财务会计：

借：其他应交税费——应交城市维护建设税    250

      ——应交教育费附加      110

      ——应交地方教育附加     70

  贷：银行存款——学校存款        430

预算会计：

借：经营支出——其他资金支出——基本支出——高等教育——商品和服务
支出——税金及附加费用           430

  贷：资金结存——货币资金         430

【例 6-20】2023 年 7 月，贵州 ZYJS 大学非独立核算的校内文化用品商店电费
支出 500 元，当月支付。账务处理如下：

财务会计：

借：经营费用——商品和服务费用         500

  贷：银行存款——学校存款         500

预算会计：

借：经营支出——其他资金支出——基本支出——高等教育——商品和服务
支出——电费             500

  贷：资金结存——货币资金         500

## 第五节　资产处置费用

### 一、资产处置费用科目简介

资产处置费用是指高等学校经批准处置资产时发生的费用，包括转销的被处置
资产价值以及在处置过程中发生的相关费用或者处置收入小于相关费用形成的净支
出。资产处置的形式按照规定包括无偿调拨、出售、出让、转让、置换、对外捐赠、
报废、毁损以及货币性资产损失核销等。

高等学校在资产清查中查明的资产盘亏、毁损以及资产报废等，应当先通过"待处理财产损溢"科目进行核算，再将处理资产价值和处理净支出记入本科目。短期投资、长期股权投资、长期债券投资的处置，按照相关资产科目的规定进行账务处理。本科目应当按照处置资产的类别、资产处置的形式等进行明细核算，期末结转后本科目应无余额。

### 二、资产处置费用科目账务处理

（一）不通过"待处理财产损溢"科目核算的资产处置

（1）按照规定报经批准处置资产时，按照处置资产的账面价值，借记本科目〔处置固定资产、无形资产、公共基础设施、保障性住房的，还应借记"固定资产累计折旧""无形资产累计摊销""公共基础设施累计折旧（摊销）""保障性住房累计折旧"科目〕，按照处置资产的账面余额，贷记"库存物品""固定资产""无形资产""公共基础设施""政府储备物资""文物文化资产""保障性住房""其他应收款""在建工程"等科目。

（2）处置资产过程中仅发生相关费用的，按照实际发生金额，借记本科目，贷记"银行存款""库存现金"等科目。

（3）处置资产过程中取得收入的，按照取得的价款，借记"库存现金""银行存款"等科目，按照处置资产过程中发生的相关费用，贷记"银行存款""库存现金"等科目，按照其差额，借记本科目或贷记"应缴财政款"等科目。涉及增值税业务的，相关账务处理参见"应交增值税"科目。

（二）通过"待处理财产损溢"科目核算的资产处置

（1）高等学校账款核对中发现的现金短缺，属于无法查明原因的，报经批准核销时，借记本科目，贷记"待处理财产损溢"科目。

（2）高等学校资产清查过程中盘亏或者毁损、报废的存货、固定资产、无形资产、公共基础设施、政府储备物资、文物文化资产、保障性住房等，报经批准处理时，按照处理资产价值，借记本科目，贷记"待处理财产损溢——待处理财产价值"科目。处理收支结清时，处理过程中所取得收入小于所发生相关费用的，按照相关费用减去处理收入后的净支出，借记本科目，贷记"待处理财产损溢——处理净收入"科目。

（三）期末，将本科目本期发生额转入本期盈余

期末，将本科目本期发生额转入本期盈余，借记"本期盈余"科目，贷记本科目。

### 三、资产处置费用科目案例解析

【例6-21】2023年7月，贵州 ZYJS 大学按照规定报经批准处置实验设备1 000 000元，该项设备已提取固定资产累计折旧900 000元，处置过程中取得变价收入20 000元，发生拆除费用、评估费用、运输费用50 000元。账务处理如下：

（1）报经批准处置。

财务会计：

借：资产处置费用——固定资产        100 000

  固定资产累计折旧——专用设备     900 000

   贷：固定资产——专用设备     1 000 000

预算会计不做账务处理。

（2）取得变价收入，支付处置费用。

财务会计：

借：银行存款——学校存款         20 000

  资产处置费用——固定资产      30 000

   贷：银行存款——学校存款      50 000

预算会计：

借：其他支出——其他资金支出——其他   30 000

   贷：资金结存——货币资金       30 000

【例6-22】2022年12月，贵州ZYJS大学在库存现金盘点中发现现金短缺500元，无法查明原因，经批准予以核销。

（1）盘点。

财务会计：

借：待处理财产损溢——货币资金      500

   贷：库存现金——学校现金       500

预算会计：

借：其他支出——其他资金支出——现金盘亏损失  500

   贷：资金结存——货币资金       500

（2）核销。

财务会计：

借：资产处置费用——货币资产       500

   贷：待处理财产损溢——货币资金    500

预算会计不做账务处理。

## 第六节 上缴上级费用

### 一、上缴上级费用科目简介

上缴上级费用是指高等学校按照财政部门和主管部门的规定上缴上级单位款项发生的费用。本科目应当按照收缴款项单位、缴款项目等进行明细核算，期末结转后本科目应无余额。

## 二、上缴上级费用科目账务处理

（1）高等学校发生上缴上级支出的，按照实际上缴的金额或者按照规定计算出应当上缴上级单位的金额，借记本科目，贷记"银行存款""其他应付款"等科目。

（2）期末，将本科目本期发生额转入本期盈余，借记"本期盈余"科目，贷记本科目。

## 三、上缴上级费用科目案例解析

【例6-23】2023年3月，贵州ZYJS大学按照规定向上级主管部门上缴考试管理费50 000元。账务处理如下：

财务会计：

借：上缴上级费用——××主管单位      50 000

   贷：银行存款——学校存款      50 000

预算会计：

借：上缴上级支出      50 000

   贷：资金结存——货币资金      50 000

# 第七节　对附属单位补助费用

## 一、对附属单位补助费用科目简介

对附属单位补助费用是指高等学校用财政拨款收入之外的收入对附属单位补助发生的费用。本科目应当按照接受补助单位、补助项目等进行明细核算，期末结转后本科目应无余额。

## 二、对附属单位补助费用科目账务处理

（1）高等学校发生对附属单位补助支出的，按照实际补助的金额或者按照规定计算出应当对附属单位补助的金额，借记本科目，贷记"银行存款""其他应付款"等科目。

（2）期末，将本科目本期发生额转入本期盈余，借记"本期盈余"科目，贷记本科目。

## 三、对附属单位补助费用科目案例解析

【例6-24】2023年3月，贵州ZYJS大学用自有资金向附属小学拨付100 000元，用于该小学基本运转。账务处理如下：

财务会计：

借：附属单位补助费用——附属小学        100 000
  贷：银行存款——学校存款        100 000
预算会计：
借：对附属单位补助支出         100 000
  贷：资金结存——货币资金        100 000

## 第八节　所得税费用

### 一、所得税费用科目简介

所得税费是指有企业所得税缴纳义务的高等学校按规定缴纳企业所得税所形成的费用。年末结转后本科目应无余额。

### 二、所得税费用科目账务处理

（1）发生企业所得税纳税义务的，按照税法规定计算的应交税费数额，借记本科目，贷记"其他应交税费——单位应交所得税"科目。实际缴纳时，按照缴纳金额，借记"其他应交税费——单位应交所得税"科目，贷记"银行存款"科目。

（2）年末，将本科目本年发生额转入本期盈余，借记"本期盈余"科目，贷记本科目。

### 三、所得税费用科目案例解析

【例6-25】2023年，按照税法规定，贵州ZYJS大学应交所得税3 500元，已用银行存款支付。账务处理如下：

（1）计算并支付所得税费用。

财务会计：

借：所得税费用            3 500
  贷：其他应交税费——单位应交所得税      3 500
借：其他应交税费——单位应交所得税      3 500
  贷：银行存款           3 500

预算会计：

借：非财政拨款结余——累计结余       3 500
  贷：资金结存——货币资金        3 500

（2）年末结转。

财务会计：

借：本期盈余            3 500
  贷：所得税费用           3 500

预算会计不做账务处理。

## 第九节　其他费用

### 一、其他费用科目简介

其他费用是指高等学校发生的除业务活动费用、单位管理费用、经营费用、资产处置费用、上缴上级费用、附属单位补助费用、所得税费用以外的各项费用，包括利息费用、坏账损失、罚没支出、现金资产捐赠支出以及相关税费、运输费等。

其他费用科目应当按照其他费用的类别等进行明细核算。高等学校发生的利息费用较多的，可以单独设置"利息费用"科目，期末结转后本科目应无余额。

### 二、其他费用科目账务处理

（1）利息费用。按期计算确认借款利息费用时，按照计算确定的金额，借记"在建工程"科目或本科目，贷记"应付利息""长期借款——应计利息"科目。

（2）坏账损失。年末，高等学校按照规定对收回后无须上缴财政的应收账款和其他应收款计提坏账准备时，按照计提金额，借记本科目，贷记"坏账准备"科目；冲减多提的坏账准备时，按照冲减金额，借记"坏账准备"科目，贷记本科目。

（3）罚没支出。高等学校发生罚没支出的，按照实际缴纳或应当缴纳的金额，借记本科目，贷记"银行存款""库存现金""其他应付款"等科目。

（4）现金资产捐赠。高等学校对外捐赠现金资产的，按照实际捐赠的金额，借记本科目，贷记"银行存款""库存现金"等科目。

（5）其他相关费用。高等学校接受捐赠（或无偿调入）以名义金额计量的存货、固定资产、无形资产，以及成本无法可靠取得的公共基础设施、文物文化资产等发生的相关税费、运输费等，按照实际支付的金额，借记本科目，贷记"财政拨款收入""零余额账户用款额度""银行存款""库存现金"等科目。高等学校发生的与受托代理资产相关的税费、运输费、保管费等，按照实际支付或应付的金额，借记本科目，贷记"零余额账户用款额度""银行存款""库存现金""其他应付款"等科目。

（6）期末，将本科目本期发生额转入本期盈余，借记"本期盈余"科目，贷记本科目。

### 三、其他费用科目案例解析

【例6-26】2023年3月，贵州ZYJS大学计提流动资金银行贷款利息300 000元，4月初通过银行存款账户支付。账务处理如下：

（1）计提利息。

财务会计：

借：其他费用——利息费用 300 000

  贷：应付利息 300 000

预算会计不做账务处理。

（2）支付利息。

财务会计：

借：应付利息 300 000

  贷：银行存款——学校存款 300 000

预算会计：

借：其他支出——其他资金支出——利息支出 300 000

  贷：资金结存——货币资金 300 000

【例6-27】贵州 ZYJS 大学按照应收账款余额百分比法计提坏账准备，准备率为5%。2023 年 12 月 31 日，学校计提坏账准备 5 000 元。账务处理如下：

财务会计：

借：其他费用——坏账准备 5 000

  贷：坏账准备——应收账款 5 000

预算会计不做账务处理。

【例6-28】贵州 ZYJS 大学向对口支援小学现金捐款 250 000 元，通过银行存款账户支付。账务处理如下：

财务会计：

借：其他费用——现金资产捐赠 250 000

  贷：银行存款——学校存款 250 000

预算会计：

借：其他支出——其他资金支出——对外捐赠现金资产 250 000

  贷：资金结存——货币资金 250 000

【例6-29】2023 年 3 月，贵州 ZYJS 大学出资 500 000 元成立校友基金会，通过银行存款账户支付，校友基金会为非企业法人单位。账务处理如下：

财务会计：

借：其他费用——非企业法人出资 500 000

  贷：银行存款——学校存款 500 000

预算会计：

借：其他支出——其他资金支出——其他 500 000

  贷：资金结存——货币资金 500 000

# 第七章　预算收入

## 第一节　预算收入概述

### 一、预算收入的概念

在高等学校会计实务中，预算收入是指高等学校在履行职责或开展业务活动中依法取得的纳入部门预算管理的资金。

### 二、预算收入的分类

高等学校的预算收入按照不同的来源渠道和资金性质可分为财政拨款预算收入、事业预算收入、上级补助预算收入、附属单位上缴预算收入、经营预算收入、债务预算收入、非同级财政拨款预算收入、投资预算收益和其他预算收入等种类。

## 第二节　财政拨款预算收入

### 一、财政拨款预算收入科目简介

财政拨款预算收入是指高等学校从同级政府财政部门取得的各类财政拨款。财政拨款预算收入科目应当设置"基本支出"和"项目支出"两个明细科目，并按照《政府收支分类科目》中"支出功能分类科目"的项级科目进行明细核算。同时，高校学校在"基本支出"明细科目下按照"人员经费"和"日常公用经费"进行明细核算，在"项目支出"明细科目下按照具体项目进行明细核算。

有一般公共预算财政拨款、政府性基金预算财政拨款等两种或两种以上财政拨款的高等学校，还应当按照财政拨款的种类进行明细核算。年末结转后本科目应无余额。

### 二、财政拨款预算收入科目账务处理

（1）财政直接支付方式下，单位根据收到的"财政直接支付入账通知书"及相

关原始凭证，按照通知书中的直接支付金额，借记"事业支出"等科目，贷记本科目。年末，根据本年度财政直接支付预算指标数与当年财政直接支付实际支出数的差额，借记"资金结存——财政应返还额度"科目，贷记本科目。

（2）财政授权支付方式下，单位根据收到的"财政授权支付额度到账通知书"，按照通知书中的授权支付额度，借记"资金结存——零余额账户用款额度"科目，贷记本科目。年末，高等学校本年度财政授权支付预算指标数大于零余额账户用款额度下达数的，按照两者差额，借记"资金结存——财政应返还额度"科目，贷记本科目。

（3）其他方式下，高等学校按照本期预算收到财政拨款预算收入时，按照实际收到的金额，借记"资金结存——货币资金"科目，贷记本科目。高等学校收到下期预算的财政预拨款，应当在下个预算期，按照预收的金额，借记"资金结存——货币资金"科目，贷记本科目。

（4）因差错更正、购货退回等发生国库直接支付款项退回的，属于本年度支付的款项，按照退回金额，借记本科目，贷记"事业支出"等科目。

（5）年末，将本科目本年发生额转入财政拨款结转，借记本科目，贷记"财政拨款结转——本年收支结转"科目。

### 三、财政拨款预算收入科目案例解析

【例7-1】2023年4月20日，贵州ZYJS大学收到"财政直接支付入账通知书"，列示由财政直接支付政府采购运动服，款项150 000元。账务处理如下：

财务会计：

借：业务活动费用——教育费用——商品和服务费用　　　　　　150 000

　　贷：财政拨款收入　　　　　　　　　　　　　　　　　　　150 000

预算会计：

借：事业支出——教育支出——财政拨款支出——基本支出——高等教育——

　　商品和服务支出——专用材料费　　　　　　　　　　　　　150 000

　　贷：财政拨款预算收入——基本支出——日常公用支出　　　　150 000

【例7-2】2023年4月15日，贵州ZYJS大学收到"财政直接支付入账通知书"，列示由财政直接支付政府采购科研设备一台，价值2 000 000元，款项一次性支付。此款项在贵州ZYJS大学的预算管理系统中显示，属于省科技重大专项。账务处理如下：

财务会计：

借：固定资产——专用设备　　　　　　　　　　　　　　　　2 000 000

　　贷：财政拨款收入　　　　　　　　　　　　　　　　　　2 000 000

预算会计：

借：事业支出——科研支出——财政拨款支出——项目支出——资本性支出——

| 专用设备购置 | 2 000 000 | |
| 贷：财政拨款预算收入——项目支出 | | 2 000 000 |

【例7-3】2022年12月31日，贵州ZYJS大学将本年度财政直接支付下达数小于年初财政批复的直接支付预算指标数5 000 000元转入财政应返还额度。账务处理如下：

财务会计：

| 借：财政应返还额度——财政直接支付 | 5 000 000 | |
| 贷：财政拨款收入 | | 5 000 000 |

预算会计：

| 借：资金结存——财政应返还额度——财政直接支付 | 5 000 000 | |
| 贷：财政拨款预算收入——项目支出 | | 5 000 000 |

【例7-4】2023年3月25日，贵州ZYJS大学收到"财政授权支付额度入账通知书"，列示收到本月日常公用基本支出授权支付额度8 000 000元。账务处理如下：

财务会计：

| 借：零余额账户用款额度 | 8 000 000 | |
| 贷：财政拨款收入 | | 8 000 000 |

预算会计：

| 借：资金结存——零余额账户用款额度 | 8 000 000 | |
| 贷：财政拨款预算收入——基本支出——日常公用支出 | | 8 000 000 |

【例7-5】2022年12月31日，贵州ZYJS大学将本年度零余额账户用款额度下达数小于年初财政批复的授权支付预算指标数2 000 000元转入财政应返还额度。账务处理如下：

财务会计：

| 借：财政应返还额度——财政授权支付 | 2 000 000 | |
| 贷：财政拨款收入 | | 2 000 000 |

预算会计：

| 借：资金结存——财政应返还额度 | 2 000 000 | |
| 贷：财政拨款预算收入——项目支出 | | 20 000 000 |

【例7-6】2023年4月20日，贵州ZYJS大学收到5月份基本支出拨款6 000 000元，用于日常公用支出。账务处理如下：

财务会计：

| 借：银行存款——学校存款 | 6 000 000 | |
| 贷：财政拨款收入 | | 6 000 000 |

预算会计：

| 借：资金结存——货币资金 | 6 000 000 | |

贷：财政拨款预算收入——基本支出——日常公用支出　　　　6 000 000

【例7-7】2022年12月31日，结转本年财政拨款收入200 000 000元，其中基本支出150 000 000元、项目支出50 000 000元。

账务处理如下：

预算会计：

借：财政拨款预算收入——基本支出　　　　　　　　　　150 000 000

　　财政拨款预算收入——项目支出　　　　　　　　　　 50 000 000

　　贷：财政拨款结转——本年收支结转　　　　　　　　200 000 000

## 第三节　事业预算收入

### 一、事业预算收入科目简介

事业预算收入是指高等学校开展专业业务活动及其辅助活动取得的现金流入。高等学校因开展科研及其辅助活动从非同级政府财政部门取得的经费拨款，也通过本科目核算。本科目应当按照事业预算收入类别、项目、来源，以及《政府收支分类科目》中"支出功能分类科目"项级科目等进行明细核算。

对于因开展科研及其辅助活动从非同级政府财政部门取得的经费拨款，高校学校应当在本科目下单设"非同级财政拨款"明细科目进行明细核算；事业预算收入中如有专项资金收入，高校学校还应按照具体项目进行明细核算。年末结转后本科目应无余额。

### 二、事业预算收入科目账务处理

（1）采用财政专户返还方式管理的事业预算收入，收到从财政专户返还的事业预算收入时，按照实际收到的返还金额，借记"资金结存——货币资金"科目，贷记本科目。

（2）收到其他事业预算收入时，按照实际收到的款项金额，借记"资金结存——货币资金"科目，贷记本科目

（3）年末，将本科目本年发生额中的专项资金收入转入非财政拨款结转，借记本科目下各专项资金收入明细科目，贷记"非财政拨款结转——本年收支结转"科目；将本科目本年发生额中的非专项资金收入转入其他结余，借记本科目下各非专项资金收入明细科目，贷记"其他结余"科目。

### 三、事业预算收入科目案例解析

【例7-8】2023年5月25日，贵州ZYJS大学收到代理银行通知书，列示收到

财政专户返还的学费住宿费资金 30 000 000 元。账务处理如下：

财务会计：

借：银行存款——学校存款          30 000 000

 贷：事业收入——教育事业收入——财政专户返还收入 30 000 000

预算会计：

借：资金结存——货币资金          30 000 000

 贷：事业预算收入——教育事业预算收入——财政专户返还收入

                       30 000 000

【例 7-9】2023 年 4 月 18 日，贵州 ZYJS 大学收到桂子公司转来的科技咨询服务费 318 000 元。该项服务属于涉税项目，该大学为一般纳税人，增值税税率 6%。账务处理如下：

财务会计：

借：银行存款——学校存款          318 000

 贷：事业收入——科研事业收入——横向科研收入  300 000

   应交增值税——应交税费（销项税额）    18 000

预算会计：

借：资金结存——货币资金          318 000

 贷：事业预算收入——科研事业预算收入——横向科研收入 318 000

【例 7-10】2022 年 12 月 31 日，结转本年度事业预算收入中专项资金收入 8 000 000 元，结转非专项资金收入 12 000 000 元。账务处理如下：

预算会计：

借：事业预算收入——教育事业预算收入——专项资金收入 8 000 000

 贷：非财政拨款结转——本年收支结转     8 000 000

借：事业预算收入——教育事业预算收入——非专项资金收入 12 000 000

 贷：其他结余             12 000 000

## 第四节　上级补助预算收入

### 一、上级补助预算收入科目简介

上级补助预算收入是指高等学校从主管部门和上级单位取得的非财政补助现金流入。上级补助预算收入科目应当按照发放补助单位、补助项目，以及《政府收支分类科目》中"支出功能分类科目"的项级科目等进行明细核算。上级补助预算收入中如有专项资金收入，高校学校还应按照具体项目进行明细核算。年末结转后，本科目应无余额。

## 二、上级补助预算收入科目账务处理

（1）收到上级补助预算收入时，按照实际收到的金额，借记"资金结存——货币资金"科目，贷记本科目。

（2）年末，将本科目本年发生额中的专项资金收入转入非财政拨款结转，借记本科目下各专项资金收入明细科目，贷记"非财政拨款结转——本年收支结转"科目；将本科目本年发生额中的非专项资金收入转入其他结余，借记本科目下各非专项资金收入明细科目，贷记"其他结余"科目。

## 三、上级补助预算收入科目案例解析

【例 7-11】2023 年 6 月 13 日，贵州 ZYJS 大学收到主管部门拨入的资产管理专项补助资金 80 000 元，存入银行。账务处理如下：

财务会计：

| | | |
|---|---|---|
| 借：银行存款——学校存款 | | 80 000 |
| 贷：上级补助收入——××单位 | | 80 000 |

预算会计：

| | | |
|---|---|---|
| 借：资金结存——货币资金 | | 80 000 |
| 贷：上级补助预算收入——专项资金收入——资产管理项目 | | 80 000 |

【例 7-12】2022 年 12 月 31 日，结转本年资产管理专项补助 80 000 元。账务处理如下：

预算会计：

| | | |
|---|---|---|
| 借：上级补助预算收入——专项资金收入——资产管理项目 | | 80 000 |
| 贷：非财政拨款结转——本年收支结转 | | 80 000 |

# 第五节　附属单位上缴预算收入

## 一、附属单位上缴预算收入科目简介

附属单位上缴预算收入是指高等学校取得附属独立核算单位根据有关规定上缴的现金流入。附属单位上缴预算收入科目应当按照附属单位、缴款项目，以及《政府收支分类科目》中"支出功能分类科目"的项级科目等进行明细核算。附属单位上缴预算收入中如有专项资金收入，高校学校还应按照具体项目进行明细核算。年末结转后，本科目应无余额。

## 二、附属单位上缴预算收入账务处理

（1）收到附属单位缴来款项时，按照实际收到的金额，借记"资金结存——货币资金"科目，贷记本科目。

（2）年末，将本科目本年发生额中的专项资金收入转入非财政拨款结转，借记本科目下各专项资金收入明细科目，贷记"非财政拨款结转——本年收支结转"科目；将本科目本年发生额中的非专项资金收入转入其他结余，借记本科目下各非专项资金收入明细科目，贷记"其他结余"科目。

## 三、附属单位上缴预算收入案例解析

【例7-13】2022年12月30日，贵州ZYJS大学收到其校办产业缴的利润500 000元，存入银行。账务处理如下：

财务会计：

借：银行存款——学校存款 500 000

    贷：附属单位上缴收入——校办产业 500 000

预算会计：

借：资金结存——货币资金 500 000

    贷：附属单位上缴预算收入——非专项资金收入 500 000

【例7-14】2022年12月31日，结转本年校办产业缴来的利润500 000元。账务处理如下：

预算会计：

借：附属单位上缴预算收入——非专项资金收入 500 000

    贷：其他结余 500 000

# 第六节　经营预算收入

## 一、经营预算收入科目简介

经营预算收入是指高等学校在专业业务活动及其辅助活动之外开展非独立核算经营活动取得的现金流入。经营预算收入科目应当按照经营活动类别、项目，以及《政府收支分类科目》中"支出功能分类科目"的项级科目等进行明细核算。年末结转后，本科目应无余额。

## 二、经营预算收入科目账务处理

（1）收到经营预算收入时，按照实际收到的金额，借记"资金结存——货币资金"科目，贷记本科目。

（2）年末，将本科目本年发生额转入经营结余，借记本科目，贷记"经营结余"科目。

### 三、经营预算收入科目案例解析

【例7-15】2023年5月24日，贵州ZYJS大学（一般纳税人）出售自产啤酒，收到含税价款2 260元，增值税税率为13%。账务处理如下：

财务会计：

借：银行存款——学校存款         2 260

  贷：经营收入            2 000

    应交增值税——应交税费（销项税额）   260

预算会计：

借：资金结存——货币资金         2 260

  贷：经营预算收入——啤酒收入       2 260

【例7-16】2022年12月31日，结转本年度经营预算收入50 000元。账务处理如下：

预算会计：

借：经营预算收入           50 000

  贷：经营结余           50 000

## 第七节 债务预算收入

### 一、债务预算收入科目简介

债务预算收入是指高等学校按照规定从银行和其他金融机构等借入的、纳入部门预算管理的不以财政资金作为偿还来源的债务本金。年末结转后，本科目应无余额。债务预算收入科目应当按照贷款单位、贷款种类，以及《政府收支分类科目》中"支出功能分类科目"的项级科目等进行明细核算。债务预算收入中如有专项资金收入，高校学校还应按照具体项目进行明细核算。

### 二、债务预算收入科目账务处理

（1）借入各项短期或长期借款时，按照实际借入的金额，借记"资金结存——货币资金"科目，贷记本科目。

（2）年末，将本科目本年发生额中的专项资金收入转入非财政拨款结转，借记本科目下各专项资金收入明细科目，贷记"非财政拨款结转——本年收支结转"科目；将本科目本年发生额中的非专项资金收入转入其他结余，借记本科目下各非专项资金收入明细科目，贷记"其他结余"科目。

### 三、债务预算收入科目案例解析

【例7-17】2023年5月25日，贵州ZYJS大学从工商银行借入短期款项5 000 000元，用作维修、绿化等资金周转。账务处理如下：

财务会计：

借：银行存款——学校存款　　　　　　　　　　　　　　　5 000 000

　　贷：短期借款——工商银行　　　　　　　　　　　　　　5 000 000

预算会计：

借：资金结存——货币资金　　　　　　　　　　　　　　　5 000 000

　　贷：债务预算收入——非专项资金收入　　　　　　　　　5 000 000

【例7-18】2023年6月26日，贵州ZYJS大学教学楼建设项目支出工程款3 000 000元，从农业银行贷款投信额度支出，这笔借款为三年期借款。账务处理如下：

财务会计：

借：在建工程——建以安装工程投资——建筑工程　　　　　3 000 000

　　贷：长期借款——本金——农业银行　　　　　　　　　　3 000 000

预算会计：

借：事业支出——教育支出——其他资金支出——项目支出——高等教育——

　　资本性支出——房屋建筑物购建　　　　　　　　　　　3 000 000

　　贷：债务预算收入——专项资金收入　　　　　　　　　　3 000 000

【例7-19】2022年12月31日，结转教学楼项目借款3 000 000元，周转资金借款7 000 000元。账务处理如下：

预算会计：

借：债务预算收入——专项资金收入　　　　　　　　　　　3 000 000

　　贷：非财政拨款结转——本年收支结转——项目支出结转　3 000 000

借：债务预算收入——非专项资金收入　　　　　　　　　　7 000 000

　　贷：其他结余　　　　　　　　　　　　　　　　　　　7 000 000

## 第八节　非同级财政拨款预算收入

### 一、非同级财政拨款预算收入科目简介

非同级财政拨款预算收入是指高等学校从非同级政府财政部门取得的财政拨款，包括本级横向转拨财政款和非本级财政拨款。

对于因开展科研及其辅助活动从非同级政府财政部门取得的经费拨款,高校学校应当通过"事业预算收入——非同级财政拨款"科目进行核算,不通过本科目核算。年末结转后,本科目应无余额。

非同级财政拨款预算收入科目应当按照非同级财政拨款预算收入的类别、来源,以及《政府收支分类科目》中"支出功能分类科目"的项级科目等进行明细核算。非同级财政拨款预算收入中如有专项资金收入,高校学校还应按照具体项目进行明细核算。

### 二、非同级财政拨款预算收入科目账务处理

(1)取得非同级财政拨款预算收入时,按照实际收到的金额,借记"资金结存——货币资金"科目,贷记本科目。

(2)年末,将本科目本年发生额中的专项资金收入转入非财政拨款结转,借记本科目下各专项资金收入明细科目,贷记"非财政拨款结转——本年收支结转"科目;将本科目本年发生额中的非专项资金收入转入其他结余,借记本科目下各非专项资金收入明细科目,贷记"其他结余"科目。

### 三、非同级财政拨款预算收入科目案例解析

【例7-20】2023年7月31日,贵州 ZYJS 大学(省属大学)收到教育局(当地区财政拨入)保教费 1 000 000 元。账务处理如下:

财务会计:

借:银行存款——学校存款                          1 000 000

    贷:非同级财政拨款收入——非本级财政拨款收入        1 000 000

预算会计:

借:资金结存——货币资金                      1 000 000

    贷:非同级财政拨款预算收入——非本级财政拨款预算收入——专项资金

      收入                                 1 000 000

# 第九节　投资预算收益

### 一、投资预算收益科目简介

投资预算收益是指高等学校取得的按照规定纳入部门预算管理的属于投资收益性质的现金流入,包括股权投资收益、出售或收回债券投资所取得的收益和债券投资利息收入。

投资预算收益科目应当按照《政府收支分类科目》中"支出功能分类科目"的

项级科目等进行明细核算。年末结转后，本科目应无余额。

## 二、投资预算收益科目账务处理

（1）出售或到期收回本年度取得的短期、长期债券，按照实际取得的价款或实际收到的本息金额，借记"资金结存——货币资金"科目，按照取得债券时"投资支出"科目的发生额，贷记"投资支出"科目，按照其差额，贷记或借记本科目。

出售或到期收回以前年度取得的短期、长期债券，按照实际取得的价款或实际收到的本息金额，借记"资金结存——货币资金"科目，按照取得债券时"投资支出"科目的发生额，贷记"其他结余"科目，按照其差额，贷记或借记本科目。出售、转让以货币资金取得的长期股权投资的，其账务处理参照出售或到期收回债券投资。

（2）持有的短期投资以及分期付息、一次还本的长期债券投资收到利息时，按照实际收到的金额，借记"资金结存——货币资金"科目，贷记本科目。

（3）持有长期股权投资取得被投资单位分派的现金股利或利润时，按照实际收到的金额，借记"资金结存——货币资金"科目，贷记本科目。

（4）出售、转让以非货币性资产取得的长期股权投资时，按照实际取得的价款扣减支付的相关费用和应缴财政款后的余额（按照规定纳入单位预算管理的），借记"资金结存——货币资金"科目，贷记本科目。

（5）年末，将本科目本年发生额转入其他结余，借记或贷记本科目，贷记或借记"其他结余"科目。

## 三、投资预算收益科目案例解析

【例7-21】2023年6月10日，贵州 ZYJS 大学收回到期3年期政府债券 400 000元，年利率5%，款项已存入学校开户银行。账务处理如下：

财务会计：

借：银行存款——学校存款　　　　　　　　　　　　　460 000
　　贷：长期债券投资——本金　　　　　　　　　　　　400 000
　　　　投资收益　　　　　　　　　　　　　　　　　　 60 000

预算会计：

借：资金结存——货币资金　　　　　　　　　　　　　460 000
　　贷：其他结余　　　　　　　　　　　　　　　　　　400 000
　　　　投资预算收益　　　　　　　　　　　　　　　　 60 000

## 第十节  其他预算收入

### 一、其他预算收入科目简介

其他预算收入是指高等学校除财政拨款预算收入、事业预算收入、上级补助预算收入、附属单位上缴预算收入、经营预算收入、债务预算收入、非同级财政拨款预算收入、投资预算收益之外的纳入部门预算管理的现金流入，包括捐赠预算收入、利息预算收入、租金预算收入、现金盘盈收入等。

其他预算收入科目应当按照其他收入类别、《政府收支分类科目》中"支出功能分类科目"的项级科目等进行明细核算。其他预算收入中如有专项资金收入，还应按照具体项目进行明细核算。

高等学校发生的捐赠预算收入、利息预算收入、租金预算收入金额较大或业务较多的，可单独设置"捐赠预算收入""利息预算收入""租金预算收入"等科目。年末结转后本科目应无余额。

### 二、其他预算收入科目账务处理

（1）接受捐赠现金资产、收到银行存款利息、收到资产承租人支付的租金时，按照实际收到的金额，借记"资金结存——货币资金"科目，贷记本科目。

（2）每日现金账款核对中如发现现金溢余，按照溢余的现金金额，借记"资金结存——货币资金"科目，贷记本科目。经核实，属于应支付给有关个人和单位的部分，按照实际支付的金额，借记本科目，贷记"资金结存——货币资金"科目。

（3）收到其他预算收入时，按照收到的金额，借记"资金结存——货币资金"科目，贷记本科目。

（4）年末，将本科目本年发生额中的专项资金收入转入非财政拨款结转，借记本科目下各专项资金收入明细科目，贷记"非财政拨款结转——本年收支结转"科目；将本科目本年发生额中的非专项资金收入转入其他结余，借记本科目下各非专项资金收入明细科目，贷记"其他结余"科目。

### 三、其他预算收入科目案例解析

【例7-22】2023年3月22日，贵州 ZYJS 大学收到银行转来本季度利息收入500 000元。账务处理如下：

财务会计：

借：银行存款——学校存款                                                  500 000

    贷：利息收入                                                           500 000

预算会计：

借：资金结存——货币资金 500 000

　　贷：其他预算收入——利息预算收入 500 000

【例 7-23】2022 年 4 月 30 日，贵州 ZYJS 大学盘盈现金 200 元。

账务处理如下：

财务会计：

借：库存现金——学校现金 200

　　贷：待处理财产损溢——货币资金 200

预算会计：

借：资金结存——货币资金 200

　　贷：其他预算收入——其他——非专项资金收入 200

# 第八章　预算支出

## 第一节　预算支出概述

### 一、预算支出的概念

高等学校预算支出是指高等学校在预算年度内依法发生并纳入预算管理的现金流出。

### 二、预算支出的分类

按预算支出的用途，高等学校预算支出可分为事业支出、经营支出、上缴上级支出、对附属单位补助支出、投资支出、债务还本支出、其他支出。其中，高等学校的事业支出具体分为教育支出、科研支出、行政管理支出、后勤保障支出、离退休支出、其他事业支出。

按预算支出的性质，高等学校预算支出可分为基本支出和项目支出。基本支出是指高等学校为了保障其正常运转、完成日常工作任务而发生的人员支出和公用支出；项目支出是指高等学校为了完成特定工作任务和学校发展目标，在基本支出之外所发生的支出。

按资金的来源，高等学校预算支出可分为财政拨款支出、非财政专项资金支出和其他资金支出。财政拨款支出是指使用同级财政拨款发生的支出，非财政专项资金支出是指使用同级财政拨款以外的专项资金发生的支出，其他资金支出是指使用同级财政拨款、非财政专项资金以外的资金发生的支出。

按照政府支出的功能，高等学校预算支出可分为教育支出、科学技术支出、文化体育与传媒支出等。

按照政府支出的经济分类，高等学校预算支出可分为工资福利支出、商品和服务支出、对个人和家庭补助支出、资本性支出、其他支出等。

### 三、预算支出的确认和计量

高等学校预算支出，一般应当按照收付实现制在实际支付时予以确认，并按照实际支付金额进行计量。

## 第二节　事业支出

### 一、事业支出科目简介

事业支出是指高等学校开展专业业务活动及其辅助活动实际发生的各项现金流出。高等学校发生教育、科研、医疗、行政管理、后勤保障等活动，可在本科目下设置相应的明细科目进行核算，或单设"教育支出""科研支出""医疗支出""行政管理支出""后勤保障支出"等一级会计科目进行核算。

事业支出科目应当分别按照"财政拨款支出""非财政专项资金支出"和"其他资金支出"，"基本支出"和"项目支出"等进行明细核算，并按照《政府收支分类科目》中"支出功能分类科目"的项级科目进行明细核算；"基本支出"和"项目支出"明细科目下应当按照《政府收支分类科目》中"部门预算支出经济分类科目"的款级科目进行明细核算，同时在"项目支出"明细科目下按照具体项目进行明细核算。

有一般公共预算财政拨款、政府性基金预算财政拨款等两种或两种以上财政拨款的高等学校，还应当在"财政拨款支出"明细科目下按照财政拨款的种类进行明细核算。

### 二、事业支出科目账务处理

（一）支付学校职工（经营部门职工除外）薪酬

（1）向学校职工个人支付薪酬时，按照实际支付的数额，借记本科目，贷记"财政拨款预算收入""资金结存"科目。

（2）按照规定代扣代缴个人所得税以及代扣代缴或为职工缴纳职工社会保费、住房公积金等时，按照实际缴纳的金额，借记本科目，贷记"财政拨款预算收入""资金结存"科目。

（二）为专业业务活动及其辅助活动支付外部人员劳务费

（1）按照实际支付给外部人员个人的金额，借记本科目，贷记"财政拨款预算收入""资金结存"科目。

（2）按照规定代扣代缴个人所得税时，按照实际缴纳的金额，借记本科目，贷记"财政拨款预算收入""资金结存"科目。

（三）开展专业业务活动及其辅助活动过程中为购买存货、固定资产、无形资产等以及在建工程支付相关款项

开展专业业务活动及其辅助活动过程中为购买存货、固定资产、无形资产等以及在建工程支付相关款项时，按照实际支付的金额，借记本科目，贷记"财政拨款

预算收入""资金结存"科目。

（四）开展专业业务活动及其辅助活动过程中发生预付账款

开展专业业务活动及其辅助活动过程中发生预付账款时，按照实际支付的金额，借记本科目，贷记"财政拨款预算收入""资金结存"科目。

对于暂付款项，在支付款项时可不做预算会计处理，待结算或报销时，按照结算或报销的金额，借记本科目，贷记"资金结存"科目。

（五）开展专业业务活动及其辅助活动过程中缴纳的相关税费以及发生的其他各项支出

开展专业业务活动及其辅助活动过程中缴纳的相关税费以及发生的其他各项支出，按照实际支付的金额，借记本科目，贷记"财政拨款预算收入""资金结存"科目。

（六）开展专业业务活动及其辅助活动过程中发生相关费用退回或差错更正的

开展专业业务活动及其辅助活动过程中因购货退回等发生款项退回，或者发生差错更正的，属于当年支出收回的，按照收回或更正金额，借记"财政拨款预算收入""资金结存"科目，贷记本科目。

（七）年末，本科目的账务处理

年末，将本科目本年发生额中的财政拨款支出转入财政拨款结转，借记"财政拨款结转——本年收支结转"科目，贷记本科目下各财政拨款支出明细科目；将本科目本年发生额中的非财政专项资金支出转入非财政拨款结转，借记"非财政拨款结转——本年收支结转"科目，贷记本科目下各非财政专项资金支出明细科目；将本科目本年发生额中的其他资金支出（非财政非专项资金支出）转入其他结余，借记"其他结余"科目，贷记本科目下其他资金支出明细科目。

### 三、事业支出科目案例解析

【例 8-1】贵州 ZYJS 大学 2023 年发生以下业务：

2023 年 5 月 10 日，计提教职工工资 14 000 000 元，代扣个人所得税 600 000 元、代扣社会保险费 1 680 000 元、代扣住房公积金 1 920 000 元，实际发放工资为 9 800 000 元。详细情况见表 8-1。

表 8-1 基本工资明细 单位：元

| 人员列表 | 应发工资 | 代扣个人所得税 | 代扣社会保险 | 代扣住房公积金 | 代扣合计 | 实发工资 |
|---|---|---|---|---|---|---|
| 教学人员 | 5 000 000 | 250 000 | 700 000 | 800 000 | 1 750 000 | 3 250 000 |
| 科研人员 | 2 000 000 | 100 000 | 280 000 | 320 000 | 700 000 | 1 300 000 |
| 行政管理人员 | 2 000 000 | 100 000 | 280 000 | 320 000 | 700 000 | 1 300 000 |

表8-1(续)

| 人员列表 | 应发工资 | 代扣个人所得税 | 代扣社会保险 | 代扣住房公积金 | 代扣合计 | 实发工资 |
|---|---|---|---|---|---|---|
| 后勤保障人员 | 3 000 000 | 150 000 | 420 000 | 480 000 | 1 050 000 | 1 950 000 |
| 离退休人员 | 2 000 000 | 0 | 0 | 0 | 0 | 2 000 000 |
| 合计 | 14 000 000 | 600 000 | 1 680 000 | 1 920 000 | 4 200 000 | 9 800 000 |

账务处理如下：

（1）计提工资。

财务会计：

借：业务活动费用——教育费用——工资福利费     5 000 000

  业务活动费用——科研费用——工资福利费用   2 000 000

  单位管理费用——行政管理费用——工资福利费用  2 000 000

  单位管理费用——后勤保障费用——工资福利费用  3 000 000

  单位管理费用——离退休费用——对个人和家庭补助费用 2 000 000

   贷：应付职工薪酬——基本工资     14 000 000

预算会计不做账务处理。

（2）发放工资。

财务会计：

借：应付职工薪酬——基本工资       14 000 000

   贷：零余额账户用款额度      9 800 000

     其他应交税费——应交个人所得税   600 000

     应付职工薪酬——社会保险    1 680 000

     应付职工薪酬——住房公积金   1 920 000

预算会计：

借：事业支出——教育支出——财政拨款支出——基本支出——高等教育——

工资福利支出——基本工资      3 250 000

  事业支出——科研支出——财政拨款支出——基本支出——高等教育——

工资福利支出—基本工资       1 300 000

  事业支出——行政管理支出——财政拨款支出——基本支出——高等

教育——工资福利支出——基本工资    1 300 000

  事业支出——后勤保障支出——财政拨款支出——基本支出——高等

教育——工资福利支出——基本工资    1 950 000

  事业支出——离退休支出——财政拨款支出——基本支出——高等教育——

对个人和家庭补助——退休费     2 000 000

   贷：资金结存——零余额账户用款额度   9 800 000

【例 8-2】2022 年 11 月 15 日，贵州 ZYJS 大学文学院发放外校专家学术报告款 10 000 元，其中由文学院教学经费列支 5 000 元（个人所得税 800 元），由科技处部门下"高层次论坛"专项经费列支 5 000 元（个人所得税 800 元），代扣代缴个人所得税 1 600 元，余款 8 400 元由学校支付。账务处理如下：

（1）发放劳务费时。

财务会计：

借：业务活动费——教育费用——商品和服务费用　　　　　　　　　10 000

　　贷：其他应交税费——应交个人所得税　　　　　　　　　　　　　　1 600

　　　　银行存款——学校存款　　　　　　　　　　　　　　　　　　　8 400

预算会计：

借：事业支出——教育支出——其他资金支出——基本支出——高等教育——商品和服务支出——劳务费　　　　　　　　　　　　　　　　　　4 200

　　事业支出——教育支出——非财政专项资金支出——项目支出——高等教育——商品和服务支——劳务费　　　　　　　　　　　　　　　　　4 200

　　贷：资金结存——货币资金　　　　　　　　　　　　　　　　　　　8 400

（2）代交个人所得税时。

财务会计：

借：其他应交税费——应交个人所得税　　　　　　　　　　　　　　　1 600

　　贷：银行存款——学校存款　　　　　　　　　　　　　　　　　　　1 600

预算会计：

借：事业支出——教育支出——其他资金支出——基本支出——高等教育——商品和服务支出——税金及附加　　　　　　　　　　　　　　　　　800

　　事业支出——教育支出——非财政专项资金支出——项目支出——高等教育——商品和服务支——劳务费　　　　　　　　　　　　　　　　　800

　　贷：资金结存——货币资金　　　　　　　　　　　　　　　　　　　1 600

【例 8-3】2022 年 11 月 20 日，贵州 ZYJS 大学按照规定计提单位承担的职工社保费 4 800 000 元，并通过财政授权额度支付社保费 8 400 000 元。详细情况见表 8-2。

表 8-2　社保缴纳明细　　　　　　　　　　　　　　　　　　　　　　单位：元

| 人员列表 | 应发工资 | 单位承担的社保金额 | 代扣社保金额 | 代扣合计 |
|---|---|---|---|---|
| 教学人员 | 5 000 000 | 2 000 000 | 700 000 | 2 700 000 |
| 科研人员 | 2 000 000 | 800 000 | 280 000 | 1 080 000 |
| 行政管理人员 | 2 000 000 | 800 000 | 280 000 | 1 080 000 |
| 后勤保障人员 | 3 000 000 | 1 200 000 | 420 000 | 1 620 000 |
| 合计 | 12 000 000 | 4 800 000 | 1 680 000 | 6 480 000 |

账务处理如下：

（1）计提单位承担的教职工社保费。

财务会计：

借：业务活动费用——教育费用——工资福利费用 2 000 000

业务活动费用——科研费用——工资福利费用 800 000

单位管理费用——行政管理费用——工资福利费用 800 000

单位管理费用——后勤保障费用——工资福利费用 120 000

贷：应付职工薪酬——社会保险费 4 800 000

预算会计不做账务处理。

（2）交纳社会保险费。

财务会计：

借：应付职工薪酬——社会保险费 6 480 000

贷：零余额账户用款额度 6 480 000

预算会计：

借：事业支出——教育支出——财政拨款支出——基本支出——高等教育——

工资福利支出——基本工资 2 700 000

事业支出——科研支出——财政拨款支出——基本支出——高等教育——

工资福利支出—基本工资 1 080 000

事业支出——行政管理支出——财政拨款支出——基本支出——高等

教育——工资福利支出——基本工资 1 080 000

事业支出——后勤保障支出——财政拨款支出——基本支出——高等

教育——工资福利支出——基本工资 1 620 000

贷：资金结存——零余额账户用款额度 6 480 000

【例8-4】11月22日，贵州ZYJS大学通过财政授权额度缴纳个人承担的公积金1 920 000元。账务处理如下：

财务会计：

借：应付职工薪酬——住房公积金 1 920 000

贷：零余额账户用款额度 1 920 000

预算会计：

借：事业支出——教育支出——财政拨款支出——基本支出——高等教育——

工资福利支出——基本工资 800 000

事业支出——科研支出——财政拨款支出——基本支出——高等教育——

工资福利支出—基本工资 320 000

事业支出——行政管理支出——财政拨款支出——基本支出——高等

教育——工资福利支出——基本工资 320 000

事业支出——后勤保障支出——财政拨款支出——基本支出——高等

教育——工资福利支出——基本工资 480 000

　　　贷：资金结存——零余额账户用款额度 1 920 000

　　【例8-5】2022年12月1日，贵州 ZYJS 大学通过财政授权额度支付个人所得税600 000元，通过银行存款交纳个人所得税1 600元。账务处理如下：

　　财务会计：

　　借：其他应交税费——直交个人所得税 601 600

　　　贷：零余额账户用款额度 600 000

　　　　银行存款——学校存款 1 600

　　预算会计：

　　借：事业支出——教育支出——财政拨款支出——基本支出——高等教育——

　　工资福利支出——基本工资 250 000

　　事业支出——科研支出——财政拨款支出——基本支出——高等教育——

　　工资福利支出—基本工资 100 000

　　事业支出——行政管理支出——财政拨款支出——基本支出——高等

　　教育——工资福利支出——基本工资 100 000

　　事业支出——后勤保障支出——财政拨款支出——基本支出——高等

　　教育——工资福利支出——基本工资 150 000

　　事业支出——教育支出——财政拨款支出——基本支出——高等教育——

　　商品和服务支出——劳务费 1 600

　　　贷：资金结存——零余额账户用款额度 600 000

　　　　资金结存——货币资金 1 600

　　【例8-6】贵州 ZYJS 大学发生与预付账款有关的业务如下：

　　（1）2021年12月10日，学校按合同规定预付贵州公司教学仪器来购款100 000元。该款项通过"零余额账户用款额度"支付，从"省财政高水平大学建设专项"中列支。账务处理如下：

　　财务会计：

　　借：预付账款——贵州公司 100 000

　　　贷：零余额账户用状额度 100 000

　　预算会计：

　　借：事业支出——教育支出——财政拨款支出——项目支出——高等教育——

　　资本性支出——专用设备购置 100 000

　　　贷：资金结存——零余额账户用款额度 100 000

　　（2）2021年12月20日，学校收到上述预定教学仪器，按合同规定，贵州公司开具发票260 000元，扣除质保金26 000元（质保期一年），款项134 000元通过"零余额账户用款额度"支付，从"省财政高水平大学建设专项"中列支。账务处理如下：

财务会计：

借：固定资产——专用设备 260 000

　　贷：预付账款——贵州公司 100 000

　　　　零余额账户用款额度 134 000

　　　　其他应付款——质保金——贵州公司 26 000

预算会计：

借：事业支出——教育支出——财政拨款支出——项目支出——高等教育——

　　资本性支出——专用设备购置 134 000

　　贷：资金结存——零余额账户用款额度 134 000

2022 年 12 月 21 日，该教学仪器无质量问题，学校通过"零余额账户团款额度"支付贵州公司质保金 26 000 元。账务处理如下：

财务会计：

借：其他应付款——质保金——贵州公司 26 000

　　贷：零余额账户用款额度 26 000

预算会计：

借：事业支出——教育支出——财政拨款支出——项目支出——高等教育——

　　资本性支出——专用设备购置 26 000

　　贷：资金结存——零余额账户用款额度 26 000

【例 8-7】2022 年 12 月 11 日，贵州 ZYJS 大学化工学院李老师采购试剂一批发票金额为 19 800 元。该款项从科技处下的国家自然基金 B 项目列支，并以银行存款支付。账务处理如下：

财务会计：

借：业务活动费用——科研费用——商品和服务费用 19 800

　　贷：银行存款——学校存款 19 800

预算会计：

借：事业支出——科研支出——非财政专项资金支出——项目支出——高等

　　教育——商品和服务支出——专用材料费 19 800

　　贷：资金结存——货币资金 19 800

【例 8-8】贵州 ZYJS 大学发生下列业务：

（1）2022 年 12 月 12 日，贵州 ZYJS 大学资产处按规定采购一批办公用低值易耗品入学校仓库。该批办公用品尚未明确领用单位，其发票金额为 96 500 元，以银行存款付款，从资产处的办公用品经费中列支。账务处理如下：

财务会计：

借：库存物品——低值易耗品 96 500

　　贷：银行存款——学校存款 96 500

预算会计：

借：事业支出——行政管理支出——其他资金支出——基本支出——高等

教育——商品和服务支出——办公费 96 500

贷：资金结存——货币资金 96 500

（2）2021年12月20日，办公用低值易耗品出库。清单如下：信息学院领用15 000元，审计处领用10 000元，后勤集团领用20 000元，离退休活动室领用22 000元，横向科研项目A领用12 000元。以上款项均从各自经费中列支。账务处理如下：

财务会计：

借：业务活动费用——教育费用——商品和服务费用 15 000

单位管理费用——行政管理费用——商品和服务费用 10 000

单位管理费用——后勤保障费用——商品和服务费用 20 000

单位管理费用——离退休费用——商品和服务费用 22 000

业务活动费用——科研费用——商品和服务费用 12 000

贷：库存物品——低值易耗品 79 000

预算会计：

借：事业支出——教育支出——其他资金支出——基本支出——高等教育——

商品和服务支出——办公费 15 000

事业支出——行政管理支出——其他资金支出——基本支出——高等

教育——商品和服务支出——办公费 10 000

事业支出——后勤保障支出——其他资金支出——基本支出——高等

教育——商品和服务支出——办公费 20 000

事业支出——离退休支出——其他资金支出——基本支出——高等教育——

商品和服务支出——办公费 22 000

事业支出——科研支出——非财政专项资金支出——项目支出——高等

教育——商品和服务支出——办公费 12 000

贷：事业支出——行政管理支出——其他资金支出——基本交出——高等

教育——商品和服务支出——办公费 79 000

【例8-9】2022年12月20日，贵州ZYJS大学校长带领国际学院院长、审计处处长、财务处处长、后勤处处长去上海某高校学习教学、管理经验回校报销，5人共花费50 000元差旅费，费用均摊，分别从各单位经费中列支。各项费用采用公务卡支付。账务处理如下：

财务会计：

借：业务活动费用——教育费用——商品和服务费用 10 000

单位管理费用——行政管理费用——商品和服务费 30 000

单位管理费用——后勤保障费用——商品和服务费用 10 000

贷：零余额账户用款额度 50 000

预算会计：

借：事业支出——行政管理支出——财政拨款支出——基本支出——高等

  教育——商品和服务支出——差旅费　　　　　　　　　　　　10 000

　　事业支出——教育支出——财政拨款支出——基本支出——高等教育——

  商品和服务支出——差旅费　　　　　　　　　　　　　　　　10 000

　　事业支出——行政管理支出——财政拨款支出——基本支出——高等

  教育——商品和服务支出——差旅费　　　　　　　　　　　　10 000

　　事业支出——行政管理支出——财政拨款支出——基本支出——高等

  教育——商品和服务支出——差旅费　　　　　　　　　　　　10 000

　　事业支出——后勤保障支出——财政拨款支出——基本支出——高等

  教育——商品和服务支出——差旅费　　　　　　　　　　　　10 000

　　贷：资金结存——零余额账户用款额度　　　　　　　　　　50 000

【例 8-10】2022 年 12 月 21 日，贵州 ZYJS 大学信息学院王老师报销资料印刷售 19 000 元，从同级财政拨款科研项目 B 中支出，并由零余额账户用款额度支付。账务处理如下：

　　财务会计：

　　借：业务活动费用——科研费用——商品和服务费用　　　　　19 000

　　　　贷：零余额账户用款额度　　　　　　　　　　　　　　　19 000

　　预算会计：

　　借：事业支出——科研支出——财政拨款支出——项目支出——高等教育——

  商品和服务支出——印刷费　　　　　　　　　　　　　19 000

　　　　贷：资金结存——零余额账户用款额度　　　　　　　　　19 000

【例 8-11】2022 年 12 月 22 日，贵州 ZYJS 大学资产处通过政府采购方式购入办公用打印机一批 96 000 元。其中，财政拨款专项资金支付 90 000 元，非财政专项资金支付 6 000 元，从资产处办公设备专项中列支。账务处理如下：

　　财务会计：

　　借：固定资产——通用设备　　　　　　　　　　　　　　　96 000

　　　　贷：零余额账户用款额度　　　　　　　　　　　　　　90 000

　　　　　　银行存款——学校存款　　　　　　　　　　　　　6 000

　　预算会计：

　　借：事业支出——行政管理支出——财政拨款支出——项目支出——高等

  教育——资本性支出——办公设备购置费　　　　　　　90 000

　　事业支出——行政管理支出——非财政专项资金支出——项目支出——

  高等教育——资本性支出——办公设备购置费　　　　　6 000

　　　　贷：资金结存——零余额账户用款额度　　　　　　　　90 000

　　　　　　资金结存——货币资金　　　　　　　　　　　　　6 000

【例 8-12】2022 年 12 月 23 日，贵州 ZYJS 大学按规定从财政拨款专项资金中支付物业公司保安费 120 000 元。账务处理如下：

财务会计：

借：单位管理费用——后勤保障费用——商品和服务费用　　　　　120 000

贷：零余额账户用款额度　　　　　120 000

预算会计：

借：事业支出——后勤保障支出——财政拨款支出——项目支出——高等

教育——商品和服务支出——物业管理费　　　　　120 000

贷：资金结存——零余额账户用款额度　　　　　120 000

【例 8-13】2022 年 12 月 24 日，贵州 ZYJS 大学以银行存款支付浴室大型修缮费 250 000 元。账务处理如下：

财务会计：

借：单位管理费用——后勤保障费用——商品和服务费用　　　　　250 000

贷：银行存款——学校存款　　　　　250 000

预算会计：

借：事业支出——后勤保障支出——非财政专项资金支出——项目支出——

高等教育——资本性支出——大型修缮　　　　　250 000

贷：资金结存——货币资金　　　　　250 000

【例 8-14】2022 年 12 月 25 日，贵州 ZYJS 大学招生就业处报销由学校统一负担的招生宣传费 50 000 元，由财政授权额度付款。账务处理如下：

财务会计：

借：业务活动费用——教育费用——商品和服务费用　　　　　50 000

贷：零余额账户用款额度　　　　　50 000

预算会计：

借：事业支出——教育支出——财政拨款支出——基本支出——高等教育——

商品和服务支出——其他商品和服务支出　　　　　50 000

贷：资金结存——零余额账户用款额度　　　　　50 000

【例 8-15】2022 年 12 月 24 日，贵州 ZYJS 大学审计处报销由学校委托会计师事务所审计经费 100 000 元，由审计专项列支，并通过银行存款支付。账务处理如下：

财务会计：

借：单位管理费用——行政管理费用——商品和服务费用　　　　　100 000

贷：银行存款——学校存款　　　　　100 000

预算会计：

借：事业支出——行政管理支出——非财政专项资金支出——项目支出——

高等教育——商品和服务支出——委托业务费　　　　　100 000

贷：资金结存——货币资金　　　　　100 000

【例8-16】2022年12月25日，贵州ZYJS大学校办报销律师事务所咨询服务费60 000元，由银行存款支付。账务处理如下：

财务会计：

借：单位管理费用——单位统一负担的其他管理费用——商品和服务费用

                                                   60 000

    贷：银行存款——学校存款                  60 000

预算会计：

借：事业支出——其他事业支出——其他资金支出——基本支出——高等

    教育——商品和服务支出——咨询费           60 000

    贷：资金结存——货币资金                60 000

【例8-17】2022年12月31日，贵州ZYJS大学上述业务需结转。科目余额见表8-3和表8-4，账务处理如下：

表8-3　费用科目余额　　　　　　　　　　单位：元

| 序号 | 科目名称 | 借方余额 |
|---|---|---|
| 1 | 业务活动费用——教育费用 | 7 850 000 |
| 2 | 业务活动费用——科研费用 | 2 040 000 |
| 3 | 单位管理费用——行政管理费 | 840 000 |
| 4 | 单位管理费用——后勤保障费 | 1 270 000 |
| 5 | 单位管理费用——离退休费用 | 740 000 |
| 6 | 单位管理费用——单位统一负担的其他管理费用 | 260 000 |
|  | 费用合计 | 13 000 000 |

表8-4　事业支出科目余额　　　　　　　　单位：元

| 序号 | 科目名称 | 借方余额 |
|---|---|---|
| 1 | 事业支出——教育支出——财政拨款支出——基本支出 | 7 500 000 |
| 3 | 事业支出——教育支出——财政拨款支出——项目支出 | 250 000 |
| 4 | 事业支出——科研支出——财政拨款支出——项目支出 | 2 000 000 |
| 5 | 事业支出——行政管理支出——财政拨款支出——基本支出 | 700 000 |
| 6 | 事业支出——行政管理支出——财政拨款支出——项目支出 | 100 000 |
| 7 | 事业支出——后勤保障支出——财政拨款支出——基本支出 | 500 000 |
| 8 | 事业支出——后勤保障支出——财政拨款支出——项目支出 | 150 000 |
| 9 | 事业支出——离退休支出——财政拨款支出——基本支出 | 700 000 |
| 10 | 事业支出——其他事业支出——财政拨款支出——基本支出 | 100 000 |
|  | 财政拨款支出小计 | 12 000 000 |

表8-4(续)

| 序号 | 科目名称 | 借方余额 |
|---|---|---|
| 1 | 事业支出——教育支出——非财政专项资金支出——项目支出 | 10 000 |
| 2 | 事业支出——科研支出——非财政专项资金支出——项目支出 | 40 000 |
| 3 | 事业支出——行政管理支出——非财政专项资金支出——项目支出 | 10 000 |
| 4 | 事业支出——后勤保障支出——非财政专项资金支出——项目支出 | 600 000 |
| 5 | 事业支出——其他事业支出——非财政专项资金支出——项目支出 | 40 000 |
|  | 非财政专项资金支出小计 | 700 000 |
| 1 | 事业支出——教育支出——其他资金支出——基本支出 | 90 000 |
| 2 | 事业支出——行政管理支出——其他资金支出——基本支出 | 30 000 |
| 3 | 事业支出——后勤保障支出——其他资金支出——基本支出 | 20 000 |
| 4 | 事业支出——离退休支出——其他资金支出——基本支出 | 40 000 |
| 5 | 事业支出——其他事业支出——其他资金支出——基本支出 | 120 000 |
|  | 其他资金支出小计 | 300 000 |
|  | 合计 | 13 000 000 |

财务会计：

借：本期盈余            13 000 000

    贷：业务活动费用——教育费用       7 850 000

         业务活动费用——科研费用       2 040 000

         单位管理费用——行政管理费用       840 000

         单位管理费用——后勤保障费用       1 270 000

         单位管理费用——离退休费用       740 000

         单位管理费用——单位统一负担的其他管理费用       260 000

预算会计：

（1）财政拨款支出结转。

借：财政拨款结转——本年收支结转——基本支出       9 500 000

                     ——项目支出       2 500 000

    贷：事业支出——教育支出——财政拨款支出——基本支出       7 500 000

         事业支出——教育支出——财政拨款支出——项目支出       250 000

         事业支出——科研支出——财政拨款支出——项目支出       2 000 000

         事业支出——行政管理支出——财政拨款支出——基本支出       700 000

         事业支出——行政管理支出——财政拨款支出——项目支出       100 000

         事业支出——后勤保障支出——财政拨款支出——基本支出       500 000

         事业支出——后勤保障支出——财政拨款支出——项目支出       150 000

事业支出——离退休支出——财政拨款支出——基本支出　700 000

事业支出——其他事业支出——财政拨款支出——基本支出　100 000

（2）非财政专项资金支出结转。

借：非财政拨款结转——本年收支结转——项目支出结转　　　700 000

　　贷：事业支出——教育支出——非财政专项资金支出——项目支出

10 000

　　　事业支出——科研支出——非财政专项资金支出——项目支出

40 000

　　　事业支出——行政管理支出——非财政专项资金支出——项目支出

10 000

　　　事业支出——后勤保障支出——非财政专项资金支出——项目支出

600 000

　　　事业支出——其他事业支出——非财政专项资金支出——项目支出

40 000

（3）其他资金支出结转。

借：其他结余　　　　　　　　　　　　　　　　　　　300 000

　　贷：事业支出——教育支出——其他资金支出——基本支出　90 000

　　　事业支出——行政管理支出——其他资金支出——基本支出　30 000

　　　事业支出——后勤保障支出——其他资金支出——基本支出　20 000

　　　事业支出——离退休支出——其他资金支出——基本支出　40 000

　　　事业支出——其他事业支出——其他资金支出——基本支出　120 000

# 第三节　经营支出

## 一、经营支出科目简介

经营支出是指高等学校在专业业务活动及其辅助活动之外开展非独立核算经营活动实际发生的各项现金流出。

经营支出科目应当按照经营活动类别、项目，以及《政府收支分类科目》中"支出功能分类科目"的项级科目和"部门预算支出经济分类科目"的款级科目等进行明细核算。

对于预付款项，可通过在本科目下设置"待处理"明细科目进行明细核算，待确认具体支出项目后再转入本科目下相关明细科目。年末结账前，应将本科目"待处理"明细科目余额全部转入本科目下相关明细科目。年末结转后，本科目应无余额。

## 二、经营支出科目账务处理

（1）支付经营部门职工薪酬。向职工个人支付薪酬时，按照实际的金额，借记本科目，贷记"资金结存"科目。按照规定代扣代缴个人所得税以及代扣代缴或为职工缴纳职工社会保险费、住房公积金时，按照实际缴纳的金额，借记本科目，贷记"资金结存"科目。

（2）为经营活动支付外部人员劳务费。按照实际支付给外部人员个人的金额，借记本科目，贷记"资金结存"科目。按照规定代扣代缴个人所得税时，按照实际缴纳的金额，借记本科目，贷记"资金结存"科目。

（3）开展经营活动过程中为购买存货、固定资产、无形资产等以及在建工程支付相关款项时，按照实际支付的金额，借记本科目，贷记"资金结存"科目。

（4）开展经营活动过程中发生预付账款时，按照实际支付的金额，借记本科目，贷记"资金结存"科目。对于暂付款项，在支付款项时可不做预算会计处理，待结算或报销时，按照结算或报销的金额，借记本科目，贷记"资金结存"科目。

（5）因开展经营活动缴纳的相关税费以及发生的其他各项支出，按照实际支付的金额，借记本科目，贷记"资金结存"科目。

（6）开展经营活动中因购货退回等发生款项退回，或者发生错账更正的，属于当年支出收回的，按照收回或更正金额，借记"资金结存"科目，贷记本科目。

（7）年末，将本科目本年发生额转入经营结余，借记"经营结余"科目，贷记本科目。

## 三、经营支出科目案例解析

【例8-18】2023年8月10日，贵州ZYJS大学校内经营中心（非独立核算，下同）计提职工薪酬100 000元，为职工代扣社会保险费14 000元，代扣住房公积金16 000元，代扣个人所得税5 000元，以银行存款支付职工薪酬65 000元。账务处理如下：

（1）计提费用。

财务会计：

| | |
|---|---|
| 借：经营费用 | 100 000 |
| 　　贷：应付职工薪酬——基本工资 | 100 000 |

预算会计不做账务处理。

（2）发放工资。

财务会计：

| | |
|---|---|
| 借：应付职工薪酬——基本工资 | 100 000 |
| 　　贷：应付职工薪酬——社会保险费 | 14 000 |
| 　　　　应付职工薪酬——住房公积金 | 16 000 |

|  | 其他应交税费——应交个人所得税 | 5 000 |
|  | 银行存款——学校存款 | 65 000 |

预算会计：

借：经营支出 65 000

　　贷：资金结存——货币资金 65 000

【例8-19】2023年1月20日，贵州ZYJS大学以银行存款缴纳住房公积金16 000元。账务处理如下：

财务会计：

借：应付职工薪酬——住房公积金 16 000

　　贷：银行存款——学校存款 16 000

预算会计：

借：经营支出 16 000

　　贷：资金结存——货币资金 16 000

【例8-20】2023年6月30日，贵州ZYJS大学计提单位应当承担的社会保险费24 000元，并缴纳社会保险费40 000元。账务处理如下：

财务会计：

（1）计提单位应承担的社会保险费。

借：经营费用 24 000

　　贷：应付职工薪酬——社会保险费 24 000

（2）缴纳社会保险费。

借：应付职工薪酬——社会保险费 40 000

　　贷：银行存款——学校存款 40 000

预算会计：

借：经营支出 40 000

　　贷：资金结存——货币资金 40 000

【例8-21】2023年8月14日贵州ZYJS大学以银行存款支付税务局代扣个人所得税5 000元。账务处理如下：

财务会计：

借：其他应交税费——应交个人所得税 5 000

　　贷：银行存款——学校存款 5 000

预算会计：

借：经营支出 5 000

　　贷：资金结存——货币资金 5 000

【例8-22】2022年12月10日，贵州ZYJS大学为开展经营活动，经营中心用自筹资金购买设备1台共100 000元，以银行存款支付。账务处理如下：

财务会计：

借：固定资产——通用设备        100 000

  贷：银行存款——学校存款        100 000

预算会计：

借：经营支出           100 000

  贷：资金结存——货币资金       100 000

【例 8-23】2022 年 12 月 20 日，贵州 ZYJS 大学经营中心预付贵州公司经营用材料款 50 000 元，以银行存款支付。账务处理如下：

财务会计：

借：预付账款——贵州公司        50 000

  贷：银行存款——学校存款       50 000

预算会计：

借：经营支出           50 000

  贷：资金结存——货币资金       50 000

【例 8-24】2022 年 12 月 28 日，贵州 ZYJS 大学经营中心收到贵州公司发票 100 000 元，冲销预付账款 70 000 元，以银行存款支付 30 000 元。账务处理如下：

财务会计：

借：经营费用           100 000

  贷：预付账款——贵州公司       70 000

    银行存款——学校存款      30 000

预算会计：

借：经营支出           30 000

  贷：资金结存——货币资金       30 000

【例 8-25】12 月 31 日，将经营支出发生额 280 000 元，结转至经营结余。账务处理如下：

预算会计：

借：经营结余           280 000

  贷：经营支出          280 000

# 第四节　上缴上级支出

## 一、上缴上级支出科目简介

上缴上级支出是指高等学校按照财政部门和主管部门的规定上缴上级单位款项发生的现金流出。上缴上级支出科目应当按照收缴款项单位、缴款项目，以及《政府收支分类科目》中"支出功能分类科目"的项级科目和"部门预算支出经济分类科目"的款级科目等进行明细核算。年末结转后,本科目应无余额。

### 二、上缴上级支出科目账务处理

(1)按照规定将款项上缴上级单位的,按照实际上缴的金额,借记本科目,贷记"资金结存"科目。

(2)年末,将本科目本年发生额转入其他结余,借记"其他结余"科目,贷记本科目。

### 三、上缴上级支出科目案例解析

【例8-26】2022年12月20日,贵州ZYJS大学上交主管部门经营收入100 000元,以银行存款支付。账务处理如下:

财务会计:

借:上缴上级费用——××主管部门     100 000

  贷:银行存款          100 000

预算会计:

借:上缴上级支出         100 000

  贷:资金结存——货币资金     100 000

【例8-27】12月31日,贵州ZYJS大学将上缴上级支出发生额100 000元,结转至其他结余。账务处理如下:

预算会计:

借:其他结余          100 000

  贷:上缴上级支出        100 000

## 第五节　对附属单位补助支出

### 一、对附属单位补助支出科目简介

对附属单位补助支出是指高等学校用财政拨款预算收入之外的收入对附属单位补助发生的现金流出。对附属单位补助支出科目应当按照接受补助单位、补助项目、《政府收支分类科目》中"支出功能分类科目"的项级科目和"部门预算支出经济分类科目"的款级科目等进行明细核算。年末结转后,本科目应无余额。

### 二、对附属单位补助支出科目账务处理

(1)发生对附属单位补助支出的,按照实际补助的金额,借记本科目,贷记"资金结存"科目。

（2）年末，将本科目本年发生额转入其他结余，借记"其他结余"科目，贷记本科目。

### 三、对附属单位补助支出科目案例解析

【例8-28】2023年4月10日，贵州ZYJS大学用自有资金对附属小学拨付资金500 000元，以银行存款支付。账务处理如下：

财务会计：

借：对附属单位补助费用——附属小学      500 000

  贷：银行存款——学校存款      500 000

预算会计：

借：对附属单位补助支      500 000

  贷：资金结存——货币资金      500 000

【例8-29】2022年12月31日，贵州ZYJS大学将上述"对附属单位补助支出"发生了500 000元，结转至其他结余。账务处理如下：

预算会计：

借：其他结余      500 000

  贷：对附属单位补助支出      500 000

## 第六节 投资支出

### 一、投资支出科目简介

投资支出是指高等学校以货币资金对外投资发生的现金流出。投资支出科目应当按照投资类型、投资对象，以及《政府收支分类科目》中"支出功能分类科目"的项级科目和"部门预算支出经济分类科目"的款级科目等进行明细核算。年末结转后，本科目应无余额。

### 二、投资支出科目账务处理

（1）以货币资金对外投资时，按照投资金额和所支付的相关税费金额的合计数，借记本科目，贷记"资金结存"科目。

（2）出售、对外转让或到期收回本年度以货币资金取得的对外投资的，如果按规定将投资收益纳入单位预算，按照实际收到的金额，借记"资金结存"科目，按照取得投资时"投资支出"科目的发生额，贷记本科目，按照其差额，贷记或借记"投资预算收益"科目；如果按规定将投资收益上缴财政的，按照取得投资时"投资支出"科目的发生额，借记"资金结存"科目，贷记本科目。

（3）出售、对外转让或到期收回以前年度以货币资金取得的对外投资的，如果按规定将投资收益纳入单位预算，按照实际收到的金额，借记"资金结存"科目，按照取得投资时"投资支出"科目的发生额，贷记"其他结余"科目，按照其差额，贷记或借记"投资预算收益"科目；如果按规定将投资收益上缴财政的，按照取得投资时"投资支出"科目的发生额，借记"资金结存"科目，贷记"其他结余"科目。

（4）年末，将本科目本年发生额转入其他结余，借记"其他结余"科目，贷记本科目。

### 三、投资支出科目案例解析

【例8-30】2023年1月10日，贵州 ZYJS 大学报经主管部门批准，购买3张可转让、一年期、票面金额为10 000元、票面利率为4%的国债，共30 000元，到期一次还本付息，款项通过银行存款支付。账务处理如下：

财务会计：

借：短期投资　　　　　　　　　　　　　　　　　　30 000

　　贷：银行存款——学校存款　　　　　　　　　　　　30 000

预算会计：

借：投资支出　　　　　　　　　　　　　　　　　　30 000

　　贷：资金结存——货币资金　　　　　　　　　　　　30 000

【例8-31】2022年6月10日，贵州 ZYJS 大学将已购一年期票面金额10 000元、票面利率4%的国债转让，共取得款项10 200元。账务处理如下：

财务会计：

借：银行存款——学校存款　　　　　　　　　　　　10 200

　　贷：短期投资　　　　　　　　　　　　　　　　　　10 000

　　　　投资收益　　　　　　　　　　　　　　　　　　　200

预算会计：

借：资金结存——货币资金　　　　　　　　　　　　10 200

　　贷：投资支出　　　　　　　　　　　　　　　　　　10 000

　　　　投资预算收益　　　　　　　　　　　　　　　　　200

【例8-32】2022年12月31日，贵州 ZYJS 大学将投资支出发生额20 000元转入其他结余，将投资收益200元结转至其他结余，投资收益200元结转到本期盈余。账务处理如下：

财务会计：

借：投资收益　　　　　　　　　　　　　　　　　　　200

　　贷：本期盈余　　　　　　　　　　　　　　　　　　　200

预算会计：

借：其他结余　　　　　　　　　　　　　　　　　　　　20 000

　　贷：投资支出　　　　　　　　　　　　　　　　　　　　20 000

借：投资预算收益　　　　　　　　　　　　　　　　　　　　200

　　贷：其他结余　　　　　　　　　　　　　　　　　　　　　200

## 第七节　债务还本支出

### 一、债务还本支出科目简介

债务还本支出是指高等学校偿还自身承担的纳入预算管理的从金融机构举借的债务本金的现金流出。

债务还本支出科目应当按照贷款单位、贷款种类，以及《政府收支分类科目》中"支出功能分类科目"的项级科目和"部门预算支出经济分类科目"的款级科目等进行明细核算，年末结转后本科目应无余额。

### 二、债务还本支出科目账务处理

（1）偿还各项短期或长期借款时，按照偿还的借款本金，借记本科目，贷记"资金结存"科目。

（2）年末，将本科目本年发生额转入其他结余，借记"其他结余"科目，贷记本科目。

### 三、债务还本支出科目案例解析

【例8-33】2022年12月10日，贵州ZYJS大学偿还半年期工商银行流动资金贷款5 000 000元，以银行存款支付。账务处理如下：

财务会计：

借：短期借款——工商银行　　　　　　　　　　　　　5 000 000

　　贷：银行存款——学校存款　　　　　　　　　　　　　5 000 000

预算会计：

借：债务还本支出　　　　　　　　　　　　　　　　　5 000 000

　　贷：资金结存——货币资金　　　　　　　　　　　　　5 000 000

【例8-34】2022年12月31日，贵州ZYJS大学将债务还本支出发生额5 000 000元转入其他结余。账务处理如下：

预算会计：

借：其他结余　　　　　　　　　　　　　　　　　　　5 000 000

　　贷：债务还本支出　　　　　　　　　　　　　　　　　5 000 000

## 第八节　其他支出

### 一、其他支出科目简介

其他支出是指高等学校除行政支出、事业支出、经营支出、上缴上级支出、对附属单位补助支出、投资支出、债务还本支出以外的各项现金流出，包括利息支出、对外捐赠现金支出、现金盘亏损失、接受捐赠（调入）和对外捐赠（调出）非现金资产发生的税费支出、资产置换过程中发生的相关税费支出、罚没支出等。

其他支出科目应当按照其他支出的类别，"财政拨款支出""非财政专项资金支出"和"其他资金支出"，以及《政府收支分类科目》中"支出功能分类科目"的项级科目和"部门预算支出经济分类科目"的款级科目等进行明细核算。其他支出中如有专项资金支出，还应按照具体项目进行明细核算。

有一般公共预算财政拨款、政府性基金预算财政拨款等两种或两种以上财政拨款的高等学校，还应当在"财政拨款支出"明细科目下按照财政拨款的种类进行明细核算。

高等学校发生利息支出、捐赠支出等其他支出金额较大或业务较多的，可单独设置"利息支出""捐赠支出"等科目，年末结转后本科目应无余额。

### 二、其他支出科目账务处理

（1）支付银行借款利息时，按照实际支付金额，借记本科目，贷记"资金结存"科目。

（2）对外捐赠现金资产时，按照捐赠金额，借记本科目，贷记"资金结存——货币资金"科目。

（3）每日现金账款核对中如发现现金短缺，按照短缺的现金金额，借记本科目，贷记"资金结存——货币资金"科目。经核实，属于应当由有关人员赔偿的，按照收到的赔偿金额，借记"资金结存——货币资金"科目，贷记本科目。

（4）接受捐赠（无偿调入）非现金资产发生的归属于捐入方（调入方）的相关税费、运输费等，以及对外捐赠（无偿调出）非现金资产发生的归属于捐出方（调出方）的相关税费、运输费等，按照实际支付金额，借记本科目，贷记"资金结存"科目。

（5）资产置换过程中发生的相关税费，按照实际支付金额，借记本科目，贷记"资金结存"科目。

（6）发生罚没等其他支出时，按照实际支出金额，借记本科目，贷记"资金结存"科目。

（7）年末，将本科目本年发生额中的财政拨款支出转入财政拨款结转，借记"财政拨款结转——本年收支结转"科目，贷记本科目下各财政拨款支出明细科目；将本科目本年发生额中的非财政专项资金支出转入非财政拨款结转，借记"非财政拨款结转——本年收支结转"科目，贷记本科目下各非财政专项资金支出明细科目；将本科目本年发生额中的其他资金支出（非财政非专项资金支出）转入其他结余，借记"其他结余"科目，贷记本科目下各其他资金支出明细科目。

### 三、其他支出科目案例解析

【例 8-35】2023 年 4 月 26 日，贵州 ZYJS 大学以银行存款支付未完工实验楼建设项目贷款利息 150 000 元，支付流动资金贷款利息 200 000 元。账务处理如下：

（1）项目贷款利息。

财务会计：

借：在建工程——建筑安装工程投资——建筑工程　　　　　　150 000
　　贷：银行存款——学校存款　　　　　　　　　　　　　　　　150 000

预算会计：

借：其他支出——其他资金支出——利息支出　　　　　　　　150 000
　　贷：资金结存——货币资金　　　　　　　　　　　　　　　　150 000

（2）支付流动资金贷款利息。

财务会计：

借：其他费用——利息费用　　　　　　　　　　　　　　　　200 000
　　贷：银行存款——学校存款　　　　　　　　　　　　　　　　200 000

预算会计：

借：其他支出——其他资金支出——利息支出　　　　　　　　200 000
　　贷：资金结存——货币资金　　　　　　　　　　　　　　　　200 000

【例 8-36】2023 年 5 月 15 日，经批准，贵州 ZYJS 大学向对口援建希望小学捐赠款项 300 000 元，以银行存款支付。账务处理如下：

财务会计：

借：其他费用——现金资产捐赠费用　　　　　　　　　　　　300 000
　　贷：银行存款——学校存款　　　　　　　　　　　　　　　　300 000

预算会计：

借：其他支出——其他资金支出——对外捐赠现金支出　　　　300 000
　　贷：资金结存——货币资金　　　　　　　　　　　　　　　　300 000

【例 8-37】2023 年 6 月 5 日，贵州 ZYJS 大学保险柜被盗现金 8 000 元。账务处理如下：

财务会计：

借：待处理财产损溢——货币资金　　　　　　　　　　　　　　8 000

贷：库存现金——学校现金 8 000

预算会计：

借：其他支出——其他资金支出——现金盘亏损失 8 000

贷：资金结存—货币资金 8 000

2022 年 6 月 20 日，经调查，上述现金盘亏全额应由责任人凤鸣赔偿，责任人赔偿现金 8 000 元。账务处理如下：

财务会计：

（1）凤鸣赔偿。

借：其他应收款——凤鸣 8 000

贷：待处理财产损溢 8 000

（2）收到赔偿款。

借：库存现金——学校现金 8 000

贷：其他应救款——凤鸣 8 000

预算会计：

借：资金结存——货币资金 8 000

贷：其他支出——现金盘亏损失——其他资金支出 8 000

【例 8-38】2023 年 6 月 20 日，贵州 ZYJS 大学接受捐赠一批 200 000 元的图书，支付运输费 2 000 元，该运输费由银行存款支付。账务处理如下：

财务会计：

借：固定资产——图书、档案 202 000

贷：银行存款 2 000

捐赠收入 200 000

预算会计：

借：其他支出——其他资金支出——接受捐赠税费支出 2 000

贷：资金结存——货币资金 2 000

【例 8-39】2022 年 12 月 15 日，贵州 ZYJS 大学经税务局稽查确认缴纳税款滞纳金 80 000 元，以银行存款支付。账务处理如下：

财务会计：

借：其他费用——罚没支出 80 000

贷：银行存款——学校存款 80 000

预算会计：

借：其他支出——其他资金支出——罚没支出 80 000

贷：资金结存——货币资金 80 000

【例 8-40】2022 年 12 月 31 日，贵州 ZYJS 大学业务的科目余额如表 8-5 所示。年末结转如下：

表 8-5　其他支出与其他费用科目余额　　　　　　　　　　单位：元

| 科目名称 | 借方余额 |
|---|---|
| 其他支出——非财政专项资金支出——利息支出 | 100 000 |
| 其他支出——其他资金支出——利息支出 | 162 000 |
| 其他支出——其他资金支出——对外捐赠现金支出 | 200 000 |
| 其他支出——其他资金支出——接受捐赠税费支出 | 1 000 |
| 其他支出——其他资金支出——罚没支出 | 60 000 |
| 其他资金支出小计 | 423 000 |
| 其他费用——利息费用 | 62 000 |
| 其他支出——其他资金支出——接受捐赠税费支出 | 200 000 |
| 其他费用——罚没支出 | 60 000 |
| 其他费用小计 | 322 000 |
| 捐赠收入 | 10 000 |
| 捐赠收入小计 | 10 000 |

（1）年末，将"其他支出——其他资金支出"423 000 元结转至"其他结余"。

预算会计：

借：其他结余　　　　　　　　　　　　　　　　　　　　　423 000

　　贷：其他支出——其他资金支出——利息支出　　　　　　162 000

　　　　其他支出——其他资金支出——对外捐赠现金支出　　200 000

　　　　其他支出——其他资金支出——接受捐赠税费支出　　　1 000

　　　　其他支出——其他资金支出——罚没支出　　　　　　 60 000

（2）将"其他费用"322 000 元结转至本期盈余。

财务会计：

借：本期盈余　　　　　　　　　　　　　　　　　　　　　322 000

　　贷：其他费用　　　　　　　　　　　　　　　　　　　　322 000

（3）将"捐赠收入"100 000 元结转至"本期盈余"。

财务会计：

借：捐赠收入　　　　　　　　　　　　　　　　　　　　　100 000

　　贷：本期盈余　　　　　　　　　　　　　　　　　　　　100 000

# 第九章 预算结余

## 第一节 预算结余概述

### 一、预算结余的概念

预算结余是指政府会计主体预算年度内预算收入扣除预算支出后的资金余额以及历年滚存的资金余额。

预算结余包括结余资金和结转资金。结余资金是指年度预算执行终了，预算收入实际完成数扣除预算支出和结转资金后剩余的资金。结转资金是指预算安排项目的支出年终尚未执行完毕或者因故未执行，且下年需要按原用途继续使用的资金。

### 二、预算结余的分类

按资金性质和用途划分，结余和结转资金可分为财政拨款结转、财政拨款结余、非财政拨款结转、非财政拨款结余、经营结余、其他结余。

## 第二节 资金结存

### 一、资金结存科目简介

资金结存是指高等学校纳入部门预算管理的资金的流入、流出、调整和滚存等情况。

资金结存科目应当设置下列明细科目：

（1）"零余额账户用款额度"。本明细科目核算实行国库集中支付的高等学校根据财政部门批复的用款计划收到和支用的零余额账户用款额度，年末结账后本明细科目应无余额。

（2）"货币资金"。本明细科目核算高等学校以库存现金、银行存款、其他货币资金形态存在的资金。本明细科目年末借方余额，反映高等学校尚未使用的货币资金。

（3）"财政应返还额度"。本明细科目核算实行国库集中支付的高等学校可以使用的以前年度财政直接支付资金额度和财政应返还的财政授权支付资金额度。本明细科目下可设置"财政直接支付""财政授权支付"两个明细科目进行明细核算。本明细科目年末借方余额，反映高等学校应收财政返还的资金额度。年末借方余额反映高等学校预算资金的累计滚存情况。

## 二、资金结存科目账务处理

（1）财政授权支付方式下，高等学校根据代理银行转来的财政授权支付额度到账通知书，按照通知书中的授权支付额度，借记本科目（零余额账户用款额度），贷记"财政拨款预算收入"科目。以国库集中支付以外的其他支付方式取得预算收入时，按照实际收到的金额，借记本科目（货币资金），贷记"财政拨款预算收入""事业预算收入""经营预算收入"等科目。

（2）财政授权支付方式下，发生相关支出时，按照实际支付的金额，借记"事业支出"等科目，贷记本科目（零余额账户用款额度）。从零余额账户提取现金时，借记本科目（货币资金），贷记本科目（零余额账户用款额度）。退回现金时，做相反会计分录。使用以前年度财政直接支付额度发生支出时，按照实际支付金额，借记"事业支出"等科目，贷记本科目（财政应返还额度）。国库集中支付以外的其他支付方式下，发生相关支出时，按照实际支付的金额，借记"事业支出""经营支出"等科目，贷记本科目（货币资金）。

（3）按照规定上缴财政拨款结转结余资金或注销财政拨款结转结余资金额度的，按照实际上缴资金数额或注销的资金额度数额，借记"财政拨款结转——归集上缴"或"财政拨款结余——归集上缴"科目，贷记本科目（财政应返还额度、零余额账户用款额度、货币资金）。按规定向原资金拨入单位缴回非财政拨款结转资金的，按照实际缴回资金数额，借记"非财政拨款结转——缴回资金"科目，贷记本科目（货币资金）。收到从其他单位调入的财政拨款结转资金的，按照实际调入资金数额，借记本科目（财政返还额度、零余额账户用款额度、货币资金），贷记"财政拨款结转——归集调入"科目。

（4）按照规定使用专用基金时，按照实际支付金额，借记"专用结余"科目（从非财政拨款结余中提取的专用基金）或"事业支出"等科目（从预算收入中计提的专用基金），贷记本科目（货币资金）。

（5）因购货退回、发生差错更正等退回国库直接支付、授权支付款项，或者收回货币资金的，属于本年度支付的，借记"财政拨款预算收入"科目或本科目（零余额账户用款额度、货币资金），贷记相关支出科目；属于以前年度支付的，借记本科目（财政应返还额度、零余额账户用款额度、货币资金），贷记"财政拨款结转""财政拨款结余""非财政拨款结转""非财政拨款结余"科目。

（6）有企业所得税缴纳义务的高等学校缴纳所得税时，按照实际缴纳金额，借记"非财政拨款结余——累计结余"科目，贷记本科目（货币资金）。

（7）年末，根据本年度财政直接支付预算指标数与当年财政直接支付实际支出数的差额，借记本科目（财政应返还额度），贷记"财政拨款预算收入"科目。

（8）年末，高等学校依据代理银行提供的对账单做注销额度的相关账务处理，借记本科目（财政应返还额度），贷记本科目（零余额账户用款额度）；本年度财政授权支付预算指标数大于零余额账户用款额度下达数的，根据未下达的用款额度，借记本科目（财政应返还额度），贷记"财政拨款预算收入"科目。

下一年年初，高等学校依据代理银行提供的额度恢复到账通知书做恢复额度的相关账务处理，借记本科目（零余额账户用款额度），贷记本科目（财政应返还额度）。高等学校收到财政部门批复的上年年末未下达零余额账户用款额度的，借记本科目（零余额账户用款额度），贷记本科目（财政应返还额度）。

### 三、资金结存科目案例解析

【例9-1】2023年1月5日，贵州ZYJS大学收到同级财政部门通过国库集中支付系统下达2023年度零余额授权支付用款额度（基本支出）10 000 000元，专业群建设财政专项拨款授权支付额度5 000 000元，学校据代理银行转来的"财政授权支付入账通知书"进行账务处理。账务处理如下：

（1）收到零余额用款额度。

财务会计：

借：零余额账户用款额度 10 000 000

   贷：财政拨款收入 10 000 000

预算会计：

借：资金结存——零余额账户用款额度 10 000 000

   贷：财政拨款预算收入——基本支出 10 000 000

（2）收到财政专项拨款授权支付额度。

财务会计：

借：零余额账户用款额度 5 000 000

   贷：财政拨款收入 5 000 000

预算会计：

借：资金结存——零余额账户用款额 5 000 000

   贷：财政拨款预算收入——项目支出（专业群建设） 5 000 000

【例9-2】2023年3月10日，贵州ZYJS大学收到同级财政部门"青年××计划"专项经费500 000元，存入银行。账务处理如下：

财务会计：

借：银行存款——学校存款 500 000

   贷：财政拨款收入 500 000

预算会计：

借：资金结存——货币资金　　　　　　　　　　　　　　　　　　500 000

　　贷：财政拨款预算收入——项目支出（青年××计划）　　　　　500 000

【例9-3】2023年8月26日，贵州ZYJS大学通过开户银行代扣本学年学生住宿费，其中，学费2 000 000元、住宿费1 000 000元，同日上交同级财政专户；9月26日收到财政专户返还学费、住宿费3 000 000元。账务处理如下：

（1）通过银行代扣学费、住宿费。

财务会计：

借：银行存款——学校存款　　　　　　　　　　　　　　　　　3 000 000

　　贷：应缴财政款——应缴财政专户款——学费　　　　　　　2 000 000

　　　　　　　　　　　　　　　　　　　——住宿费　　　　　1 000 000

预算会计不做账务处理。

（2）上缴同级财政专户。

财务会计：

借：应缴财政款——应缴财政专户款——学费　　　　　　　　　2 000 000

　　　　　　　　　　　　　　　　——住宿费　　　　　　　　1 000 000

　　贷：银行存款——学校存款　　　　　　　　　　　　　　　3 000 000

预算会计不做账务处理。

（3）收到财政专户返还的学宿费。

财务会计：

借：银行存款——学校存款　　　　　　　　　　　　　　　　　3 000 000

　　贷：事业收入——教育事业收入——学费　　　　　　　　　2 000 000

　　　　事业收入——教育事业收入——住宿费　　　　　　　　1 000 000

预算会计：

借：资金结存——货币资金

　　贷：事业预算收入——教育事业预算收入——非专项资金收入

　　　　　　　　　　　　　　　　　　　　　　　　　　　　2 000 000

　　事业预算收入——教育事业预算收入——非专项资金收入　1 000 000

【例9-4】2023年4月15日，贵州ZYJS大学从零余额账户提取现金10 000元，用于报销差旅费。账务处理如下：

财务会计：

借：库存现金——学校现金　　　　　　　　　　　　　　　　　　10 000

　　贷：零余额账户用款额度　　　　　　　　　　　　　　　　　10 000

预算会计：

借：资金结存——货币资金　　　　　　　　　　　　　　　　　　10 000

　　贷：资金结存——零余额账户用款额度　　　　　　　　　　　10 000

【例9-5】2023年4月12日，贵州ZYJS大学支付3月份教学部门电话费50 000元，由零余额账户授权支付。账务处理如下：

财务会计：

借：业务活动费用——教育费用——商品和服务费用　　　　　50 000

　　贷：零余额账户用款额度　　　　　50 000

预算会计：

借：事业支出——教育支出——财政拨款支出——基本支出——高等教育——商品和服务支出——邮电费　　　　　50 000

　　贷：资金结存——零余额账户用款额度　　　　　50 000

【例9-6】2023年5月10日，贵州ZYJS大学通过政府采购方式购入一批无须安装的教学设备，货到付款。5月20日，设备验收合格交付使用，取得增值税普通发票，设备含税价7 000 000元，其中，使用上年结转财政直接支付一流学科建设专项资金5 000 000元，非财政专项资金支出2 000 000元。账务处理如下：

财务会计：

借：固定资产——通用设备　　　　　7 000 000

　　贷：财政应返还额度——财政直接支付　　　　　5 000 000

　　　　银行存款——学校存款　　　　　2 000 000

预算会计：

借：事业支出——教育支出——财政拨款支出——项目支出——高等教育——资本性支出——专用设备购置　　　　　5 000 000

　　事业支出——教育支出——非财政专项资金支出——项目支出——高等教育——资本性支出——专用设备购置　　　　　2 000 000

　　贷：资金结存——财政应返还额度　　　　　5 000 000

　　　　资金结存——货币资金　　　　　2 000 000

## 第三节　财政拨款结转

### 一、财政拨款结转科目简介

财政拨款结转是指高等学校取得的同级财政拨款结转资金的调整、结转和滚存情况。本科目应当设置下列明细科目：

（一）与会计差错更正、以前年度支出收回相关的明细科目

1.“年初余额调整”

本明细科目核算因发生会计差错更正、以前年度支出收回等，需要调整财政拨款结转的金额。年末结账后，本明细科目应无余额。

2. 与财政拨款调拨业务相关的明细科目

（1）"归集调入"，本明细科目核算按照规定从其他单位调入财政拨款结转资金时，实际调增的额度数额或调入的资金数额。年末结账后，本明细科目应无余额。

（2）"归集调出"，本明细科目核算按照规定向其他单位调出财政拨款结转资金时，实际调减的额度数额或调出的资金数额。年末结账后，本明细科目应无余额。

（3）"归集上缴"，本明细科目核算按照规定上缴财政拨款结转资金时，实际核销的额度数额或上缴的资金数额。年末结账后，本明细科目应无余额。

（4）"单位内部调剂"，本明细科目核算经财政部门批准对财政拨款结余资金改变用途，调整用于本单位其他未完成项目等的调整金额。年末结账后，本明细科目应无余额。

（二）与年末财政拨款结转业务相关的明细科目

（1）"本年收支结转"，本明细科目核算高等学校本年度财政拨款收支相抵后的余额。年末结账后，本明细科目应无余额。

（2）"累计结转"，本明细科目核算高等学校滚存的财政拨款结转资金。本明细科目年末贷方余额，反映高等学校财政拨款滚存的结转资金数额。

本科目还应当设置"基本支出结转""项目支出结转"两个明细科目，并在"基本支出结转"明细科目下按照"人员经费""日常公用经费"进行明细核算，在"项目支出结转"明细科目下按照具体项目进行明细核算；同时，本科目还应按照《政府收支分类科目》中"支出功能分类科目"的相关科目进行明细核算。

有一般公共预算财政拨款、政府性基金预算财政拨款等两种或两种以上财政拨款的，还应当在本科目下按照财政拨款的种类进行明细核算。本科目年末贷方余额，反映高等学校滚存的财政拨款结转资金数额。

### 二、财政拨款结转科目账务处理

（一）与会计差错更正、以前年度支出收回相关的账务处理

（1）因发生会计差错更正退回以前年度国库直接支付、授权支付款项或财政性货币资金，或者因发生会计差错更正增加以前年度国库直接支付、授权支付支出或财政性货币资金支出，属于以前年度财政拨款结转资金的，借记或贷记"资金结存——财政应返还额度、零余额账户用款额度、货币资金"科目，贷记或借记本科目（年初余额调整）。

（2）因购货退回、预付款项收回等发生以前年度支出又收回国库直接支付、授权支付款项或收回财政性货币资金，属于以前年度财政拨款结转资金的，借记"资金结存——财政应返还额度、零余额账户用款额度、货币资金"科目，贷记本科目（年初余额调整）。

（二）与财政拨款结转结余资金调整业务相关的账务处理

（1）按照规定从其他单位调入财政拨款结转资金的，按照实际调增的额度数额

或调入的资金数额，借记"资金结存——财政应返还额度、零余额账户用款额度、货币资金"科目，贷记本科目（归集调入）。

（2）按照规定向其他单位调出财政拨款结转资金的，按照实际调减的额度数额或调出的资金数额，借记本科目（归集调出），贷记"资金结存——财政应返还额度、零余额账户用款额度、货币资金"科目。

（3）按照规定上缴财政拨款结转资金或注销财政拨款结转资金额度的，按照实际上缴资金数额或注销的资金额度数额，借记本科目（归集上缴），贷记"资金结存——财政应返还额度、零余额账户用款额度、货币资金"科目。

（4）经财政部门批准对财政拨款结余资金改变用途，调整用于本单位基本支出或其他未完成项目支出的，按照批准调剂的金额，借记"财政拨款结余——单位内部调剂"科目，贷记本科目（单位内部调剂）。

（三）与年末财政拨款结转和结余业务相关的账务处理

（1）年末，将财政拨款预算收入本年发生额转入本科目，借记"财政拨款预算收入"科目，贷记本科目（本年收支结转）；将各项支出中财政拨款支出本年发生额转入本科目，借记本科目（本年收支结转），贷记各项支出（财政拨款支出）科目。

（2）年末冲销有关明细科目余额。将本科目（本年收支结转、年初余额调整、归集调入、归集调出、归集上缴、单位内部调剂）余额转入本科目（累计结转）。结转后，本科目除"累计结转"明细科目外，其他明细科目应无余额。

（3）年末完成上述结转后，应当对财政拨款结转各明细项目执行情况进行分析，按照有关规定将符合财政拨款结余性质的项目余额转入财政拨款结余，借记本科目（累计结转），贷记"财政拨款结余——结转转入"科目。

### 三、财政拨款结转科目案例解析

【例 9-7】2022 年 12 月 20 日，贵州 ZYJS 大学按照规定通过直接支付方式上缴同级财政专项拨款结转资金 120 000 元。账务处理如下：

财务会计：

借：累计盈余                                           120 000

　　贷：财政应返还额度                                      120 000

预算会计：

借：财政拨款结转——归集上交——项目支出结转              120 000

　　贷：资金结存——财政应返还额度                          120 000

【例 9-8】2022 年 12 月 21 日，贵州 ZYJS 大学因业务需要同级财政部门通过直接支付方式将学校"信息论坛"结转资金调出 100 000 元。账务处理如下：

财务会计：

借：累计盈余                                           100 000

　　贷：财政应返还额度                                      100 000

预算会计：

借：财政拨款结转——归集调出——项目支出估转（信息论坛）　　100 000

贷：资金结存——财政应返还额度　　　　　　　　　　　　　　　　100 000

【例 9-9】2022 年 12 月 25 日，贵州 ZYJS 大学因业务需要同级财政部门通过授权支付方式从 A 单位调入 200 000 元财政专项资金用于专业群建设。账务处理如下：

财务会计：

借：零余额账户用款额度　　　　　　　　　　　　　　　　　　200 000

贷：累计盈余　　　　　　　　　　　　　　　　　　　　　　　　200 000

预算会计：

借：资金结存——零余额账户用款额度　　　　　　　　　　　　200 000

贷：财政拨款结转——归集调入——项目支出结转　　　　　　　　200 000

【例 9-10】2022 年 12 月 31 日，贵州 ZYJS 大学进行年末收支结转，全年财政拨款预算收入 60 000 000 元，其中，基本支出 50 000 000 元、项目支出 10 000 000 元。全年事业支出——财政拨款预算支出 60 000 000 元，其中，教育支出 50 000 000 元（基本支出 45 000 000 元、项目支出 5 000 000 元），行政管理支出 3 000 000 元（基本支出），科研支出 3 000 000 元（项目支出），后勤保障支出 3 000 000 元（基本支出 1 000 000 元、项目支出 2 000 000 元），离退休支出 1 000 000 元（基本支出）。账务处理如下：

（1）财政拨款预算收入的结转。

借：财政拨款预算收入——基本支出　　　　　　　　　　　　50 000 000

贷：财政拨款结转——本年收支结转——基本支出结转　　　　　50 000 000

借：财政拨款预算收入——项目支出　　　　　　　　　　　　10 000 000

贷：财政拨款结转——本年收支结转——项目支出结转　　　　　10 000 000

（2）财政拨款预算支出的结转。

借：财政拨款结转——本年收支结转——基本支出结转　　　　50 000 000

贷：事业支出——教育支出——财政拨款支出——基本支出　45 000 000

事业支出——行政管理支出——财政拨款支出——基本支出　3 000 000

事业支出——后勤保障支出——财政拨款支出——基本支出　1 000 000

事业支出——离退休支出——财政拨款支出——基本支出　1 000 000

借：财政拨款结转——本年收支结转——项目支出　　　　　　10 000 000

贷：事业支出——教育支出——财政拨款支出——项目支出　5 000 000

事业支出——科研支出——财政拨款支出——项目支出　3 000 000

事业支出——后勤保障支出——财政拨款支出——项目支出　2 000 000

【例 9-11】12 月 31 日，贵州 ZYJS 大学将"财政拨款结转——归集上交——基本支出结转"借方科目余额 120 000 元，转入"财政拨款结转——累计结转"科目。账务处理如下：

预算会计：

借：财政拨款结转——累计结转——基本支出结转　　　　　120 000

　　贷：财政拨款结转——归集上交——基本支出结转　　　　120 000

## 第四节　财政拨款结余

### 一、财政拨款结余科目简介

财政拨款结余是指高等学校取得的同级财政拨款项目支出结余资金的调整、结转和滚存情况。

财政拨款结余科目应当设置下列明细科目：

1. 与会计错账更正、以前年度支出收回相关的明细科

"年初余额调整"，本明细科目核算因发生会计错账更正、以前年度支出收回等原因，需要调整财政拨款结余的金额。年末结账后，本明细科目应无余额。

2. 与财政拨款结余资金调整业务相关的明细科目

（1）"归集上缴"，本明细科目核算按照规定上缴财政拨款结余资金时，实际核销的额度数额或上缴的资金数额。年末结账后，本明细科目应无余额。

（2）"单位内部调剂"，本明细科目核算经财政部门批准对财政拨款结余资金改变用途，调整用于本单位其他未完成项目等的调整金额，年末结账后本明细科目应无余额。

3. 与年末财政拨款结余业务相关的明细科目

（1）"结转转入"，本明细科目核算高等学校按照规定转入财政拨款结余的财政拨款结转资金。年末结账后本明细科目应无余额。

（2）"累计结余"，本明细科目核算高等学校滚存的财政拨款结余资金。

财政拨款结余明细科目年末贷方余额，反映高等学校财政拨款滚存的结余资金数额。本科目还应当按照具体项目、《政府收支分类科目》中"支出功能分类科目"的相关科目等进行明细核算。

有一般公共预算财政拨款、政府性基金预算财政拨款等两种或两种以上财政拨款的，还应当在本科目下按照财政拨款的种类进行明细核算。

财政拨款结余科目年末贷方余额，反映高等学校滚存的财政拨款结余资金数额。

### 二、财政拨款结余科目账务处理

（一）与会计差错更正、以前年度支出收回相关的账务处理

（1）因发生会计差错更正退回以前年度国库直接支付、授权支付款项或财政性货币资金，或者因发生会计差错更正增加以前年度国库直接支付、授权支付支出或

财政性货币资金支出，属于以前年度财政拨款结余资金的，借记或贷记"资金结存——财政应返还额度、零余额账户用款额度、货币资金"科目，贷记或借记本科目（年初余额调整）。

（2）因购货退回、预付款项收回等发生以前年度支出又收回国库直接支付、授权支付款项或收回财政性货币资金，属于以前年度财政拨款结余资金的，借记"资金结存——财政应返还额度、零余额账户用款额度、货币资金"科目，贷记本科目（年初余额调整）。

（二）与财政拨款结余资金调整业务相关的账务处理

（1）经财政部门批准对财政拨款结余资金改变用途，调整用于本单位基本支出或其他未完成项目支出的，按照批准调剂的金额，借记本科目（单位内部调剂），贷记"财政拨款结转——单位内部调剂"科目。

（2）按照规定上缴财政拨款结余资金或注销财政拨款结余资金额度的，按照实际上缴资金数额或注销的资金额度数额，借记本科目（归集上缴），贷记"资金结存——财政应返还额度、零余额账户用款额度、货币资金"科目。

（三）与年末财政拨款结转和结余业务相关的账务处理

（1）年末，对财政拨款结转各明细项目执行情况进行分析，按照有关规定将符合财政拨款结余性质的项目余额转入财政拨款结余，借记"财政拨款结转——累计结转"科目，贷记本科目（结转转入）。

（2）年末冲销有关明细科目余额。将本科目（年初余额调整、归集上缴、单位内部调剂、结转转入）余额转入本科目（累计结余）。结转后，本科目除"累计结余"明细科目外，其他明细科目应无余额。

### 三、财政拨款结余科目案例解析

【例9-12】2022年12月21日，贵州 ZYJS 大学上年度财政专项拨款建设的力学实验室项目，已经完工验收，交付使用，结转资金 80 000 元，经同级财政部门批准，将该项目结转资金转为结余资金。账务处理如下：

预算会计：

借：财政拨款结转——累计结转——项目支出结转　　　　　　80 000

　　贷：财政拨款结余——结转转入——项目支出结余　　　　　　80 000

财务会计不做账务处理。

【例9-13】2022年12月22日，贵州 ZYJS 大学按财政部门规定，将重点学科实验室建设专项资金 150 000 元，通过零余额账户上交同级财政部门。账务处理如下：

财务会计：

借：累计盈余　　　　　　　　　　　　　　　　　　　　　150 000

　　贷：零余额账户用款额度　　　　　　　　　　　　　　　150 000

预算会计：

借：财政拨款结余——归集上交——项目支出结余　　　　　　150 000

　　贷：资金结存——零余额账户用款额度　　　　　　　　　　150 000

【例9-14】2022年12月31日，贵州ZYJS大学将"财政拨款结余——归集上交——基本支出结余"借方科目余额100 000元、"财政拨款结余——结转转入——基本支出结余"贷方科目余额90 000元，转入"财政拨款结余——累计结转"科目。

预算会计：

借：财政拨款结余——累计结转——基本支出结余　　　　　　100 000

　　贷：财政拨款结余——归集上交——基本支出结余　　　　　100 000

借：财政拨款结余——结转转入——基本支出结余　　　　　　90 000

　　贷：财政拨款结余——累计结转——基本支出结余　　　　　90 000

财务会计不做账务处理。

## 第五节　非财政拨款结转

### 一、非财政拨款结转科目简介

非财政拨款结转是指高等学校除财政拨款收支、经营收支以外各非同级财政拨款专项资金的调整、结转和滚存情况。

非财政拨款结转科目应当设置下列明细科目：

（1）"年初余额调整"，本明细科目核算因发生会计差错更正、以前年度支出收回等原因，需要调整非财政拨款结转的资金。年末结账后，本明细科目应无余额。

（2）"缴回资金"，本明细科目核算按照规定缴回非财政拨款结转资金时，实际缴回的资金数额。年末结账后本明细科目应无余额。

（3）"项目间接费用或管理费"，本明细科目核算高等学校取得的科研项目预算收入中，按照规定计提项目间接费用或管理费的数额。年末结账后本明细科目应无余额。

（4）"本年收支结转"，本明细科目核算高等学校本年度非同级财政拨款专项收支相抵后的余额。年末结账后本明细科目应无余额。

（5）"累计结转"，本明细科目核算高等学校滚存的非同级财政拨款专项结转资金。本明细科目年末贷方余额，反映高等学校非同级财政拨款滚存的专项结转资金数额。

非财政拨款结转科目还应当按照具体项目、《政府收支分类科目》中"支出功能分类科目"的相关科目等进行明细核算。本科目年末贷方余额，反映高等学校滚存的非同级财政拨款专项结转资金数额。

### 二、非财政拨款结转科目账务处理

（1）按照规定从科研项目预算收入中提取项目管理费或间接费时，按照提取金额，借记本科目（项目间接费用或管理费），贷记"非财政拨款结余——项目间接费用或管理费"科目。

（2）因会计差错更正收到或支出非同级财政拨款货币资金，属于非财政拨款结转资金的，按照收到或支出的金额，借记或贷记"资金结存——货币资金"科目，贷记或借记本科目（年初余额调整）。

因收回以前年度支出等收到非同级财政拨款货币资金，属于非财政拨款结转资金的，按照收到的金额，借记"资金结存——货币资金"科目，贷记本科目（年初余额调整）。

（3）按照规定缴回非财政拨款结转资金的，按照实际缴回资金数额，借记本科目（缴回资金），贷记"资金结存——货币资金"科目。

（4）年末，将事业预算收入、上级补助预算收入、附属单位上缴预算收入、非同级财政拨款预算收入、债务预算收入、其他预算收入本年发生额中的专项资金收入转入本科目，借记"事业预算收入""上级补助预算收入""附属单位上缴预算收入""非同级财政拨款预算收入""债务预算收入""其他预算收入"科目下各专项资金收入明细科目，贷记本科目（本年收支结转）；将行政支出、事业支出、其他支出本年发生额中的非财政拨款专项资金支出转入本科目，借记本科目（本年收支结转），贷记"事业支出""其他支出"科目下各非财政拨款专项资金支出明细科目。

（5）年末冲销有关明细科目余额。将本科目（年初余额调整、项目间接费用或管理费、缴回资金、本年收支结转）余额转入本科目（累计结转）。结转后，本科目除"累计结转"明细科目外，其他明细科目应无余额。

（6）年末完成上述结转后，应当对非财政拨款专项结转资金各项目情况进行分析，将留归本单位使用的非财政拨款专项（项目已完成）剩余资金转入非财政拨款结余，借记本科目（累计结转），贷记"非财政拨款结余——结转转入"科目。

### 三、非财政拨款结转科目案例解析

【例9-15】2023年3月2日，贵州ZYJS大学收到贵州公司汇入的科技服务经费515 000元（含税），学校是一般纳税人，开具增值税普通发票，发票注明增值税销项税15 000元，学校按5%提取项目管理费；3月6日，项目组购入一台无须安装的设备，取得增值税普通发票，发票注明设备价款200 000元（含税），学校通过网银支付设备款项。账务处理如下：

（1）收到科技服务费。

财务会计：

借：银行存款——学校存款 515 000

  贷：事业收入——科研事业收入——横向科研收入 500 000

    应交增值税——应交税费（销项税额） 15 000

预算会计：

借：资金结存——货币资金 515 000

  贷：事业预算收入——科研事业预算收入——横向科研收入 515 000

（2）提取项目管理费。

财务会计：

借：单位管理费用——行政管理费用——商品和服务费用 25 000

  贷：预提费用——项目间接费用或管理量 25 000

预算会计：

借：非财政拨款结转——项目间接费用或管理费 25 000

  贷：非财政拨款结余——项目间接费用或管理费 25 000

（3）购入设备时。

财务会计：

借：固定资产——专用设备 200 000

  贷：银行存款——学校存款 200 000

预算会计：

借：事业支出——科研支出——非财政专项资金支出——项目支出——高等

教育——资本性支出——专用设备购置 200 000

  贷：资金结存——货币资金 200 000

（4）期末结转。

财务会计：

借：事业收入——科研事业收入——横向科研收入 500 000

  贷：本期盈余 500 000

借：本期盈余 25 000

  贷：单位管理费用——行政管理费用——商品和服务费用 25 000

预算会计：

①年末结转收入。

借：事业预算收入——科研事业预算收入——横向科研收入 515 000

  贷：非财政拨款结转——本年收支结转——项目支出结转 515 000

②年末结转支出。

借：非财政拨款结转——本年收支结转——项目支出结转 200 000

贷：事业支出——科研支出——非财政专项资金支出——项目支出

200 000

③年末将"非财政拨款结转——项目间接费用或管理费"转入"非财政拨款结转——累计结转"。

借：非财政拨款结转——累计结转——项目支出结转 25 000

贷：非财政拨款结转——项目间接费用或管理费 25 000

④年末将"非财政拨款结余——项目间接费用或管理费"转入"非财政拨款结余——累计结余"。

借：非财政拨款结余——项目间接费用或管理费 25 000

贷：非财政拨款结余——累计结余——项目支出结余 25 000

【例9-16】2023年9月10日，贵州ZYJS大学按合同约定签发银行转账支票缴回贵州公司科技服务结转资金100 000元。账务处理如下：

财务会计：

借：累计盈余 100 000

贷：银行存款——学校存款 100 000

预算会计：

借：非财政拨款结转——缴回资金——项目支出结转 100 000

贷：资金结存——货币资金 100 000

【例9-17】2022年12月31日，贵州ZYJS大学"事业预算收入——科研事业预算收入"贷方科目金额2 000 000元，"事业支出——科研支出——非财政专项资金支出——项目支出"借方科目余额320 000元，财政拨款结转——项目间接费用或管理费借方科目余额100 000元，年终收支结转。账务处理如下：

（1）年末结转收入。

借：事业预算收入——科研事业预算收入——横向科研收入 2 000 000

贷：非财政拨款结转——本年收支结转——项目支出结转 2 000 000

（2）年末结转支出。

借：非财政拨款结转——本年收支结转——项目支出结转 320 000

贷：事业支出——科研支出——非财政专项资金支出——项目支出

320 000

（3）年末将收支差额转入"累计结转"明细科目。

借：非财政拨款结转——本年收支结转——项目支出结转 1 680 000

贷：非财政拨款结转——累计结转一项目支出结转 1 680 000

（4）将明细科目"项目间费用或管理费"转入"累计结转"明细科目。

借：非财政拨款结转——累计结转——项目支出结转 100 000

贷：非财政拨款结转——项目间接费用或管理费 100 000

## 第六节　非财政拨款结余

### 一、非财政拨款结余科目简介

非财政拨款结余是指高等学校历年滚存的非限定用途的非同级财政拨款结余资金，主要为非财政拨款结余扣除结余分配后滚存的金额。

非财政拨款结余科目应当设置下列明细科目：

（1）"年初余额调整"，本明细科目核算因发生会计差错更正、以前年度支出收回等原因，需要调整非财政拨款结余的资金。年末结账后，本明细科目应无余额。

（2）"项目间接费用或管理费"，本明细科目核算高等学校取得的科研项目预算收入中，按照规定计提的项目间接费用或管理费数额。年末结账后本明细科目应无余额。

（3）"结转转入"，本明细科目核算按照规定留归高等学校使用，由高等学校统筹调配，纳入高等学校非财政拨款结余的非同级财政拨款专项剩余资金。年末结账后本明细科目应无余额。

（4）"累计结余"，本明细科目核算高等学校历年滚存的非同级财政拨款、非专项结余资金。

非财政拨款结余科目年末贷方余额，反映高等学校非同级财政拨款滚存的非专项结余资金数额。本科目还应当按照《政府收支分类科目》中"支出功能分类科目"的相关科目进行明细核算。本科目年末贷方余额，反映高等学校非同级财政拨款结余资金的累计滚存数额。

### 二、非财政拨款结余科目账务处理

（1）按照规定从科研项目预算收入中提取项目管理费或间接费时，借记"非财政拨款结转——项目间接费用或管理费"科目，贷记本科目（项目间接费用或管理费）。

（2）有企业所得税缴纳义务的高等学校实际缴纳企业所得税时，按照缴纳金额，借记本科目（累计结余），贷记"资金结存——货币资金"科目。

（3）因会计差错更正收到或支出非同级财政拨款货币资金，属于非财政拨款结余资金的，按照收到或支出的金额，借记或贷记"资金结存——货币资金"科目，贷记或借记本科目（年初余额调整）。因收回以前年度支出等收到非同级财政拨款货币资金，属于非财政拨款结余资金的，按照收到的金额，借记"资金结存——货币资金"科目，贷记本科目（年初余额调整）。

（4）年末，将留归本单位使用的非财政拨款专项（项目已完成）剩余资金转入本科目，借记"非财政拨款结转——累计结转"科目，贷记本科目（结转转入）。

（5）年末，冲销有关明细科目余额。将本科目（年初余额调整、项目间接费用或管理费、结转转入）余额结转入本科目（累计结余）。结转后，本科目除"累计结余"明细科目外，其他明细科目应无余额。

（6）年末，高等学校将"非财政拨款结余分配"科目余额转入非财政拨款结余。"非财政拨款结余分配"科目为借方余额的，借记本科目（累计结余），贷记"非财政拨款结余分配"科目；"非财政拨分配"科目为贷方余额的，借记"非财政拨款结余分配"科目，贷记本科目（累计结余）。

年末，将"其他结余"科目余额转入非财政拨款结余。"其他结余"科目为借方余额的，借记本科目（累计结余），贷记"其他结余"科目；"其他结余"科目为贷方余额的，借记"其他结余"科目，贷记本科目（累计结余）。

### 三、非财政拨款结余科目案例解析

【例 9-18】2022 年 12 月 31 日，贵州 ZYJS 大学按规定将非财政拨款专项（项目已完成）剩余资金 200 000 元留归学校使用。账务处理如下：

借：非财政拨款结转——累计结转——项目支出结转　　　　200 000
　　贷：非财政拨款结余——结转转入——项目支出结余　　　　200 000

【例 9-19】2022 年 12 月 31 日，贵州 ZYJS 大学"非财政拨款结余——项目间接费用或管理费"贷方科目余额 100 000 元，年末科目余额结转。账务处理如下：

借：非财政拨款结余——项目间接费用或管理费　　　　100 000
　　贷：非财政拨款结余——累计结余——项目支出结余　　　　100 000

## 第七节　专用结余

### 一、专用结余科目简介

专用结余是指高等学校按照规定从非财政拨款结余中提取的具有专门用途的资金的变动和滚存情况。本科目应当按照专用结余的类别进行明细核算，年末贷方余额，反映高等学校从非同级财政拨款结余中提取的专用基金的累计滚存数额。

### 二、专用结余科目账务处理

（1）根据有关规定从本年度非财政拨款结余或经营结余中提取基金的，按照提取金额，借记"非财政拨款结余分配"科目，贷记本科目。

（2）根据规定使用从非财政拨款结余或经营结余中提取的专用基金时，按照使用金额，借记本科目，贷记"资金结存——货币资金"科目。

### 三、专用结余科目案例解析

【例 9-20】2023 年 1 月 15 日，贵州 ZYJS 大学用职工福利基金维修教工浴池，支付维修费 20 000 元。账务处理如下：

财务会计：

借：专用基金——职工福利基金        20 000

  贷：银行存款——学校存款        20 000

预算会计：

借：专用结余             20 000

  贷：资金结存——货币资金        20 000

【例 9-21】2023 年 2 月 10 日，贵州 ZYJS 大学按上年度事业预算收入总额的 5%，提取学生奖助基金 8 000 000 元。账务处理如下：

财务会计：

借：业务活动费用——教育费用——计提专用基金   8 000 000

  贷：专用基金——学生奖助基金      8 000 000

【例 9-22】2023 年 6 月 21 日，贵州 ZYJS 大学通过银行代发学生奖学金 4 000 000 元。账务处理如下：

财务会计：

借：专用基金——学生奖助基金       4 000 000

  贷：银行存款——学校存款       4 000 000

预算会计：

借：事业支出——教育支出——其他资金支出——基本支出——高等教育——

对个人家庭的补助——助学金       4 000 000

  贷：资金结存——货币资金        4 000 000

【例 9-23】2022 年 12 月 31 日，贵州 ZYJS 大学从本年度经营结余中提取职工福利基金 200 000 元。账务处理如下：

财务会计：

借：本年盈余分配          200 000

  贷：专用基金——职工福利基金      200 000

预算会计：

借：非财政拨款结余分配         200 000

  贷：专用结余           200 000

## 第八节 经营结余

### 一、经营结余科目简介

经营结余是指高等学校本年度经营活动收支相抵后余额弥补以前年度经营亏损后的余额。本科目可以按照经营活动类别进行明细核算。年末结账后，本科目一般无余额；如为借方余额，反映高等学校累计发生的经营亏损。

### 二、经营结余科目账务处理

（1）年末，将经营预算收入本年发生额转入本科目，借记"经营预算收入"科目，贷记本科目；将经营支出本年发生额转入本科目，借记本科目，贷记"经营支出"科目。

（2）年末，完成上述结转后，如本科目为贷方余额，将本科目贷方余额转入"非财政拨款结余分配"科目，借记本科目，贷记"非财政拨款结余分配"科目；如本科目为借方余额，为经营亏损，不予结转。

### 三、经营结余科目案例解析

【例 9-24】2023 年 6 月 10 日，贵州 ZYJS 大学材料力学实验室（非独立核算）为贵州公司提供钢筋、水泥等检测服务，学校开具增值税普通发票，发票注明检测费 92 700 元，学校收到 92 700 元转账支票一张，存入银行。账务处理如下：

财务会计：

借：银行存款——学校存款 92 700

    贷：经营收入 92 700

预算会计：

借：资金结存——货币资金 92 700

    贷：经营预算收入 92 700

【例 9-25】2023 年 6 月 30 日，贵州 ZYJS 大学发放实验室（非独立核算）检测劳务 5 000 元。账务处理如下：

财务会计：

借：经营费用 5 000

    贷：银行存款——学校存款 5 000

预算会计：

借：经营支出 5 000

    贷：资金结存——货币资金 5 000

【例9-26】2022 年 12 月 31 日，贵州 ZYJS 大学"经营预算收入"贷方科目余额为 800 000 元，"经管支出"借方科目余额为 700 000 元。账务处理如下：

预算会计：

借：经营结余               800 000

  贷：经营支出            800 000

借：经营预算收入            700 000

  贷：经营结余            700 000

年终，将"经营结余"贷方科目余额 100 000 元转入"非财政拨款结余分配"科目。

借：经营结余               100 000

  贷：非财政拨款结余分配        100 000

# 第九节　其他结余

## 一、其他结余科目简介

其他结余是指高等学校本年度除财政拨款收支、非同级财政专项资金收支和经营收支以外各项收支相抵后的余额。年末结账后本科目应无余额。

## 二、其他结余科目账务处理

（1）年末，将事业预算收入、上级补助预算收入、附属单位上缴预算收入、非同级财政拨款预算收入、债务预算收入、其他预算收入本年发生额中的非专项资金收入以及投资预算收益本年发生额转入本科目，借记"事业预算收入""上级补助预算收入""附属单位上缴预算收入""非同级财政拨款预算收入""债务预算收入""其他预算收入"科目下各非专项资金收入明细科目和"投资预算收益"科目，贷记本科目（"投资预算收益"科目本年发生额为借方净额时，借记本科目，贷记"投资预算收益"科目）；将行政支出、事业支出、其他支出本年发生额中的非同级财政、非专项资金支出，以及上缴上级支出、对附属单位补助支出、投资支出、债务还本支出本年发生额转入本科目，借记本科目，贷记"事业支出""其他支出"科目下各非同级财政、非专项资金支出明细科目和"上缴上级支出""对附属单位补助支出""投资支出""债务还本支出"科目。

（2）年末，完成上述结转后，单位将本科目余额转入"非财政拨款结余分配"科目。当本科目为贷方余额时，借记本科目，贷记"非财政拨款结余——累计结余"或"非财政拨款结余分配"科目；当本科目为借方余额时，借记"非财政拨款结余——累计结余"或"非财政拨款结余分配"科目，贷记本科目。

### 三、其他结余科目案例解析

【例9-27】2022年12月31日，贵州ZYJS大学其他资金预算收入、支出科目余额如表9-1、表9-2所示。

表9-1  其他资金预算收入科目余额                        单位：元

| 科目代码 | 科目名称 | 贷方余额 |
|---|---|---|
| 6101 | 事业预算收入——教育事业预算收入——非专项资金收入 | 45 000 000 |
| 6201 | 上级补助预算收入——非专项资金收入 | 300 000 |
| 6301 | 附属单位上缴预算收入——非专项资金收入 | 200 000 |
| 6501 | 债务预算收入——非专项资金收入 | 1 500 000 |
| 6601 | 非同级财政拨款预算收入——非专项资金收入 | 200 000 |
| 6602 | 投资预算收益 | 600 000 |
| 6609 | 其他预算收入——非专项资金收入 | 2 200 000 |
| 合计 | | 50 000 000 |

表9-2  其他资金预算支出科目余额                        单位：元

| 科目代码 | 科目名称 | 借方余额 |
|---|---|---|
| 7201 | 事业支出——教育支出——其他资金支出——基本支出 | 47 000 000 |
| 7204 | 事业支出——行政管理支出——其他资金支出——基本支出 | 150 000 |
| 7205 | 事业支出——后勤保障支出——其他资金支出——基本支出 | 1 000 000 |
| 7401 | 上缴上级支出 | 150 000 |
| 7501 | 对附属单位补助支出 | 50 000 |
| 7701 | 债务还本支出 | 450 000 |
| 7901 | 其他支出——其他资金支出——基本支出 | 200 000 |
| 合计 | | 49 000 000 |

预算会计：

（1）年末结转收入。

| | |
|---|---|
| 借：事业预算收入——教育事业预算收入 | 45 000 000 |
| 　　上级补助预算收入——非专项资金收入 | 300 000 |
| 　　附属单位上线预算收入——非专项资金收入 | 3 000 000 |
| 　　债务预算收入——非专项资金收入 | 15 000 000 |
| 　　非同级财政拨款预算收入——非专项资金收入 | 200 000 |
| 　　投资预算收益 | 600 000 |

其他预算收入——非专项资金收入　　　　　　　　2 200 000

　　贷：其他结余　　　　　　　　　　　　　　　　50 000 000

（2）年末结转支出。

借：其他结余　　　　　　　　　　　　　　　　　49 000 000

　　贷：事业支出——教育支出——其他资金支出——基本支出　47 000 000

　　　　事业支出——行政管理支出——其他资金支出——基本支出 150 000

　　　　事业支出——后勤保障支出——其他资金支出——基本支出

　　　　　　　　　　　　　　　　　　　　　　　　1 000 000

　　　　上缴上级支出　　　　　　　　　　　　　　150 000

　　　　对附属单位补助支出　　　　　　　　　　　50 000

　　　　债务还本支出　　　　　　　　　　　　　　450 000

　　　　其他支出——其他资金支出——基本支出　　200 000

（3）将"其他结余"转入"非财政拨款结余分配"。

借：其他结余　　　　　　　　　　　　　　　　　1 000 000

　　贷：非财政拨款结余分配　　　　　　　　　　1 000 000

## 第十节　非财政拨款结余分配

### 一、非财政拨款结余分配科目简介

非财政拨款结余分配是指高等学校本年度非财政拨款结余分配的情况和结果。年末结账后，本科目应无余额。

### 二、非财政拨款结余分配科目账务处理

（1）年末，将"其他结余"科目余额转入本科目，当"其他结余"科目为贷方余额时，借记"其他结余"科目，贷记本科目；当"其他结余"科目为借方余额时，借记本科目，贷记"其他结余"科目。年末，将"经营结余"科目贷方余额转入本科目，借记"经营结余"科目，贷记本科目。

（2）根据有关规定提取专用基金的，按照提取的金额，借记本科目，贷记"专用结余"科目。

（3）年末，按照规定完成上述处理后，将本科目余额转入非财政拨款结余。当本科目为借方余额时，借记"非财政拨款结余——累计结余"科目，贷记本科目；当本科目为贷方余额时，借记本科目，贷记"非财政拨款结余——累计结余"科目。

# 第十章 高等学校财务报告和决算报告

## 第一节 高等学校财务报告和决算报告概述

根据政府会计改革构建"财务会计和预算会计适度分离并相互衔接"的会计核算模式，高等学校在同一会计核算体系中实现财务会计和预算会计双重功能，通过财务会计核算形成财务报告，通过预算会计形成决算报告。财务会计和预算会计从两个方面综合反映高等学校财务状况、收支情况和预算执行情况，集中反映高等学校经济活动过程及结果。

### 一、财务报告

高等学校财务报告包括财务报表、报表附注和财务情况说明书，财务报表由财务会计核算资料形成。

财务报表是对高等学校财务状况、运行情况和现金流量等信息的结构性表述，财务报表按照月度和年度编制。

（一）财务报表

财务报表由资产负债表、收入费用表、净资产变动表和现金流量表及相关有关附表组成构成，高等学校可自行选择编制现金流量表。

资产负债表是反映高等学校在某一特定日期的财务状况的报表。收入费用表是反映高等学校在一定会计期间运行情况的报表。净资产变动表是反映高等学校在某一会计年度内净资产项目的变动情况的报表。现金流量表是反映高等学校在一定会计期间现金及现金等价物流入和流出情况的报表。

（二）报表附注

报表附注是表外信息，重点是对在资产负债表、收入费用表、现金流量表等报表中列示项目所做的进一步说明，以及对未能在这些会计报表中列示项目的说明。附注是会计报表的重要组成部分，凡对报表使用者的决策有重要影响的会计信息，高等学校均应当充分披露。《政府会计制度》对报表附注应当披露的内容进行了细化，对会计报表重要项目说明提供了可参考的披露格式、要求按经济分类披露费用信息、要求披露本年预算结余和本年盈余的差异调节过程等。

（三）财务情况说明书

财务情况说明书是指高等学校在一定时期内对财务收支、预算执行、结转、结余及其分配、资产负债变动、对外投资、资产出租出借、资产处置、绩效评价等情况进行分析总结，以及对本期或者下期财务状况发生重大影响事项的说明所形成的文字材料，是财务报表的补充说明，也是财务报告的重要组成部分。

《政府会计制度》针对新的核算内容和要求对报表结构进行了调整和优化。调整完善后的报表体系，对于全面反映高等学校财务信息和预算执行信息，提高高等学校会计信息的透明度和决策有用性具有重要的意义。

### 二、决算报告

高等学校决算报告包括决算报表和财务情况说明书，预算报表由预算会计核算资料形成。预算会计报表按照年度编制，包括预算收入支出表、预算结转结余变动表和财政拨款预算收入支出表。预算会计报表与财务报表相互补充，共同反映高等学校的预算执行信息和财务信息。

预算收入支出表反映高等学校在某一会计年度内各项预算收入、预算支出和预算收支差额的情况。预算结转结余变动表反映高等学校在某一会计年度内预算结转结余的变动情况。财政拨款预算收入支出表反映高等学校本年财政拨款预算资金收入、支出及相关变动的具体情况。


## 第二节　资产负债表


### 一、资产负债表的概念

资产负债表是指反映高等学校在某一特定日期财务状况的报表，体现了高等学校在某一特定日期全部资产、负债和净资产的情况。

"年初余额"栏内各项数字，应当根据上年年末资产负债表"期末余额"栏内数字填列。如果本年度资产负债表规定的项目的名称和内容同上年度不一致，应当对上年年末资产负债表项目的名称和数字按照本年度的规定进行调整，将调整后的数字填入本表"年初余额"栏内。"资产总计"项目期末（年初）余额应当与"负债和净资产总计"项目期末（年初）余额相等。如果本年度高等学校发生了因前期差错更正、会计政策变更等调整以前年度盈余的事项，还应当对"年初余额"栏中的有关项目金额进行相应调整。

## 二、资产负债表编制

（一）资产类项目填制

（1）"货币资金"项目，反映期高等学校期末库存现金、银行存款、零余额账户用款额度、其他货币资金的合计数。本项目应当根据"库存现金""银行存款""零余额账户用款额度""其他货币资金"科目的期末余额的合计数填列；若学校存在通过"库存现金""银行存款"科目核算的受托代理资产还应当按照前述合计数扣减"库存现金""银行存款"科目下"受托代理资产"明细科目的期末余额后的金额填列。

（2）"短期投资"项目，反映高等学校期末持有的短期投资账面余额。本项目应当根据"短期投资"科目的期末余额填列。

（3）"财政应返还额度"项目，反映高等学校期末财政应返还额度的金额。本项目应当根据"财政应返还额度"科目的期末余额填列。

（4）"应收票据"项目，反映高等学校期末持有的应收票据的票面金额。本项目应当根据"应收票据"科目的期末余额填列。

（5）"应收账款净额"项目，反映高等学校期末尚未收回的应收账款减去已计提的坏账准备后的净额。本项目应当根据"应收账款"科目的期末余额，减去"坏账准备"科目中对应收账款计提的坏账准备的期末余额后的金额填列。

（6）"预付账款"项目，反映高等学校期末预付给商品或者劳务供应单位的款项。本项目应当根据"预付账款"科目的期末余额填列。

（7）"应收股利"项目，反映高等学校期末因股权投资而应收取的现金股利或应当分得的利润。本项目应当根据"应收股利"科目的期末余额填列。

（8）"应收利息"项目，反映高等学校期末因债券投资等而应收取的利息，高等学校购入的到期一次还本付息的长期债券投资持有期间应收的利息，不包括在本项目内。本项目应当根据"应收利息"科目的期末余额填列。

（9）"其他应收款净额"项目，反映高等学校期末尚未收回的其他应收款减去已计提的坏账准备后的净额。本项目应当根据"其他应收款"科目的期末余额减去"坏账准备"科目中对其他应收款计提的坏账准备的期末余额后的金额填列。

（10）"存货"项目，反映高等学校期末存储的存货的实际成本。本项目应当根据"在途物品""库存物品""加工物品"科目的期末余额的合计数填列。

（11）"待摊费用"项目，反映高等学校期末已经支出，但应当由本期和以后各期负担的分摊期在一年以内（含一年）的各项费用。本项目应当根据"待摊费用"科目的期末余额填列。

（12）"一年内到期的非流动资产"项目，反映一年内期末非流动资产项目中将在一年以内（含一年）到期的金额，如高等学校有一年以内（含一年）到期的长期债券投资金额。本项目应当根据"长期债券投资"等科目的明细科目的期末余额分析填列。

（13）"其他流动资产"项目，反映高等学校期末除本表中上述各项之外的其他流动资产的合计金额。本项目应当根据有关科目期末余额的合计数填列。

（14）"流动资产合计"项目，反映高等学校期末流动资产的合计数。本项目应当根据本表中"货币资金""短期投资""财政应返还额度""应收票据""应收账款净额""预付账款""应收股利""应收利息""其他应收款净额""存货""待摊费用""一年内到期的非流动资产""其他流动资产"项目金额的合计数填列。

（15）"长期股权投资"项目，反映高等学校期末持有的长期股权投资的账面余额。本项目应当根据"长期股权投资"科目的期末余额填列。

（16）"长期债券投资"项目，反映高等学校期末持有的长期债券投资的账面余额。本项目应当根据"长期债券投资"科目的期末余额减去其中将于一年以内（含一年）到期的长期债券投资余额后的金额填列。

（17）"固定资产原值"项目，反映高等学校期末固定资产的原值。本项目应当根据"固定资产"科目的期末余额填列。

"固定资产累计折旧"项目，反映高等学校期末固定资产已计提的累计折旧金额。本项目应当根据"固定资产累计折旧"科目的期末余额填列。

"固定资产净值"项目，反映高等学校期末固定资产的账面价值。本项目应当根据"固定资产"科目期末余额减去"固定资产累计折旧"科目期末余额后的金额填列。

（18）"工程物资"项目，反映高等学校期末为在建工程准备的各种物资的实际成本。本项目应当根据"工程物资"科目的期末余额填列。

（19）"在建工程"项目，反映高等学校期末所有的建设项目工程的实际成本。本项目应当根据"在建工程"科目的期末余额填列。

（20）"无形资产原值"项目，反映高等学校期末无形资产的原值。本项目应当根据"无形资产"科目的期末余额填列。

"无形资产累计摊销"项目，反映高等学校期末无形资产已计提的累计摊销金额。本项目应当根据"无形资产累计摊销"科目的期末余额填列。

"无形资产净值"项目，反映高等学校期末无形资产的账面价值。本项目应当根据"无形资产"科目期末余额减去"无形资产累计摊销"科目期末余额后的金额填列。

（21）"研发支出"项目，反映高等学校期末正在进行的无形资产开发项目开发阶段发生的累计支出数。本项目应当根据"研发支出"科目的期末余额填列。

（22）"公共基础设施原值"项目，反映高等学校期末控制的公共基础设施的原值。本项目应当根据"公共基础设施"科目的期末余额填列。

"公共基础设施累计折旧摊销"项目，反映高等学校期末控制的公共基础设施已计提的累计折旧和累计摊销金额。本项目应当根据"公共基础设施累计折旧摊销"科目的期末余额填列。

"公共基础设施净值"项目，反映高等学校期末控制的公共基础设施的账面价值。本项目应当根据"公共基础设施"科目期末余额减去"公共基础设施累计折旧摊销"科目期末余额后的金额填列。

（23）"政府储备物资"项目，反映高等学校期末控制的政府储备物资的实际成本，本项目应当根据"政府储备物资"科目的期末余额填列。

（24）"文物文化资产"项目，反映高等学校期末控制的文物文化资产的成本。本项目应当根据"文物文化资产"科目的期末余额填列。

（25）"保障性住房原值"项目，反映高等学校期末控制的保障性住房的原值。本项目应当根据"保障性住房"科目的期末余额填列。

"保障性住房累计折旧"项目，反映高等学校期末控制的保障性住房已计提的累计折旧金额。本项目应当根据"保障性住房累计折旧"科目的期末余额填列。

"保障性住房净值"项目，反映高等学校期末控制的保障性住房的账面价值。本项目应当根据"保障性住房"科目期末余额减去"保障性住房累计折旧"科目期末余额后的金额填列。

（26）"长期待摊费用"项目，反映高等学校期末已经支出，但应由本期和以后各期负担的分摊期限在一年以上（不含一年）的各项费用。本项目应当根据"长期待摊费用"科目的期末余额填列。

（27）"待处理财产损溢"项目，反映高等学校期末尚未处理完毕的各种资产的净损失或净溢余。本项目应当根据"待处理财产损溢"科目的期末借方余额填列；如"待处理财产损溢"科目期末贷方余额，以"-"号填列。

（28）"其他非流动资产"项目，反映高等学校期末除本表中上述各项之外的其他非流动资产的合计数。本项目应当根据有关科目的期末余额合计数填列。

（29）"非流动资产合计"项目，反映高等学校期末非流动资产的合计数。本项目应当根据本表中"长期股权投资""长期债券投资""固定资产净值""工程物资""在建工程""无形资产净值""研发支出""公共基础设施净值""政府储备物资""文物文化资产""保障性住房净值""长期待摊费用""待处理财产损溢""其他非流动资产"项目金额的合计数填列。

（30）"受托代理资产"项目，反映高等学校期末受托代理资产的价值。本项目应根据"受托代理资产"科目的期末余额与"库存现金""银行存款"科目下"受托代理资产"明细科目的期末余额的合计数填列。

（31）"资产总计"项目，反映高等学校期末资产的合计数。本项目应当根据本表中"流动资产合计""非流动资产合计""受托代理资产"项目金额的合计数填列。

（二）负债类项目填制

（1）"短期借款"项目，反映高等学校期末短期借款的余额。本项目应当根据

"短期借款"科目的期末余额填列。

（2）"应交增值税"项目，反映高等学校期末应缴未缴的增值税税额。本项目应当根据"应交增值税"科目的期末余额填列；如"应交增值税"科目期末为借方余额，以"-"号填列。

（3）"其他应交税费"项目，反映高等学校期末应缴未缴的除增值税以外的税费金额。本项目应当根据"其他应交税费"科目的期末余额填列；如"其他应交税费"科目期末为借方余额，以"-"号填列。

（4）"应缴财政款"项目，反映高等学校期末应当上缴财政但尚未缴纳的款项。本项目应当根据"应缴财政款"科目的期末余额填列。

（5）"应付职工薪酬"项目，反映高等学校期末按有关规定应付给职工及为职工支付的各种薪酬。本项目应当根据"应付职工薪酬"科目的期末余额填列。

（6）"应付票据"项目，反映高等学校期末应付票据的金额。本项目应当根据"应付票据"科目的期末余额填列。

（7）"应付账款"项目，反映高等学校期末应当支付但尚未支付的偿还期限在一年以内（含一年）的应付账款的金额。本项目应当根据"应付账款"科目的期末余额填列。

（8）"应付政府补贴款"项目，反映期末按照规定应当支付给政府补贴接受者的各种政府补贴款余额。本项目应当根据"应付政府补贴款"科目的期末余额填列。

（9）"应付利息"项目，反映高等学校期末按照合同约定应支付的借款利息。高等学校到期一次还本付息的长期借款利息不包括在本项目内。本项目应当根据"应付利息"科目的期末余额填列。

（10）"预收账款"项目，反映高等学校期末预先收取但尚未确认收入和实际结算的款项余额。本项目应当根据"预收账款"科目的期末余额填列。

（11）"其他应付款"项目，反映高等学校期末其他各项偿还期限在一年内（含一年）的应付及暂收款项余额。本项目应当根据"其他应付款"科目的期末余额填列。

（12）"预提费用"项目，反映高等学校期末已经预先提取的已经发生但尚未支付的各项费用。本项目应当根据"预提费用"科目的期末余额填列。

（13）"一年内到期的非流动负债"项目，反映高等学校期末将于一年内（含一年）偿还的非流动负债的余额。本项目应当根据"长期应付款""长期借款"等科目的明细科目的期末余额分析填列。

（14）"其他流动负债"项目，反映高等学校期末除本表中上述各项之外的其他流动负债的合计数。本项目应当根据有关科目的期末余额的合计数填列。

（15）"流动负债合计"项目，反映高等学校期末流动负债合计数。本项目应当根据本表"短期借款""应交增值税""其他应交税费""应缴财政款""应付职工薪酬""应付票据""应付账款""应付政府补贴款""应付利息""预收账款""其他应付款""预提费用""一年内到期的非流动负债""其他流动负债"项目金额的合计数填列。

（16）"长期借款"项目，反映高等学校期末长期借款的余额。本项目应当根据"长期借款"科目的期末余额减去其中将于一年内（含一年）到期的长期借款余额后的金额填列。

（17）"长期应付款"项目，反映高等学校期末长期应付款的余额。本项目应当根据"长期应付款"科目的期末余额减去其中将于一年内（含一年）到期的长期应付款余额后的金额填列。

（18）"预计负债"项目，反映高等学校期末已确认但尚未偿付的预计负债的余额。本项目应当根据"预计负债"科目的期末余额填列。

（19）"其他非流动负债"项目，反映高等学校期末除本表中上述各项之外的其他非流动负债的合计数。本项目应当根据有关科目的期末余额合计数填列。

（20）"非流动负债合计"项目，反映高等学校期末非流动负债合计数。本项目应当根据本表中"长期借款""长期应付款""预计负债""其他非流动负债"项目金额的合计数填列。

（21）"受托代理负债"项目，反映高等学校期末受托代理负债的金额。本项目应当根据"受托代理负债"科目的期末余额填列。

（22）"负债合计"项目，反映高等学校期末负债的合计数。本项目应当根据本表中"流动负债合计""非流动负债合计""受托代理负债"项目金额的合计数填列。

（三）净资产类项目填制

（1）"累计盈余"项目，反映高等学校期末未分配盈余或未弥补亏损以及无偿调拨净资产变动的累计数。本项目应当根据"累计盈余"科目的期末余额填列。

（2）"专用基金"项目，反映高等学校期末累计提取或设置但尚未使用的专用基金余额。本项目应当根据"专用基金"科目的期末余额填列。

（3）"权益法调整"项目，反映高等学校期末在被投资高等学校除净损益和利润分配以外的所有者权益变动中累积享有的份额，本项目应当根据"权益法调整"科目的期末余额填列。如"权益法调整"科目期末为借方余额，以"-"号填列。

（4）"无偿调拨净资产"项目，反映高等学校本年度截至报告期期末无偿调入的非现金资产价值扣减无偿调出的非现金资产价值后的净值。本项目仅在月度报表中列示，年度报表中不列示。月度报表中本项目应当根据"无偿调拨净资产"科目的期末余额填列；"无偿调拨净资产"科目期末为借方余额时，以"-"号填列。

（5）"本期盈余"项目，反映高等学校本年度截至报告期期末实现的累计盈余或亏损。本项目仅在月度报表中列示，年度报表中不列示。月度报表中本项目应当根据"本期盈余"科目的期末余额填列；"本期盈余"科目期末为借方余额时，以

"-"号填列。

（6）"净资产合计"项目，反映高等学校期末净资产合计数。本项目应当根据本表中"累计盈余""专用基金""权益法调整""无偿调拨净资产"（月度报表）、"本期盈余"（月度报表）项目金额的合计数填列。

（7）"负债和净资产总计"项目，应当按照本表中"负债合计""净资产合计"项目金额的合计数填列。

# 第三节　收入费用表

## 一、收入费用表的概念

收入费用表反映高等学校在某一会计期间内发生的收入、费用及当期盈余情况。"本月数"栏反映各项目的本月实际发生数。编制年度收入费用表时，应当将本栏改为"本年数"，反映本年度各项目的实际发生数。"本年累计数"栏反映各项目年初至报告期期末的累计实际发生数。编制年度收入费用表时，应当将本栏改为"上年数"，反映上年度各项目的实际发生数，"上年数"栏应根据上年年度收入费用表中"本年数"栏内所列数字填列。

如果本年度收入费用表规定的项目的名称和内容同上年度不一致，应当对上年度收入费用表项目的名称和数字按照本年度的规定进行调整，将调整后的金额填入本年度收入费用表的"上年数"栏内。

如果本年度高等学校发生了因前期差错更正、会计政策变更等调整以前年度盈余的事项，还应当对年度收入费用表中"上年数"栏中的有关项目金额进行相应调整。

## 二、收入费用表的编制

（一）本期收入项目填制

（1）"本期收入"项目，反映高等学校本期收入总额。本项目应当根据本表中"财政拨款收入""事业收入""上级补助收入""附属单位上缴收入""经营收入""非同级财政拨款收入""投资收益""捐赠收入""利息收入""租金收入""其他收入"项目金额的合计数填列。

（2）"财政拨款收入"项目，反映高等学校本期从同级政府财政部门取得的各类财政拨款。本项目应当根据"财政拨款收入"科目的本期发生额填列。

"政府性基金收入"项目，反映高等学校本期取得的财政拨款收入中属于政府性基金预算拨款的金额。本项目应当根据"财政拨款收入"相关明细科目的本期发生额填列。

（3）"事业收入"项目，反映高等学校本期开展专业业务活动及其辅助活动实现的收入。本项目应当根据"事业收入"科目的本期发生额填列。

（4）"上级补助收入"项目，反映高等学校本期从主管部门和上级高等学校收到或应收的非财政拨款收入。本项目应当根据"上级补助收入"科目的本期发生额填列。

（5）"附属单位上缴收入"项目，反映高等学校本期收到或应收的独立核算的附属单位按照有关规定上缴的收入。本项目应当根据"附属单位上缴收入"科目的本期发生额填列。

（6）"经营收入"项目，反映高等学校本期在专业业务活动及其辅助活动之外开展非独立核算经营活动实现的收入。本项目应当根据"经营收入"科目的本期发生额填列。

（7）"非同级财政拨款收入"项目，反映高等学校本期从非同级政府财政部门取得的财政拨款，不包括高等学校因开展科研及其辅助活动从非同级财政部门取得的经费拨款。本项目应当根据"非同级财政拨款收入"科目的本期发生额填列。

（8）"投资收益"项目，反映高等学校本期股权投资和债券投资所实现的收益或发生的损失。本项目应当根据"投资收益"科目的本期发生额填列；如为投资净损失，以"－"号填列。

（9）"捐赠收入"项目，反映高等学校本期接受捐赠取得的收入。本项目应当根据"捐赠收入"科目的本期发生额填列。

（10）"利息收入"项目，反映高等学校本期取得的银行存款利息收入。本项目应当根据"利息收入"科目的本期发生额填列。

（11）"租金收入"项目，反映高等学校本期经批准利用国有资产出租取得并按规定纳入学校预算管理的租金收入。本项目应当根据"租金收入"科目的本期发生额填列。

（12）"其他收入"项目，反映高等学校本期取得的除以上收入项目外的其他收入的总额。本项目应当根据"其他收入"科目的本期发生额填列。

（二）本期费用项目填制

（1）"本期费用"项目，反映高等学校本期费用总额。本项目应当根据本表中"业务活动费用""单位管理费用""经营费用""资产处置费用""上缴上级费用""对附属单位补助费用""所得税费用"和"其他费用"项目金额的合计数填列。

（2）"业务活动费用"项目，反映高等学校本期为实现其职能目标，依法履职或开展专业业务活动及其辅助活动所发生的各项费用。本项目应当根据"业务活动费用"科目本期发生额填列。

（3）"单位管理费用"项目，反映高等学校本期本级行政及后勤管理部门开展管理活动发生的各项费用，以及由单位统一负担的离退休人员经费、工会经费、诉讼费、中介费等。本项目应当根据"单位管理费用"科目的本期发生额填列。

（4）"经营费用"项目，反映高等学校本期在专业业务活动及其辅助活动之外开展非独立核算经营活动发生的各项费用。本项目应当根据"经营费用"科目的本期发生额填列。

（5）"资产处置费用"项目，反映高等学校本期经批准处置资产时转销的资产价值以及在处置过程中发生的相关费用或者处置收入小于处置费用形成的净支出。本项目应当根据"资产处置费用"科目的本期发生额填列。

（6）"上缴上级费用"项目，反映高等学校按照规定上缴上级高等学校款项发生的费用。本项目应当根据"上缴上级费用"科目的本期发生额填列。

（7）"对附属高等学校补助费用"项目，反映高等学校用财政拨款收入之外的收入对附属单位补助发生的费用。本项目应当根据"对附属单位补助费用"科目的本期发生额填列。

（8）"所得税费用"项目，反映有企业所得税缴纳义务的高等学校本期计算应交纳的企业所得税。本项目应当根据"所得税费用"科目的本期发生额填列。

（9）"其他费用"项目，反映高等学校本期发生的除以上费用项目外的其他费用的总额。本项目应当根据"其他费用"科目的本期发生额填列。

（三）本期盈余项目填制

"本期盈余"项目，反映高等学校本期收入扣除本期费用后的净额。本项目应当根据本表中"本期收入"项目金额减去"本期费用"项目金额后的金额填列；如为负数，以"-"号填列。


# 第四节　净资产变动表


## 一、净资产变动表的概念

净资产变动表反映高等学校在某一会计年度内净资产项目的变动情况。

"本年数"栏反映本年度各项目的实际变动数。本表"上年数"栏反映上年度各项目的实际变动数，应当根据上年度净资产变动表中"本年数"栏内所列数字填列。

如果上年度净资产变动表规定的项目的名称和内容与本年度不一致，应对上年度净资产变动表项目名称和数字按照本年度的规定进行调整，将调整后金额填入本年度净资产变动表"上年数"栏内。


## 二、净资产变动表本表项目编制

（1）"上年年末余额"行，反映高等学校净资产各项目上年年末的余额。本行各项目应当根据"累计盈余""专用基金""权益法调整"科目上年年末余额填列。

（2）"以前年度盈余调整"行，反映高等学校本年度调整以前年度盈余的事项对累计盈余进行调整的金额。本行"累计盈余"项目应当根据本年度"以前年度盈余调整"科目转入"累计盈余"科目的金额填列；如调整减少累计盈余，以"－"号填列。

（3）"本年年初余额"行，反映经过以前年度盈余调整后，高等学校净资产各项目的本年年初余额。本行"累计盈余""专用基金""权益法调整"项目应当根据其各自在"上年年末余额"和"以前年度盈余调整"行对应项目金额的合计数填列。

（4）"本年变动金额"行，反映高等学校净资产各项目本年变动总金额。本行"累计盈余""专用基金""权益法调整"项目应当根据其各自在"本年盈余""无偿调拨净资产""归集调整预算结转结余""提取或设置专用基金""使用专用基金""权益法调整"行对应项目金额的合计数填列。

（5）"本年盈余"行，反映高等学校本年发生的收入、费用对净资产的影响。本行"累计盈余"项目应当根据年末由"本期盈余"科目转入"本年盈余分配"科目的金额填列；如转入时借记"本年盈余分配"科目，则以"－"号填列。

（6）"无偿调拨净资产"行，反映高等学校本年无偿调入、调出非现金资产事项对净资产的影响。本行"累计盈余"项目应当根据年末由"无偿调拨净资产"科目转入"累计盈余"科目的金额填列；如转入时借记"累计盈余"科目，则以"－"号填列。

（7）"归集调整预算结转结余"行，反映高等学校本年财政拨款结转结余资金归集调入、归集上缴或调出，以及非财政拨款结转资金缴回对净资产的影响。本行"累计盈余"项目应当根据"累计盈余"科目明细账记录分析填列；如归集调整减少预算结转结余，则以"－"号填列。

（8）"提取或设置专用基金"行，反映高等学校本年提取或设置专用基金对净资产的影响。本行"累计盈余"项目应当根据"从预算结余中提取"行"累计盈余"项目的金额填列。本行"专用基金"项目应当根据"从预算收入中提取""从预算结余中提取""设置的专用基金"行"专用基金"项目金额的合计数填列。

"从预算收入中提取"行，反映高等学校本年从预算收入中提取专用基金对净资产的影响。本行"专用基金"项目应当通过对"专用基金"科目明细账记录的分析，根据本年按有关规定从预算收入中提取基金的金额填列。

"从预算结余中提取"行，反映高等学校本年根据有关规定从本年度非财政拨款结余或经营结余中提取专用基金对净资产的影响。本行"累计盈余""专用基金"项目应当通过对"专用基金"科目明细账记录的分析，根据本年按有关规定从本年度非财政拨款结余或经营结余中提取专用基金的金额填列；本行"累计盈余"项目以"－"号填列。

"设置的专用基金"行，反映高等学校本年根据有关规定设置的其他专用基金对净资产的影响，本行"专用基金"项目应当通过对"专用基金"科目明细账记录的分析，根据本年按有关规定设置的其他专用基金的金额填列。

（9）"使用专用基金"行，反映高等学校本年按规定使用专用基金对净资产的影响。本行"累计盈余""专用基金"项目应当通过对"专用基金"科目明细账记录的分析，根据本年按规定使用专用基金的金额填列；本行"专用基金"项目以"-"号填列。

（10）"权益法调整"行，反映高等学校本年按照被投资单位除净损益和利润分配以外的所有者权益变动份额而调整长期股权投资账面余额对净资产的影响。本行"权益法调整"项目应当根据"权益法调整"科目本年发生额填列；若本年净发生额为借方时，以"-"号填列。

（11）"本年年末余额"行，反映高等学校本年各净资产项目的年末余额。本行"累计盈余""专用基金""权益法调整"项目应当根据其各自在"本年年初余额""本年变动金额"行对应项目金额的合计数填列。

（12）本表各行"净资产合计"项目，应当根据所在行"累计盈余""专用基金""权益法调整"项目金额的合计数填列。

## 第五节 现金流量表

### 一、现金流量表的概念

现金流量表反映高等学校在某一会计年度内现金流入和流出的信息。现金流量表所指的现金，是指高等学校的库存现金以及其他可以随时用于支付的款项，包括库存现金、可以随时用于支付的银行存款、其他货币资金、零余额账户用款额度、财政应返还额度，以及通过财政直接支付方式支付的款项。

现金流量表应当按照日常活动、投资活动、筹资活动的现金流量分别反映。本表所指的现金流量，是指现金的流入和流出。"本年金额"栏反映各项目的本年实际发生数。本表"上年金额"栏反映各项目的上年实际发生数，应当根据上年现金流量表中"本年金额"栏内所列数字填列。高等学校应当采用直接法编制现金流量表。

### 二、现金流量表的编制

（一）日常活动产生的现金流量项目填制

（1）"财政基本支出拨款收到的现金"项目，反映高等学校本年接受财政基本支出拨款取得的现金。本项目应当根据"零余额账户用款额度""财政拨款收入""银行存款"等科目及其所属明细科目的记录分析填列。

（2）"财政非资本性项目拨款收到的现金"项目，反映高等学校本年接受除用于购建固定资产、无形资产、公共基础设施等资本性项目以外的财政项目拨款取得的现金。本项目应当根据"银行存款""零余额账户用款额度""财政拨款收入"等科目及其所属明细科目的记录分析填列。

（3）"事业活动收到的除财政拨款以外的现金"项目，反映高等学校本年开展专业业务活动及其辅助活动取得的除财政拨款以外的现金。本项目应当根据"库存现金""银行存款""其他货币资金""应收账款""应收票据""预收账款""事业收入"等科目及其所属明细科目的记录分析填列。

（4）"收到的其他与日常活动有关的现金"项目，反映高等学校本年收到的除以上项目之外的与日常活动有关的现金。本项目应当根据"库存现金""银行存款""其他货币资金""上级补助收入""附属单位上缴收入""经营收入""非同级财政拨款收入""捐赠收入""利息收入""租金收入""其他收入"等科目及其所属明细科目的记录分析填列。

（5）"日常活动的现金流入小计"项目，反映高等学校本年日常活动产生的现金流入的合计数。本项目应当根据本表中"财政基本支出拨款收到的现金""财政非资本性项目拨款收到的现金""事业活动收到的除财政拨款以外的现金""收到的其他与日常活动有关的现金"项目金额的合计数填列。

（6）"购买商品、接受劳务支付的现金"项目，反映高等学校本年在日常活动中用于购买商品、接受劳务支付的现金。本项目应当根据"库存现金""银行存款""财政拨款收入""零余额账户用款额度""预付账款""在途物品""库存物品""应付账款""应付票据""业务活动费用""单位管理费用""经营费用"等科目及其所属明细科目的记录分析填列。

（7）"支付给职工以及为职工支付的现金"项目，反映高等学校本年支付给职工以及为职工支付的现金。本项目应当根据"库存现金""银行存款""零余额账户用款额度""财政拨款收入""应付职工薪酬""业务活动费用""单位管理费用""经营费用"等科目及其所属明细科目的记录分析填列。

（8）"支付的各项税费"项目，反映高等学校本年用于缴纳日常活动相关税费而支付的现金。本项目应当根据"库存现金""银行存款""零余额账户用款额度""应交增值税""其他应交税费""业务活动费用""单位管理费用""经营费用""所得税费用"等科目及其所属明细科目的记录分析填列。

（9）"支付的其他与日常活动有关的现金"项目，反映高等学校本年支付的除上述项目之外与日常活动有关的现金。本项目应当根据"库存现金""银行存款""零余额账户用款额度""财政拨款收入""其他应付款""业务活动费用""单位管理费用""经营费用""其他费用"等科目及其所属明细科目的记录分析填列。

（10）"日常活动的现金流出小计"项目，反映高等学校本年日常活动产生的现金流出的合计数。本项目应当根据本表中"购买商品、接受劳务支付的现金""支付给职工以及为职工支付的现金""支付的各项税费""支付的其他与日常活动有关的现金"项目金额的合计数填列。

（11）"日常活动产生的现金流量净额"项目，应当按照本表中"日常活动的现金流入小计"项目金额减去"日常活动的现金流出小计"项目金额后的金额填列；如为负数，以"-"号填列。

（二）投资活动产生的现金流量项目填制

（1）"收回投资收到的现金"项目，反映高等学校本年出售、转让或者收回投资收到的现金。本项目应该根据"库存现金""银行存款""短期投资""长期股权投资""长期债券投资"等科目的记录分析填列。

（2）"取得投资收益收到的现金"项目，反映高等学校本年因对外投资而收到被投资高等学校分配的股利或利润，以及收到投资利息而取得的现金。本项目应当根据"库存现金""银行存款""应收股利""应收利息""投资收益"等科目的记录分析填列。

（3）"处置固定资产、无形资产、公共基础设施等收回的现金净额"项目，反映高等学校本年处置固定资产、无形资产、公共基础设施等非流动资产所取得的现金，减去为处置这些资产而支付的有关费用之后的净额。由于自然灾害所造成的固定资产等长期资产损失而收到的保险赔款收入，也在本项目反映。本项目应当根据"库存现金""银行存款""待处理财产损溢"等科目的记录分析填列。

（4）"收到的其他与投资活动有关的现金"项目，反映高等学校本年收到的除上述项目之外与投资活动有关的现金。对于金额较大的现金流入，应当单列项目反映。本项目应当根据"库存现金""银行存款"等有关科目的记录分析填列。

（5）"投资活动的现金流入小计"项目，反映高等学校本年投资活动产生的现金流入的合计数。本项目应当根据本表中"收回投资收到的现金""取得投资收益收到的现金""处置固定资产、无形资产、公共基础设施等收回的现金净额""收到的其他与投资活动有关的现金"项目金额的合计数填列。

（6）"购建固定资产、无形资产、公共基础设施等支付的现金"项目，反映高等学校本年购买和建造固定资产、无形资产、公共基础设施等非流动资产所支付的现金；融资租入固定资产支付的租赁费不在本项目反映，在筹资活动的现金流量中反映。本项目应当根据"库存现金""银行存款""固定资产""工程物资""在建工程""无形资产""研发支出""公共基础设施""保障性住房"等科目的记录分析填列。

（7）"对外投资支付的现金"项目，反映高等学校本年为取得短期投资、长期股权投资、长期债券投资而支付的现金。本项目应当根据"库存现金""银行存款""短期投资""长期股权投资""长期债券投资"等科目的记录分析填列。

（8）"上缴处置固定资产、无形资产、公共基础设施等净收入支付的现金"项目，反映本年高等学校将处置固定资产、无形资产、公共基础设施等非流动资产所收回的现金净额予以上缴财政所支付的现金。本项目应当根据"库存现金""银行存款""应缴财政款"等科目的记录分析填列。

（9）"支付的其他与投资活动有关的现金"项目，反映高等学校本年支付的除上述项目之外与投资活动有关的现金。对于金额较大的现金流出，应当单列项目反映本项目应当根据"库存现金""银行存款"等有关科目的记录分析填列。

（10）"投资活动的现金流出小计"项目，反映高等学校本年投资活动产生的现金流出的合计数。本项目应当根据本表中"购建固定资产、无形资产、公共基础设施等支付的现金""对外投资支付的现金""上缴处置固定资产、无形资产、公共基础设施等净收入支付的现金""支付的其他与投资活动有关的现金"项目金额的合计数填列。

（11）"投资活动产生的现金流量净额"项目，应当按照本表中"投资活动的现金流入小计"项目金额减去"投资活动的现金流出小计"项目金额后的金额填列；如为负数，以"-"号填列。

（三）筹资活动产生的现金流量项目填制

（1）"财政资本性项目拨款收到的现金"项目，反映高等学校本年接受用于购建固定资产、无形资产、公共基础设施等资本性项目的财政项目拨款取得的现金。本项目应当根据"银行存款""零余额账户用款额度""财政拨款收入"等科目及其所属明细科目的记录分析填列。

（2）"取得借款收到的现金"项目，反映高等学校本年举借短期、长期借款所收到的现金。本项目应当根据"库存现金""银行存款""短期借款""长期借款"等科目记录分析填列。

（3）"收到的其他与筹资活动有关的现金"项目，反映高等学校本年收到的除上述项目之外与筹资活动有关的现金。对于金额较大的现金流入，应当单列项目反映。本项目应当根据"库存现金""银行存款"等有关科目的记录分析填列。

（4）"筹资活动的现金流入小计"项目，反映高等学校本年筹资活动产生的现金流入的合计数。本项目应当根据本表中"财政资本性项目拨款收到的现金""取得借款收到的现金""收到的其他与筹资活动有关的现金"项目金额的合计数填列。

（5）"偿还借款支付的现金"项目，反映高等学校本年偿还借款本金所支付的现金。本项目应当根据"库存现金""银行存款""短期借款""长期借款"等科目的记录分析填列。

（6）"偿付利息支付的现金"项目，反映高等学校本年支付的借款利息等。本项目应当根据"库存现金""银行存款""应付利息""长期借款"等科目的记录分析填列。

（7）"支付的其他与筹资活动有关的现金"项目，反映高等学校本年支付的除上述项目之外与筹资活动有关的现金，如融资租入固定资产所支付的租赁费。本项目应当根据"库存现金""银行存款""长期应付款"等科目的记录分析填列。

（8）"筹资活动的现金流出小计"项目，反映高等学校本年筹资活动产生的现金流出的合计数。本项目应当根据本表中"偿还借款支付的现金""偿付利息支付的现金""支付的其他与筹资活动有关的现金"项目金额的合计数填列。

（9）"筹资活动产生的现金流量净额"项目，应当按照本表中"筹资活动的现金流入小计"项目金额减去"筹资活动的现金流出小计"金额后的金额填列；如为负数，以"-"号填列。

（四）"汇率变动对现金的影响额"项目的填报

"汇率变动对现金的影响额"项目反映高等学校本年外币现金流量折算为人民币时，所采用的现金流量发生日的汇率折算的人民币金额与外币现金流量净额按期末汇率折算的人民币金额之间的差额。

（五）"现金净增加额"项目的填报

"现金净增加额"项目，反映高等学校本年现金变动的净额。本项目应当根据现金流量表中"日常活动产生的现金流量净额""投资活动产生的现金流量净额""筹资活动产生的现金流量净额"和"汇率变动对现金的影响额"项目金额的合计数填列；如为负数，以"-"号填列。

# 第六节　财务报告附注

## 一、附注的概念

附注是对在会计报表中列示的项目所作的进一步说明，以及对未能在会计报表中列示项目的说明。附注是财务报表的重要组成部分。凡对报表使用者的决策有重要影响的会计信息，不论本制度是否有明确规定，高等学校均应当充分披露。

## 二、附注主要内容

（一）高等学校的基本情况

高等学校应当简要披露其基本情况，包括学校主要职能、主要业务活动、所在地、预算管理关系等。

（二）会计报表编制基础

（三）遵循政府会计准则、制度的声明

（四）重要会计政策和会计估计

高等学校应当采用与其业务特点相适应的具体会计政策，并充分披露报告期内采用的重要会计政策和会计估计。主要包括以下内容：

（1）会计期间。

（2）记账本位币，外币折算汇率。

（3）坏账准备的计提方法。

（4）存货类别、发出存货的计价方法、存货的盘存制度，以及低值易耗品和包装物的摊销方法。

（5）长期股权投资的核算方法。

（6）固定资产分类、折旧方法、折旧年限和年折旧率；融资租入固定资产的计价和折旧方法。

（7）无形资产的计价方法；使用寿命有限的无形资产，其使用寿命估计情况；使用寿命不确定的无形资产，其使用寿命不确定的判断依据；单位内部研究开发项目划分研究阶段和开发阶段的具体标准。

（8）公共基础设施的分类、折旧摊销方法、折旧摊销年限，以及其确定依据。

（9）政府储备物资分类，以及确定其发出成本所采用的方法。

（10）保障性住房的分类、折旧方法、折旧年限。

（11）其他重要的会计政策和会计估计。

（12）本期发生重要会计政策和会计估计变更的，变更的内容和原因、受其重要影响的报表项目名称和金额、相关审批程序，以及会计估计变更开始适用的时点。

## 第七节  预算收入支出表

### 一、预算收入支出表的概念

预算收入支出表反映高等学校在某一会计年度内各项预算收入、预算支出和预算收支差额的情况。"本年数"栏反映各项目的本年实际发生数。"上年数"栏反映各项目上年度的实际发生数，应当根据上年度预算收入支出表中"本年数"栏内所列数字填列。"本年数"栏各项目的内容和填列方法。

如果本年度预算收入支出表规定的项目的名称和内容同上年度不一致，应当对上年度预算收入支出表项目的名称和数字按照本年度的规定进行调整，将调整后金额填入本年度预算收入支出表的"上年数"栏。

### 二、本年预算收入项目编制

（1）"本年预算收入"项目，反映高等学校本年预算收入总额。本项目应当根据本表中"财政拨款预算收入""事业预算收入""上级补助预算收入""附属高等学校上缴预算收入""经营预算收入""债务预算收入""非同级财政拨款预算收入""投资预算收益""其他预算收入"项目金额的合计数填列。

（2）"财政拨款预算收入"项目，反映高等学校本年从同级政府财政部门取得的各类财政拨款。本项目应当根据"财政拨款预算收入"科目的本年发生额填列。

"政府性基金收入"项目，反映高等学校本年取得的财政拨款收入中属于政府性基金预算拨款的金额。本项目应当根据"财政拨款预算收入"相关明细科目的本年发生额填列。

（3）"事业预算收入"项目，反映高等学校本年开展专业业务活动及其辅助活动取得的预算收入。本项目应当根据"事业预算收入"科目的本年发生额填列。

（4）"上级补助预算收入"项目，反映高等学校本年从主管部门和上级单位取得的非财政补助预算收入。本项目应当根据"上级补助预算收入"科目的本年发生额填列。

（5）"附属单位上缴预算收入"项目，反映高等学校本年收到的独立核算的附属单位按照有关规定上缴的预算收入。本项目应当根据"附属单位上缴预算收入"科目的本年发生额填列。

（6）"经营预算收入"项目，反映高等学校本年在专业业务活动及其辅助活动之外开展非独立核算经营活动取得的预算收入。本项目应当根据"经营预算收入"科目的本年发生额填列。

（7）"债务预算收入"项目，反映高等学校本年按照规定从金融机构等借入的、纳入部门预算管理的债务预算收入。本项目应当根据"债务预算收入"的本年发生额填列。

（8）"非同级财政拨款预算收入"项目，反映高等学校本年从非同级政府财政部门取得的财政拨款。本项目应当根据"非同级财政拨款预算收入"科目的本年发生额填列。

（9）"投资预算收益"项目，反映高等学校本年取得的按规定纳入高等学校预算管理的投资收益。本项目应当根据"投资预算收益"科目的本年发生额填列。

（10）"其他预算收入"项目，反映高等学校本年取得的除上述收入以外的纳入单位预算管理的各项预算收入。本项目应当根据"其他预算收入"科目的本年发生额填列。

"利息预算收入"项目，反映高等学校本年取得的利息预算收入。本项目应当根据"其他预算收入"科目的明细记录分析填列。单位单设"利息预算收入"科目的，应当根据"利息预算收入"科目的本年发生额填列。

"捐赠预算收入"项目，反映高等学校本年取得的捐赠预算收入。本项目应当根据"其他预算收入"科目明细账记录分析填列。单位单设"捐赠预算收入"科目的，应当根据"捐赠预算收入"科目的本年发生额填列。

"租金预算收入"项目，反映高等学校本年取得的租金预算收入。本项目应当根据"其他预算收入"科目明细账记录分析填列。单位单设"租金预算收入"科目的，应当根据"租金预算收入"科目的本年发生额填列。

### 三、本年预算支出项目编制

（1）"本年预算支出"项目，反映高等学校本年预算支出总额。本项目应当根据会计报表中"事业支出""经营支出""上缴上级支出""对附属高等学校补助支出""投资支出""债务还本支出"和"其他支出"项目金额的合计数填列。

（2）项目，反映行政高等学校本年履行职责实际发生的支出。本项目应当根据科目的本年发生额填列。

（3）"事业支出"项目，反映高等学校本年开展专业业务活动及其辅助活动发生的支出。本项目应当根据"事业支出"科目的本年发生额填列。

（4）"经营支出"项目，反映高等学校本年在专业业务活动及其辅助活动之外开展非独立核算经营活动发生的支出。本项目应当根据"经营支出"科目的本年发生额填列。

（5）"上缴上级支出"项目，反映高等学校本年按照财政部门和主管部门的规定上缴上级高等学校的支出。本项目应当根据"上缴上级支出"科目的本年发生额填列。

（6）"对附属单位补助支出"项目，反映高等学校本年用财政拨款收入之外的收入对附属单位补助发生的支出。本项目应当根据"对附属单位补助支出"科目的本年发生额填列。

（7）"投资支出"项目，反映高等学校本年以货币资金对外投资发生的支出。本项目应当根据"投资支出"科目的本年发生额填列。

（8）"债务还本支出"项目，反映高等学校本年偿还自身承担的纳入预算管理的从金融机构举借的债务本金的支出。本项目应当根据"债务还本支出"科目的本年发生额填列。

（9）"其他支出"项目，反映高等学校本年除以上支出以外的各项支出。本项目应当根据"其他支出"科目的本年发生额填列。

"利息支出"项目，反映高等学校本年发生的利息支出。本项目应当根据"其他支出"科目明细账记录分析填列。单位单设"利息支出"科目的，应当根据"利息支出"科目的本年发生额填列。

"捐赠支出"项目，反映高等学校本年发生的捐赠支出。本项目应当根据"其他支出"科目明细账记录分析填列。单位单设"捐赠支出"科目的，应当根据"捐赠支出"科目的本年发生额填列。

### 四、本年预算收支差额项目编制

"本年预算收支差额"项目，反映高等学校本年各项预算收支相抵后的差额。本项目应当根据本表中"本期预算收入"项目金额减去"本期预算支出"项目金额后的金额填列；如相减后金额为负数，以"-"号填列。

# 第八节　预算结转结余变动表

## 一、预算结转结余变动表的概述

预算结转结余变动表反映高等学校在某一会计年度内预算结转结余的变动情况。"本年数"栏反映各项目的本年实际发生数。"上年数"栏反映各项目的上年实际发生数，应当根据上年度预算结转结余变动表中"本年数"栏内所列数字填列。"年末预算结转结余"项目金额等于"年初预算结转结余""年初余额调整""本年变动金额"三个项目的合计数。

如果本年度预算结转结余变动表规定的项目的名称和内容同上年度不一致，应当对上年度预算结转结余变动表项目的名称和数字按照本年度的规定进行调整，将调整后金额填入本年度预算结转结余变动表的"上年数"栏。

## 二、预算结转结余变动表项目的编制

（一）"年初预算结转结余"项目，反映高等学校本年预算结转结余的年初余额

本项目应当根据本项目下"财政拨款结转结余""其他资金结转结余"项目金额的合计数填列。

（1）"财政拨款结转结余"项目，反映高等学校本年财政拨款结转结余资金的年初余额。本项目应当根据"财政拨款结转""财政拨款结余"科目本年年初余额合计数填列。

（2）"其他资金结转结余"项目，反映高等学校本年其他资金结转结余的年初余额。本项目应当根据"非财政拨款结转""非财政拨款结余""专用结余""经营结余"科目本年年初余额的合计数填列。

（二）"年初余额调整"项目，反映高等学校本年预算结转结余年初余额调整的金额

本项目应当根据本项目下"财政拨款结转结余""其他资金结转结余"项目金额的合计数填列。

（1）"财政拨款结转结余"项目，反映高等学校本年财政拨款结转结余资金的年初余额调整金额。本项目应当根据"财政拨款结转""财政拨款结余"科目下"年初余额调整"明细科目的本年发生额的合计数填列；如调整减少年初财政拨款结转结余，以"-"号填列。

（2）"其他资金结转结余"项目，反映高等学校本年其他资金结转结余的年初余额调整金额。本项目应当根据"非财政拨款结转""非财政拨款结余"科目下"年初余额调整"明细科目的本年发生额的合计数填列；如调整减少年初其他资金

结转结余，以"-"号填列。

（三）"本年变动金额"项目，反映高等学校本年预算结转结余变动的金额

本项目应当根据本项目下"财政拨款结转结余""其他资金结转结余"项目金额的合计数填列。

（1）"财政拨款结转结余"项目，反映高等学校本年财政拨款结转结余资金的变动。本项目应当根据本项目下"本年收支差额""归集调入""归集上缴或调出"项目金额的合计数填列。

①"本年收支差额"项目，反映高等学校本年财政拨款资金收支相抵后的差额。本项目应当根据"财政拨款结转"科目下"本年收支结转"明细科目本年转入的预算收入与预算支出的差额填列；差额为负数的，以"-"号填列。

②"归集调入"项目，反映高等学校本年按照规定从其他单位归集调入的财政拨款结转资金。本项目应当根据"财政拨款结转"科目下"归集调入"明细科目的本年发生额填列。

③"归集上缴或调出"项目，反映高等学校本年按照规定上缴的财政拨款结转结余资金及按照规定向其他单位调出的财政拨款结转资金。本项目应当根据"财政拨款结转""财政拨款结余"科目下"归集上缴"明细科目，以及"财政拨款结转"科目下"归集调出"明细科目本年发生额的合计数填列，以"-"号填列。

（2）"其他资金结转结余"项目，反映高等学校本年其他资金结转结余的变动。本项目应当根据本项目下"本年收支差额""缴回资金""使用专用结余""支付所得税"项目金额的合计数填列。

①"本年收支差额"项目，反映高等学校本年除财政拨款外的其他资金收支相抵后的差额。本项目应当根据"非财政拨款结转"科目下"本年收支结转"明细科目、"其他结余"科目、"经营结余"科目本年转入的预算收入与预算支出的差额的合计数填列；如为负数，以"-"号填列。

②"缴回资金"项目，反映高等学校本年按照规定缴回的非财政拨款结转资金。本项目应当根据"非财政拨款结转"科目下"缴回资金"明细科目本年发生额的合计数填列，以"-"号填列。

③"使用专用结余"项目，反映本年高等学校根据规定使用从非财政拨款结余或经营结余中提取的专用基金的金额。本项目应当根据"专用结余"科目明细账中本年使用专用结余业务的发生额填列，以"-"号填列。

④"支付所得税"项目，反映有企业所得税缴纳义务的高等学校本年实际缴纳的企业所得税金额。本项目应当根据"非财政拨款结余"明细账中本年实际缴纳企业所得税业务的发生额填列，以"-"号填列。

（四）"年末预算结转结余"项目，反映高等学校本年预算结转结余的年末余额

本项目应当根据本项目下"财政拨款结转结余""其他资金结转结余"项目金额的合计数填列。

（1）"财政拨款结转结余"项目，反映高等学校本年财政拨款结转结余的年末余额。本项目应当根据本项目下"财政拨款结转""财政拨款结余"项目金额的合计数填列。

本项目下"财政拨款结转""财政拨款结余"项目，应当分别根据"财政拨款结转""财政拨款结余"科目的本年年末余额填列。

（2）"其他资金结转结余"项目，反映高等学校本年其他资金结转结余的年末余额。本项目应当根据本项目下"非财政拨款结转""非财政拨款结余""专用结余""经营结余"项目金额的合计数填列。

本项目下"非财政拨款结转""非财政拨款结余""专用结余""经营结余"项目，应当分别根据"非财政拨款结转""非财政拨款结余""专用结余""经营结余"科目的本年年末余额填列。

## 第九节　财政拨款预算收入支出表

### 一、财政拨款预算收入支出表的概念

财政拨款预算收入支出表反映高等学校本年财政拨款预算资金收入、支出及相关变动的具体情况。"项目"栏内各项目，应当根据高等学校取得的财政拨款种类分项设置。其中，"项目支出"项目下，根据每个项目设置；高等学校取得除一般公共财政预算拨款和政府性基金预算拨款以外的其他财政拨款的，应当按照财政拨款种类增加相应的资金项目及其明细项目。

### 二、财政拨款预算收入支出表项目编制

（1）"年初财政拨款结转结余"栏中各项目，反映高等学校年初各项财政拨款结转结余的金额。各项目应当根据"财政拨款结转""财政拨款结余"及其明细科目的年初余额填列。本栏中各项目的数额应当与上年度财政拨款预算收入支出表中"年末财政拨款结转结余"栏中各项目的数额相等。

（2）"调整年初财政拨款结转结余"栏中各项目，反映高等学校对年初财政拨款结转结余的调整金额。各项目应根据"财政拨款结转""财政拨款结余"科目下"年初余额调整"明细科目及其所属明细科目的本年发生额填列；如调整减少年初财政拨款结转结余，以"－"号填列。

（3）"本年归集调入"栏中各项目，反映高等学校本年按规定从其他高等学校调入的财政拨款结转资金金额。各项目应根据"财政拨款结转"科目下"归集调入"明细科目及其所属明细科目的本年发生额填列。

（4）"本年归集上缴或调出"栏中各项目，反映高等学校本年按规定实际上缴

的财政拨款结转结余资金，及按照规定向其他单位调出的财政拨款结转资金金额。各项目应根据"财政拨款结转""财政拨款结余"科目下"归集上缴"科目和"财政拨款结转"科目下"归集调出"明细科目，及其所属明细科目的本年发生额填列，以"-"号填列。

（5）"高等学校内部调剂"栏中各项目，反映高等学校本年财政拨款结转结余资金在高等学校内部不同项目等之间的调剂金额。各项目应根据"财政拨款结转"和"财政拨款结余"科目下的"高等学校内部调剂"明细科目及其所属明细科目的本年发生额填列；对高等学校内部调剂减少的财政拨款结余金额，以"-"号填列。

（6）"本年财政拨款收入"栏中各项目，反映高等学校本年从同级财政部门取得的各类财政预算拨款金额。各项目应根据"财政拨款预算收入"科目及其所属明细科目的本年发生额填列。

（7）"本年财政拨款支出"栏中各项目，反映高等学校本年发生的财政拨款支出金额。各项目应根据"事业支出"等科目及其所属明细科目本年发生额中的财政拨款支出数的合计数填列。

（8）"年末财政拨款结转结余"栏中各项目，反映高等学校年末财政拨款结转结余的金额。各项目应根据"财政拨款结转""财政拨款结余"科目及其所属明细科目的年末余额填列。

## 第十节　决算报告附注

附注是高等学校对在会计报表中列示的项目所作的进一步说明，以及对未能在会计报表中列示项目的说明。附注是财务报表的重要组成部分。凡对报表使用者的决策有重要影响的会计信息，不论本制度是否有明确规定，高等学校均应当充分披露。附注主要包括下列内容：

（一）高等学校的基本情况

高等学校应当简要披露其基本情况，包括高等学校主要职能、主要业务活动所在地、预算管理关系等。

（二）会计报表编制基础

（三）遵循政府会计准则、制度的声明

（四）重要会计政策和会计估计

高等学校应当采用与其业务特点相适应的具体会计政策，并充分披露报告期内采用的重要会计政策和会计估计。主要包括以下内容：

（1）会计期间。

（2）记账本位币，外币折算汇率。

（3）坏账准备的计提方法。

（4）存货类别、发出存货的计价方法、存货的盘存制度，以及低值易耗品和包装物的摊销方法。

（5）长期股权投资的核算方法。

（6）固定资产分类、折旧方法、折旧年限和年折旧率；融资租入固定资产的计价和折旧方法。

（7）无形资产的计价方法；使用寿命有限的无形资产，其使用寿命估计情况；使用寿命不确定的无形资产，其使用寿命不确定的判断依据；单位内部研究开发项目划分研究阶段和开发阶段的具体标准。

（8）公共基础设施的分类、折旧（摊销）方法、折旧（摊销）年限，以及其确定依据。

（9）政府储备物资分类，以及确定其发出成本所采用的方法。

（10）保障性住房的分类、折旧方法、折旧年限。

（11）其他重要的会计政策和会计估计。

（12）本期发生重要会计政策和会计估计变更的，变更的内容和原因、受其重要影响的报表项目名称和金额、相关审批程序，以及会计估计变更开始适用的时点。

（五）会计报表重要项目说明

高等学校应当按照资产负债表和收入费用表项目列示顺序，采用文字和数据描述相结合的方式披露重要项目的明细信息。报表重要项目的明细金额合计，应当与报表项目金额相衔接。

（六）本年盈余与预算结余的差异情况说明

为了反映高等学校财务会计和预算会计因核算基础和核算范围不同所产生的本年盈余数与本年预算结余数之间的差异，高等学校应当按照重要性原则，对本年度发生的各类影响收入（预算收入）和费用（预算支出）的业务进行适度归并和分析，披露将年度预算收入支出表中"本年预算收支差额"调节为年度收入费用表中"本期盈余"的信息。

（七）其他重要事项说明

（1）资产负债表日存在的重要或有事项说明。没有重要或有事项的，也应说明。

（2）以名义金额计量的资产名称、数量等情况，以及以名义金额计量理由的说明。

（3）通过债务资金形成的固定资产、公共基础设施、保障性住房等资产的账面价值、使用情况、收益情况及与此相关的债务偿还情况等的说明。

（4）重要资产置换、无偿调入（出）、捐入（出）、报废、重大毁损等情况的说明。

（5）高等学校将内部独立核算单位的会计信息纳入高等学校财务报表情况的说明。

（6）政府会计具体准则中要求附注披露的其他内容。

（7）有助于理解和分析高等学校财务报表需要说明的其他事项。

# 参考文献

[1] 中华人民共和国财政部. 政府会计制度：行政事业单位会计科目和报表 [M]. 上海：立信会计出版社，2017.

[2] 政府会计制度编审委员会. 政府会计制度详解与实务：学校会计实务与衔接 [M]. 北京：人民邮电出版社，2019.

[3] 初宜红. 高等学校政府会计实务 [M]. 济南：山东大学出版社，2018.

[4] 中华人民共和国财政部. 2023 年政府收支分类科目 [M]. 北京：中国财政经济出版社，2022.

[5] 财政部会计资格评价中心. 经济法基础 [M]. 北京：经济科学出版社，2022.